中国社会科学院马克思主义理论
学科建设与理论研究系列丛书

马克思主义宗教观研究

第2辑

本卷主编　尹韵公

中国社会科学出版社

图书在版编目(CIP)数据

马克思主义宗教观研究(第2辑·2012)/卓新平主编.—北京:中国
社会科学出版社,2014.3
(马克思主义专题研究文丛)
ISBN 978-7-5161-4024-6

Ⅰ.①马… Ⅱ.①卓… Ⅲ.①马克思主义—宗教学—研究
Ⅳ.①B920

中国版本图书馆CIP数据核字(2014)第044382号

出 版 人	赵剑英	
责任编辑	徐 申	
责任校对	刘 娟	
责任印制	李 建	

出 版	中国社会科学出版社
社 址	北京鼓楼西大街甲158号 (邮编100720)
网 址	http://www.csspw.cn
	中文域名:中国社科网 010-64070619
发 行 部	010-84083685
门 市 部	010-84029450
经 销	新华书店及其他书店

印刷装订	北京七彩京通数码快印有限公司
版 次	2014年3月第1版
印 次	2014年3月第1次印刷

开 本	710×980 1/16
印 张	18.5
插 页	2
字 数	310千字
定 价	55.00元

前　　言

以毛泽东、邓小平、江泽民为核心的党的三代领导集体和以胡锦涛同志为总书记的党中央始终高度重视党的理论工作，重视全党对马克思主义理论的学习和研究工作。

2004 年 1 月，《中共中央关于进一步繁荣发展哲学社会科学的意见》下发，并决定实施马克思主义理论研究和建设工程。

为贯彻落实党中央关于把中国社会科学院努力建设成为马克思主义坚强阵地、党和国家的思想库智囊团、哲学社会科学的最高殿堂的要求，中国社会科学院采取了一系列重要措施。2009 年初决定把加强马克思主义理论学科建设与理论研究作为一项重要工作来抓，并成立中国社会科学院马克思主义理论学科建设与理论研究工作领导小组。领导小组成立后，一方面注重抓好马克思主义理论学科组织机构的建设，设立马克思主义理论类别的研究室和中心等；同时又注重马克思主义基础理论研究。

为了推进马克思主义基础理论研究，决定从 2011 年开始编辑出版"马克思主义专题研究文丛"，每年收录全国范围内相关学科领域具有代表性的文章。

中国社会科学院马克思主义理论学科建设

与理论研究工作领导小组

2011 年 9 月

目　　录

作用发挥

学理探讨

人物思想

原则阐发

域外视野

作用发挥

从"文化强国"战略看中国传统文化及宗教的意义[①]

卓新平

在中共中央十七届六中全会成功召开，全国人民认真学习全会公报和《中共中央关于深化文化体制改革、推动社会主义文化大发展大繁荣若干重大问题的决定》之际，中国宗教学界也在全面贯彻落实全会精神，以学术的敏锐、思想的睿智来为中华文化全面发展、积极走向世界这一宏伟事业集思广益、建言献策，努力为建设优秀传统文化传承、繁荣我国哲学社会科学、弘扬中华文化并推动中华文化以其伟姿自立于人类文化之林而做出学术界的新贡献。

其一，对中华文化传统的重新审视。中国传统文化虽有一些缺陷，却仍保留了中华文明的基本气质和典型特征，体现出其博大精深、源远流长、海纳百川的优点。中国人理应为中国文化上下五千多年的传承骄傲、自豪。因此，我们应该客观、理性、辩证地对待我们民族的传统，爱惜、呵护我们的精神文化遗产。20世纪初的"新文化运动"体现出破旧除垢、大胆革新的时代进步精神，但在对中国传统文化的批判性继承及弘扬方面亦有不足，故需要我们深刻反思和全新诠释，这样才能在当前的社会主义文化大发展大繁荣中真正建设优秀传统文化传承体系。

其二，对中国传统文化中宗教维度的重新认识。很显然，儒、释、道曾以宗教形式或相应的宗教精神实质性地参与了中国传统文化的构建，其宗教性仍得以保留和延续。因此，中国传统文化并非与宗教无缘，宗教在中国传统文化中占有重要比重，甚至起着核心作用。离开了儒、释、道，中国传统文化的内容则会变得空洞。可以说，儒、释、道与民间信仰一起

作者卓新平，中国社会科学院学部委员，世界宗教研究所所长、研究员，中国宗教学会会长。

构成了中国宗教的基本谱系，伊斯兰教、基督教等外来宗教的传入在中国传统文化海纳百川的包容中亦得到相对吸纳。这些宗教共构了中国传统文化的重要内容，宗教文化在中华文化走向世界中尤其可发挥不可替代的独特作用，有着不凡影响。所以，决不能以历史虚无主义的态度来对待中国传统文化中的宗教参与及宗教维度，而必须全面、系统、透彻地了解中国传统文化，并使其宗教文化内容得到积极的弘扬。

其三，对宗教在当代中国社会和文化建设中的作用与价值体现的重新思考。在当代中国的社会体制和框架结构内，"社会主义核心价值体系是兴国之魂，是社会主义先进文化的精髓"，必须"坚持用社会主义核心价值体系引领社会思潮"，因此，让宗教在我们今天的文化建设和精神生活中发挥核心作用或主要作用已不可能。宗教自身亦必须改革、创新，去除糟粕、发扬精华，以适应时代发展、体现时代精神。不过，社会主义文化不是凭空而来，而是有着优秀传统的继承、外来进步因素的吸纳。在社会主义主流意识形态唱好"主旋律"的前提下，宗教在当今中国仍可积极参与社会和谐、多元文化共在的"大合唱"。在我们这种和谐大合唱中，一定要有社会主义核心价值的"主旋律"，但同时也要有其他"和弦"、"和声"。而我们"弘扬以爱国主义为核心的民族精神和以改革创新为核心的时代精神"，"培养高度的文化自觉和文化自信"，"弘扬中华文化"并"积极吸收借鉴国外优秀文化成果"，"建设中华民族共有精神家园"，则离不开宗教的积极参与。在目前复杂的国际环境中，宗教无论是作为文化软实力，还是作为社会力量，都有着重要的文化战略意义。因此，对宗教、宗教认识和宗教研究不能搞"斗争哲学"，而且这种方式的"斗争"违背时代发展潮流，不得人心，也不符合马克思主义的宗教观在社会政治层面对宗教的态度，违背党中央关于积极引导宗教与社会主义社会相适应、构建和谐社会的战略决策和部署。所以，我们必须积极引导宗教与社会主义社会相适应、共和谐，弘扬宗教思想文化的积极因素，使之得以有机融入当今中国和谐大家庭。这一认知对于我们当前的文化建设和文化战略、对于促进我国社会主义文化大发展大繁荣至关重要。

总之，我们宗教学的研究是客观、科学地研究宗教，同时努力争取弘扬宗教中的积极因素和优秀传统，为社会主义文化建设和文化繁荣、构建和谐社会服务。根据十七届六中全会的精神，我们"要发挥人民群众文化创造积极性，在全社会营造鼓励文化创造的良好氛围，让蕴藏于人民中的文化创造活力得到充分发挥",则不能忽视宗教信众,不能放弃宗教文化,不能忘掉宗教在以德治国中的积极意义,不能忽视宗教文化在我们今天中华文化"走出去"战略中的独特作用。

（原载《中国宗教》2011年第12期）

宗 教 文 化 论^①

宗 教 文 化 论[①]

牟钟鉴

中共十七届六中全会审议通过《中共中央关于深化文化体制改革、推动社会主义文化大发展大繁荣若干重大问题的决定》（以下简称《决定》），把文化建设的重要性提到前所未有的高度，第一次提出建设社会主义文化强国的战略目标。宗教文化是中华文化和人类文化的有机组成部分，又有自身的特点。如何认识宗教与文化的关系以及宗教文化的内涵、特色、功能，对许多人还是一个认识模糊的新问题。它是关乎做好宗教工作、发挥宗教积极作用和贯彻落实中央《决定》的重要问题，需要认真研究探讨。这里提出"宗教文化论"，介绍它形成的过程、内涵及理论价值与现实意义，阐述宗教文化在我国文化建设中的地位和作用，供大家讨论作参考。

一　宗教文化论是中国特色社会主义宗教理论的新成果

宗教文化论是兴起于 20 世纪 80 年代的中国特色社会主义宗教理论的新成果，逐渐普及，成为当代中国人宗教观的流行观点，为政界、教界、学界多数人所广泛认同。其通俗的话语表述，便是"宗教是文化"。这一表述并不是关于宗教的定义，也不是说宗教等同于文化。它是在特定语境下产生的特定话语，是针对以往人们忽略宗教的文化属性，今天则强调宗教的文化内涵和功能而提出来的。说宗教是文化，一是相对于教义信仰而言，它

---

① 作者牟钟鉴，中央民族大学教授，博士生导师。

要打破以往平面和狭窄的"宗教教义教理教派"的研究，即不局限于把宗教仅仅看成超世的信仰和信众的事情，或只满足于从认识论角度把宗教归结为唯心论和有神论，而要把宗教的研究扩展成广阔的文化学的视野，看到宗教不单是一种精神信仰，还是一种社会活动和文化活动，是社会历史文化的有机组成部分，因而要从人类文化发展史研究世界宗教，从中华文化发展史研究中国宗教，揭示宗教丰富多彩的文化内涵；二是相对于政治话语而言，它要突破以往简单和片面的阶级分析，不能把宗教的社会功能只归结为私有制下"地主资产阶级麻痹人民反抗意志的思想工具"，即"宗教鸦片论"，那是对马克思主义宗教观的片面理解，而要看到宗教的多种功能，尤其是它创造人类文化的功能，即使它的政治功能也有正负两重性。在社会主义制度下的宗教，其积极的社会文化功能将会得到充分的发挥。宗教文化论对于改变人们只从负面看宗教，而能够与时俱进，视宗教为社会正常文化现象，并给予同情的理解，应有的尊重，起了很大的作用。

宗教文化论所使用的"文化"概念是一个中层的概念，指向与政治、经济相并列的文化。如果我们把"经济"理解为人们的物质生产、交换活动，把"政治"理解为社会阶级、集团的利益关系的互动，那么"文化"主要指人们的精神生产及其成果。宗教文化论把眼光投向宗教信仰影响下的哲学、道德、心理、文学（神话、小说、诗词赋、散文等）、艺术（舞蹈、音乐、绘画、雕塑、戏曲、书法、建筑风格等）、语言文字、民俗、养生、医药，等等，当然也包括它们的物化形态。宗教文化论展示了宗教的立体结构和多重功能，更接近生活中宗教的真实状态，现实的宗教不仅仅用它的教义教理打动信众，还通过各种文化形式和渠道影响整个社会，既与世俗文化排斥对立，也互相吸收、渗透，共同推动社会文化发展。宗教若只有教义而没有形成文化体系，是不会有生命力的。所谓宗教文化，本质上是人们以宗教为表现形态的精神劳动成果，连同宗教本身也是人类历史文化的产物，是人类感情、理想、审美的一种寄托与特殊表达方式。

二　宗教文化论形成的历史过程

毛泽东在延安时，曾批评警卫员把佛教寺庙看成迷信，指出那是文化。他在 1963 年关于开展宗教研究批示中说：不批判神学就写不好哲学史、文学史和世界史，把研究宗教与研究文史哲联系起来。"文化大革命"

在宗教问题上把苏式"宗教鸦片基石论"发挥到极端，造成文化的大破坏，也促使人们深刻反省。改革开放以来，赵朴初发挥毛泽东关于宗教与文化有密切关系的观点，从 20 世纪 80 年代开始就多次讲过宗教是文化，他重点论述佛教进入中国后，一方面吸收中国固有文化，另一方面丰富中国文化，在哲学、文学、艺术、语言文学等领域都有巨大成就，并于 1991 年正式指出：宗教有丰富文化内涵，在这个意义上可以说宗教是文化。他认为文化性是宗教的重要属性之一。方立天在 1988 年出版的《中国佛教与传统文化》（上海人民出版社）前言中指出：把佛教作为一种文化现象来考察、研究，是十分必要的。又说：人类文化可以分为宗教文化和世俗文化两大类。我在 1989 年出版的《中国宗教与文化》（巴蜀书社）前言中指出：宗教不仅仅是一种世界观和意识形态，也是一种社会体系和文化生活方式；宗教概念中有了"宗教文化"这一外延最广泛的层次，宗教研究就会走出单纯的"教义宗教"的狭小圈子，进入极广阔的天地。20 世纪 90 年代初，吕大吉在 1998 年出版的《宗教学通论新编》（中国社会科学出版社）一书中指出：宗教是关于超人间、超自然力量的一种社会意识，以及因此而对之表示信仰和崇拜的行为，是综合这种意识和行为并使之规范化、体制化的社会文化体系。他把宗教定义为一种特定的以超世信仰为核心的社会文化体系，这就把"宗教是文化"的通俗化提法精确化了。学界将西方宗教文化学引入中国，张志刚主编的 2005 年出版的《宗教研究指要》（北京大学出版社），单列一章介绍西方宗教文化学主要代表及其学说。与此同时，关于宗教文化的理论性研究、中外宗教文化的综合性和分类研究的论著迅速增加，充实了宗教学与文化学，推动了人文学科的交叉发展。吕大吉、余敦康、牟钟鉴、张践合作撰写的《中国宗教与中国文化》四卷本（2005 年中国社会科学出版社出版），旨在用中国的文化说明中国的宗教，重点论述了中国宗教与政治、民族、哲学、道德、文艺、民俗的互动历史。该书进入国家社科基金成果文库，并获第五届吴玉章人文社会科学一等奖。近年，方立天提出"文化宗教"，主张中国宗教要与社会主义社会相适应，应走文化宗教之路。中国是多民族的统一国家，结合民族学的中国各民族宗教文化研究成果，已经遍地开花，琳琅满目，展现了中华民族多姿多彩的文明内涵。宗教鸦片论是以阶级斗争为旗帜的时代的产物，宗教文化论则适应以人为本、建设和谐社会时代的需要。中国化的马克思主义强调人的解放和全面发展，宗教文化论着眼于宗教真善美的内涵，使之发挥提升人生、改良社会、丰富人的精神生活的作用，符合科学发展观的要求，所以能够取代"鸦片论"的地位，成为主流理论，并以其促进社会和谐与文化建设的实际效果，受到广泛欢迎，展示出良好的发展前景。

三　宗教文化论的主要内涵

（一）宗教是人类精神文化中的高层文化

文化是自然的人化，人把自身的情感、意志、理念、追求、智慧镀烙在自然事物上，使之满足人不断增长的物质与精神生活需求。人创造了文化，文化也创造了人。文化是人特有的生活方式和精神创造。文化可分为三个结构层次：器物文化、制度文化、精神文化。宗教属于精神文化中关涉人生意义和终极目的的文化形态。恩格斯指出："更高的即更远离物质经济基础的意识形态，采取了哲学和宗教的形式。"（《路德维希·费尔巴哈和德国古典哲学的终结》）。宗教与哲学同属于高层次的精神文化，形成人的信仰，都要"穷根究底"，都可"安身立命"；但宗教主要以虔信体悟的方式建立，哲学主要以理性推演的方式建立，不过两者又可以互相交叉。

（二）宗教是原始文化"包罗万象的纲领"（马克思：《〈黑格尔法哲学批判〉导言》），是孕育后来各种精神文化门类如哲学、道德、文学、艺术、科学等的最初母胎

宗教是人类最早的成系统的全覆盖的文化形态。它关于宇宙生成和人类起源的神话以及各种富于幻想的美丽神话是哲学和文学的胚芽；它关于人们社会行为的信条和禁忌，是道德的初级形态。它的娱神祈禳活动，催生了最早的舞蹈、音乐和美工；它的图腾、天祖崇拜，成为氏族走向民族的文化纽带，也为当时的政治文化提供了合法性依据和社会管理模式；它的巫术活动也包含着科学的因子，巫医结合便是一例。

（三）宗教是大多数民族和民族国家的精神支柱和文化的精神方向

当以人为本的世俗文化出现以后，以神为本的宗教文化缩小了流行的范围，但宗教以其超世的神圣性、对现实苦难（生老病死、命运遭际）的抚慰功能和传统的巨大惯性，成为民族的精神家园，居于民族文化的核心地位，维系着民族共同体的延续和道德风俗。有些民族精英群体人文理性

较强，但宗教仍是其文化的核心成分之一，并深入民俗文化。如在中国，敬天法祖是中华民族的基础性信仰。许多民族国家实行政教合一或神学政治，晚近有些国家实行政教分离，但宗教仍然是其文化底色，主导社会道德。宗教文化与人本文化互相激荡吸收，共同推动社会文化的发展。如西方欧美文化以希伯来文化（宗教文化）和希腊文化（人本文化）互动为发展主脉，中国文化则以儒（人本学说而带有宗教性）、道（道家哲学与道教神学）、佛（佛学哲学与佛教宗教）互动为发展主轴。中国很多少数民族的民族文化以宗教为主要精神依托，基本全民信教。世界三大宗教：佛教、基督教、伊斯兰教在经历了中世纪社会之后又进入近现代社会，信徒占全世界人口 60％以上，再加上其他宗教信徒，总信教人数占人类总数80％以上。宗教为人类文化的各个领域，如人生价值、社会道德、语言文学、绘画雕塑、音乐舞蹈、节庆民俗、文化交流等，提供了丰富的智慧、精神营养和实践经验，宗教是人类文化发展的重要组成部分和推动力量。

（四）宗教在经济全球化迅猛、科技高度发达、人文主义空前显扬的当代世界，其文化功能仍展示出巨大的特殊作用

一是市场经济的全方位发展，必然带来追逐利润、金钱挂帅的风气，社会生活和人际关系急剧功利化，冲击信仰和道德，利益争夺加大，犯罪率上升，诚信严重缺失，假冒伪劣商品充斥市场，危害民众健康与利益，不仅造成社会秩序的混乱，也使市场经济百病丛生，不能正常发展，甚至引起金融危机。因而人们呼唤宗教信仰和道德良心的回归。二是科学的工具理性张扬，科学主义泛滥，与人本主义价值理性之间失去平衡，人类以破坏生态环境的惨痛代价换取物质生产生活的提速，并掌握了核能，储备了大量战争武器，却不能有效和平利用，增加了大灾难降临的危险，因此人们呼唤宗教慈爱和人文理性的回归。用人文制衡科学，用神道制衡人道，现代人类才可能摆脱困境，实现祥和中的可持续发展。有识之士普遍担心宗教的衰落，认为宗教提升人生和改良社会的功能应继续加强。

（五）宗教在民族文化中的地位和作用有不同类型

第一种类型是宗教文化与民族文化基本合为一体。如犹太教与犹太民族文化是一体的，宗教身份决定民族身份，犹太教信仰及其活动成为犹太民族的生活方式，铸就该民族的性格与心理，渗透到民族文化的各个方面，在民族成员长期流散的历史过程中是维系民族共同体的唯一精神力量。又如伊斯兰教与阿拉伯民族文化是同步形成与发展的，统一的阿拉伯

帝国解体后分成许多民族国家，但伊斯兰教仍然是阿拉伯世界的共同信仰，主导着社会文化和个人生活。现代一些穆斯林国家建立了世俗政权，然而伊斯兰教依旧是国家意识形态和社会生活核心价值的载体。第二种类型是宗教文化为底色、民族文化呈多元化态势。如欧美文化以基督教为基石，而包纳各种移民宗教与传统，发展人本文化和大众时尚文化，使社会文化呈多样性与变动性，而其核心价值来源于基督教，其政治理念和外交战略内含着极深的基督教情结。第三种类型是人本文化为底色，不断容纳多种宗教神本文化，形成多元通和文化生态，这就是中华民族的传统文化。它有主干和底色，即孔老与儒道互补、阴阳相生、刚柔相济；它有基础性信仰而不排它，即敬天法祖和民间信仰；它有核心即儒、道、佛合流；它又是包容和开放的，有各民族的信仰并融涵各种外来思想与宗教，所以它有凝聚力和变通性，人文与宗教和谐共生。

（六）宗教的文化性与宗教的特质紧密相连

宗教的神圣性和向善性使它能向人们提供人生的价值观和善恶观，使人有理想有是非，故有信仰依托和道德教化（包括道德教育、道德约束、道德拯救）的功能。宗教的批判性和超越性使它能向人们提供本源的思考和人生的智慧，促使人们探索天人关系，从而丰富了哲学理论。宗教的想象力和形象思维以及对人的复杂情感世界的表达，为语言文学和艺术的发展提供了动力和样式，影响到文艺家的创作态度、审美情趣和创造方法，扩大了文艺的门类，丰富了文艺的内涵。宗教的大众性和善美特征为民俗文化提供了信仰的支撑和活动的场所、内容、样式以及创作的灵感。宗教向外弘法、传教的远途拓展性，促进了世界性和地区性的文化交流，往往成为不同民族和国家之间全面文化相遇的先导和有力推动者。宗教团体与场所的双重性，即其宗教性与社会性，使宗教能够参与政治、经济、文化、社会和生态建设，并发挥其特殊作用，尤其在社会与文化建设方面能更好地发挥积极作用。

（七）宗教文化与世俗文化的互动表现为良性与恶性的交替和并存

宗教文化使世俗文化保留了一份对真善美理想境界的追求和执着，以避免庸俗化功利化；世俗文化使宗教文化贴近现实，关注社会进步和民生，以避免神秘化极端化。西方"两希"文化之间，中国儒学、道学与佛教、道教之间，其互动关系的主流是良性的，经过不断的批评调整，形成共生互补。也有恶性互动的时候。如欧洲中世纪基督教定于一尊，垄断思想文化，摧残科学，使哲学、文学、艺术成为基督教神学的奴仆，并使道德违背人性，沦为禁欲主义，欧洲文化史由此经历了它的低谷时期。物极必反，社会进步思潮和力量发起文艺复兴运动，冲破中世纪的宗教思想禁锢，人文理性大放光彩，开创出欧洲文化繁荣的新局面，同时也推动了宗教文化的转型。在中国，十年"文化大革命"期间，"极左"势力用战斗无神论和阶级斗争为纲论横扫一切宗教和有神论，也清除一切人本主义文化，造成民族文化的大破坏大灾难。"文化大革命"结束，反思沉痛教训，实行改革开放，迎来了中国文化发展的春天。上述两段历史告诉我们：文化专制主义无论是宗教的还是世俗的，都会导致对文化生命的窒息，只有多元开放才能使文化蓬勃有生气。由于宗教的四大根源（社会、自然、认识、心理）将长期存在，宗教也将长期存在；由于社会经济、教育、科学的发展必然推动人本主义的和理性的发展，未来社会的宗教文化和世俗文化也将长期共存并在互动中发展，其中既有摩擦张力又有沟通互补，而宗教文化中理性与人本因素的不断增大将是总的趋势，它会受到世俗文化的挤压，但不会被世俗文化所取代，它的心灵家园和道德高地不会丧失。当然，两种文化的对比态势，在不同区域多有差异、在不同时期则互有起伏。

四 宗教文化论的理论价值

（一）它深化了人们对宗教本质、结构和社会功能的认识

第一，宗教文化论取代了宗教鸦片论，成为新时期宗教本质论的中国式表述，丰富了中国特色社会主义宗教理论，有益于人们摆脱苏联理论模式的消极影响，体现科学发展观"以人为本"、"统筹兼顾"的精义和"积极引导宗教与社会主义社会相适应"的战略要求。这是中国社会主义者的一次思想解放和理论认知的质的飞跃，提升了对宗教本质的认识高度和广度。宗教是一种社会历史文化现象，它的以超世信仰为特征的文化性乃是其本质属性。宗教的政治性是次生的间接性，宗教的产生直接源于人生困境而非政治的需要，但可以为政治所利用。宗教的虚幻性是它本质内容的特殊表现形式，而在神灵世界幻想下潜藏的支配人们命运的人间异己力量才是它真实的本质。因此，以往有人认为宗教是阶级压迫的思想工具和宗教是反科学的颠倒的世界观，都不是宗教的深层本质，它的文化性，尤其

是其中的心灵疗慰、道德劝善和审美境界，乃是宗教的真正内核。

第二，宗教文化论取代了以往对宗教平面化的认知，展示了宗教的立体化结构。作为一种精神文化的宗教，其超世的信仰无疑是它根本的特征和力量所在，共同的超世信仰把宗教与非宗教文化区别开来，又把不同身份、民族、职业、地域的人们凝聚在同一教内。但现实的宗教又不限于精神层面，它还有信教群体和宗教活动，通过各种渠道向社会延伸。王雷泉在 20 世纪提出"佛教三层圈"说，即精神层圈、社会层圈、文化层圈。我则提出"宗教四层次"说，即宗教信仰（核心教义），宗教理论（经典、神学、戒律等），宗教实体（信众、教职人员、场所、教团经济与活动），宗教文化（哲学、心理学、伦理学、文学、艺术等）。四层次的逻辑关系是由内向外展开，内层辐射外层，外层包纳内层，而宗教文化的外延最为广泛，与整个社会文化交错互渗。因此宗教不仅仅是一种精神力量，它还是一种社会力量和文化力量。只有考察文化，才能全方位认识宗教。

第三，宗教文化论打破以往仅从阶级斗争看宗教社会作用的单一视角，展示出宗教社会功能的广阔领域，如它的安身立命功能、心理调适功能、神道设教功能、公益慈善功能、文艺创传功能、民族认同功能、民俗导动功能、文化交流功能等，它的社会功能是复杂多态的。宗教的社会功能有正负两重性，仅就其文化功能而言，历史上正功能大于负功能；在社会主义条件下，宗教的正功能，尤其文化正功能可以得到充分发挥，负功能易于减弱和化解。从宗教方面说，宗教已有的经典、教义、教派、文化传统和成果，在与现实社会互动中继续发挥作用；各种宗教教团、人士和信教群体依据社会给他们提供的生存环境和自身的表现，在不同时空发挥着不同作用，这些都要做具体分析。

（二）它推动了宗教文化学研究，丰富了宗教史和文化史的内容

宗教文化论加强了人们对宗教与文化相互关系的认识，拓展了宗教学研究领域，使宗教研究更深地融入整个社会历史文化研究之中；又深化了人们对人类文化世俗性与神圣性对立统一的理解，可以更有力地解释宗教现象与文化事象。在西方，兴起了宗教文化学，它是宗教社会学、宗教人类学、文化哲学、文化史学、民俗学、文艺学等学科在宗教与文化关系问题上的交叉与综合。宗教文化论推动了中国宗教文化学的建立，它的轮廓正在日益明朗。

宗教文化论使宗教史和文化史研究形成综合、交错的架构，从而包纳

了更多的人类精神文明成果，使研究空间日益扩大，学术道路越走越宽广。它能帮助人们更全面地认识世界文化和中国文化。西方文化史与基督教史血肉相连。作为基督教经典的《圣经》，它本身就是文化典籍，包纳了地中海周边各民族早期的神话、传说、历史、伦理、律法、文学、民俗等历史记载，乃是古代欧洲、北非文化的重要文献。《圣经》描绘的伊甸园成为西方人向往的人类理想乐园。欧美文学史有基督教的深刻印记，但丁的《神曲》，莎士比亚的戏剧，歌德的《浮士德》，雨果的《悲惨世界》以及陀思妥耶夫斯基、托尔斯泰的小说，无不浸润着基督教的精神。西方的音乐、诗歌、绘画、雕塑、建筑艺术，更有鲜明的基督教色调和风格，至今以其高超的审美价值所形成的巨大魅力，吸引着世界各地人们前来观赏参访。西方哲学史，以古希腊罗马哲学为开端，经过中世纪经院哲学，文艺复兴时期的哲学，近代经验论和唯理论，法国启蒙哲学，德国古典哲学，发展到西方现代哲学和后现代主义哲学，都交织着希腊人本主义与基督教神本主义之间相互的批评、借鉴、吸收和超越。费尔巴哈人本主义无神论是在他深刻阐释基督教的本质的基础之上形成的。马克思主义哲学是在批判宗教（主要是基督教）之后并批判地继承德国古典哲学之后创立的。在社会伦理方面，基督教的"十诫"，如敬拜上帝、孝敬父母、不杀人、不偷盗、不妄证、不贪他人财物等是古代欧洲社会普遍性道德准则。韦伯认为，加尔文教新教伦理成为推动资本主义发展的精神力量。现代西方社会，虽然世俗文化大潮滚滚，而维系社会道德的力量主要来自基督教传统，主要道德信条有：尽心爱上帝；爱人如己；你们愿意人怎么对待你们，你们也要怎样对待人；爱邻舍如同自己；互相宽恕；要公平和公义等。西方是法律诉讼发达的社会，基督教的不作伪证成为人们特别看重的公共生活规则。

宗教文化论更能帮助我们准确把握中华文化的特色。中华文化生态模式是多元通和：人文理性与宗教神道并存，而以人道为本，以神道为辅；本土信仰与外来宗教共处，而以敬天法祖为基础；儒、佛、道为核心，其中以儒为主、佛道为辅，同时容纳各种宗教，承载各民族传统宗教和民间信仰。彼此吸收，和平共生。中国宗教具有强烈的文化性，本土宗教和外来宗教走着哲理化、伦理化、艺术化的道路，其活动重心不在政治、经济，而在社会文化，特别致力于社会道德生活、民俗文化和文学艺术创造。中国文化史，从原始时期自发神秘的氏族文化，经过夏商周三代的敬天尊祖的宗法文化、春秋战国时期的诸子文化、秦汉时期的学教并立的礼义文化，到中古时期的儒、佛、道为主的多元文化，直到近现代的中西交汇中的变革文化，哲学与宗教、人本与神本始终交织在一起，而以彼此接近、互补为主流。儒家文化是伦理型的人学，保留着天命神道的价值根源，主要在人生哲学、政治文化、道德教化等领域发挥主导作用。它吸收了道家的"道论"和佛学的"佛性"、"法界"说，而发展出心学和理学，增强了超越精神。佛教以非政治的文化形态传入中国，又努力与中华文化相结合，吸收了儒学的入世、中和精神，和道家的虚静、无为思想，在哲学、语言、文学、艺术领域有非凡成就和广泛影响。道家和道教是哲学与宗教的文化联合体，不即不离，相互为用，又吸收儒家的伦理思想和佛家的"定慧"智慧，形成生命炼养之道，在哲学、美学、养生、民俗等领域有自己特殊的地位和作用。儒、佛、道三教合流，在哲学发展上推出 3 个理论高峰：佛教禅学、儒家道学和道教内丹学；在诗歌创作上出现诗圣杜甫、诗仙李白、诗佛王维；在小说作品上产生出《金瓶梅》、《西游记》、《三国演义》、《红楼梦》、《聊斋志异》等经典著作，皆蕴含着三教的精神、话语、人物、情节。佛、道二教的语言极大地丰富了汉语。如来自佛教的用语有：世界、实际、觉悟、刹那、因缘、烦恼、解脱、众生、平等、相对、绝对、清规戒律、功德无量、皆大欢喜等。如来自道教的用语有：存想、解除、腾云驾雾、点石成金、八仙过海、返老还童、脱胎换骨等，上述话语已融入人们日常生活。宗教文化在中国文化史上占有重要的地位。

五　宗教文化论的现实意义

（一）它为引导宗教与社会主义社会相适应开辟了更广阔的空间

中共十七届六中全会的《决定》说："全面贯彻党的宗教工作基本方针，发挥宗教界人士和信教群众在促进文化发展繁荣中的积极作用。"宗教文化论就是要阐明宗教的文化属性与文化功能，有益于全社会更好地贯彻党的宗教工作基本方针，更自觉地发挥宗教促进文化发展繁荣的积极作用。

宗教界信仰的宗教教义与社会主义者的唯物主义哲学在性质上不同，应当互相尊重，只求政治方向之同。但宗教文化与社会主义文化却能相互交叉，可以充实社会大众精神文化生活，特别在致善和审美领域，彼此能够吸收的元素是很多的。宗教信仰局限在教徒范围，而宗教文化却属于整个社会。宗教文化论拉近了宗教与整个社会的距离，找到了宗教适应社会主义社会更多的领域和渠道。宗教文化论便于社会各界人士共同参予宗教文化资源的保护、开发和利用，使之成为全民的财富，成为国家软实力的重要组成部分，推动文化产业的发展，为提升综合国力、改善民生发挥积极作用。引导宗教与社会主义社会相适应，爱国守法是政治基础，更大量的工作是引导宗教在社会建设、文化建设、生态文明建设中发挥积极作用，例如兴办公益慈善事业，助学、助残、助医、恤孤、养老、救灾、济贫等；进行物质非物质文化遗产保护，开展宗教典籍整理与研究，推动宗教文学、诗歌、雕塑、建筑、绘画、音乐、舞蹈、戏曲等文化资源的研究开发，都可以大有作为，这就打开了引导工作和发挥宗教积极作用的广阔思路，也有助于改变宗教界人士热衷于追求政治地位和职权的偏向，引导他们把精力用在教务和文化建设上。宗教道德以"神道设教"的方式惩恶劝善，在民众尚不能普遍接受唯物主义世界观而有各种宗教信仰的情况下，能够配合社会主义教育，使信教者内心有效保持道德善念，约束社会行为，减少犯罪，抵制拜金主义和物欲泛滥，改良社会风尚，有益社会稳定有序，在宗教信徒聚居地区尤其如此。宗教的心理安抚功能在社会转型期社会矛盾、心理疾病增多的情况下可以发挥化解烦恼、缓解焦虑、调整心态的作用，其人生哲理、养生文化有益于身心健康。宗教皆重生态保护，有关智慧与资源应予发掘并引导宗教参与生态文明建设。宗教场所有极大审美价值，往往积藏深厚、与优美自然环境浑然一体，共同构成艺术胜地，成为旅游观光、陶冶性情的地方，是发展文化旅游的重要资源。在对外文化交流和民间外交方面，宗教能发挥不可替代的作用。一是发扬历史上的玄奘精神、鉴真精神、丘处机精神，取经送法，推动文明对话。已经举办的两届世界佛教论坛（"和谐世界，从心开始"、"和谐世界，众缘和合"）与一届国际道德经论坛（"和谐世界，以道相通"），取得很大成功，向世界传达了和平的信息，扩大了中华文化的影响。二是运用宗教文化渠道，积极开展国际交流合作，通过佛教文化加强中、日、韩、越及东南亚诸国之间的友谊，通过伊斯兰文化加强中国与穆斯林各国的合作，通过基督教文化加强中国与西方世界的沟通和理解，这方面的潜力有待进一步发掘。海峡两岸的和解与最终和平统一，大力开展传统文化交往，增强文化中华共同体的内聚力，是必要的基础性工作，其中敬天法祖的祭祀文化、佛教道教文化以及妈祖文化，都可以起重要作用。费孝通关于文化自觉的十六字真言"各美其美，美人之美，美美与共，天下大同"，可以成为当代对待不同文明之间关系的普遍性原则。

（二）它对于宗教的健康发展有助益作用

从现代文明发展趋势看，宗教退出政权系统，退出国民教育，退出市场运作，退出科学研究，与权力和财富保持距离，回归文化本位，主要在社会文化领域发挥积极作用，向文化宗教、道德宗教发展，是一条健康的正路。因此宗教要提高文化品位，为社会文化建设多做贡献。宗教界在为社会大众服务时，适当淡化宗教信仰的特殊性，强化宗教文化的普遍性，有利于超越教门的局限，充分释放宗教所积累的智慧和能量，容易为更多的民众包括不信该教的人们所认同和接受。宗教文化论有益于宗教自身找准在社会中的合适位置。在中国，由于历史传统和现实国情，宗教处在社会意识形态的辅助地位，应在社会主义制度的宪法与法律范围内，在社会主义核心价值指导下，进行活动，发挥其正面功能和作用。如政治稳定功能，心理调适功能，道德教化功能，社会公益功能，文化传承与创新功能，国际文化交流与文明对话功能。由于全球性市场经济发达和物质主义、拜金主义、科学主义流行，理想与道德滑坡，宗教信仰及其道德文化有助推动人类文明在人文主义与实用主义之间的平衡，维系地球村的底线伦理，坚持教义所昭示的真善美的方向，自己不被权力和金钱所异化，又能给社会大众提供好的精神食粮和实际福利，必能得到社会的广泛认同，这是当代宗教的恰当位置和进路。为此，宗教界人才的成长和全面素养的提升，是关键之所在。作为现代中国的教团骨干群体，不仅要有很高的政治素质、宗教学识、道德品行，而且要有较为广博的现代文化、科学知识，熟悉中华民族的优秀文化，了解外国文化、世界宗教和时代走向，并且善于做好教团管理工作。其中的高层领袖人物更要具备人格魅力和神学理论创新能力，并在国内外产生较大社会影响。没有这样一支教团队伍就不可能带动整个宗教提高文化水准，充分展现宗教的文化功能。为此，要加强宗教院校的工作，建设严格的教内学位制度，做到及时发现和选拔人才，与学术界、教育界联合培养人才，支持高水平有信仰的社会精英进入教团工作。宗教教育应在宽松环境里正常发展，以开放的态度与社会互动并得到社会主流教育的协助，又能避免政治化、功利化的偏向，优秀人才便会从中涌现，新的领袖人物也会应运而生。

（三）它有益于民族团结和边疆发展

中华民族的文化具有多样性、丰富性，重要表现是汉族地区与少数民族地区之间有明显差异。汉族人本文化发达，人文理性较强；边疆民族地区宗教文化发达，宗教意识强烈。历史上看，汉族的知识精英偏重于用儒、道、佛人生哲学来安身立命，而基层民众则偏重于在多神崇拜中求得精神满足。少数民族的知识精英和基层民众在信仰上大致是一体的，特别在全民基本信仰一种宗教的民族里，宗教在民族文化和日常生活中居于精神导向的核心地位，宗教认同与民族认同高度一体化，因而其纽带作用比较牢固。如基本全民信仰伊斯兰教的十个民族：维吾尔族、回族、哈萨克族、柯尔克孜族、乌兹别克族、塔吉克族、塔塔尔族、东乡族、保安族、撒拉族，基本全民信仰藏传佛教的藏族、门巴族、珞巴族、裕固族、普米族，基本全民信仰南传佛教的傣族以及德昂族、阿昌族，还有信仰毕摩教的彝族，信仰东巴教的纳西族，北方信仰萨满教的各民族，兼信藏传佛教与萨满教的蒙古族，在这些民族集中生活的民族地区，宗教文化传统深厚，虽经历了近现代社会革命和文化批判风雨的冲击，保存下来的比汉族多。在"文化大革命"及其以前，受苏联模式影响，主流社会把民族地区宗教视为落后的旧文化，当作社会进步的包袱。改革开放以后，人们的宗教观在转变。在重视文化资源的今天，民族宗教文化传统成为一种优势和特色资源。边疆民族地区宗教与民俗文化以其神圣性、质朴性、多样性和特有的地方风韵，而为东部发达地区所缺少，它对于物质化、文饰化、时尚化过渡地区的人们有很大的吸引力，可以成为中华新文化建设的创造源泉。我们要推动相关的学术研究、人才培养、技艺传承，做好文化遗产的保护与开发工作。只要善于引导，民族宗教及其文化便可以在稳定社会、丰富人们精神生活、建设中华民族共有精神家园、促进边疆经济社会发展中发挥重要作用。也有利于调动民族宗教广大信众的积极性，推动民族关系的平等、团结、互助与和谐，发展边疆的文化产业、特色产业、优势产业和旅游业，将边疆特色文化优势转变为社会发展优势，为建设祥和边疆、富裕边疆、人文边疆、绿色边疆做贡献。

［原载《西北民族大学学报》（哲学社会科学版）2012年第2期］

对"宗教与文化"关系的思考[①]

在学习贯彻十七届六中全会精神的过程中,有宗教界人士提出,宗教是不是文化?是不是也应该纳入社会主义文化建设之中?如何认识宗教和文化的关系,是我们在贯彻十七届六中全会精神中不可回避的一个问题。

近年来,关于"宗教与文化关系"问题的讨论引起人们的关注和议论。如宗教文化的内涵是什么、怎样认识宗教与文化的关系、执政党如何对待和处理宗教与文化的关系问题……对这些涉及宗教工作的重要理论问题,需要进一步从马克思主义宗教观角度进行较为深入系统的基础性研究。本文试图从理论和实践相结合的角度,对这个问题作些初步梳理和思考。

一 关于宗教与文化关系的几种观点

(一) 学界前辈的观点

赵朴初在 20 世纪 80 年代多次提出"宗教是文化"。其意义一是打破了之前一段时期把宗教仅仅看作是消极的看法;二是作为一位宗教领袖从宗教信仰的角度提出了如何看待宗教的问题。

赵朴初反复阐明宗教是文化,常举三个事例:[②]

第一个事例:毛主席在延安参观寺庙时对警卫员李银桥说:"那是文化,懂吗?那是名胜古迹,是历史文化遗产。"

第二个事例:钱学森致赵朴初的一封信中,针对一些地方干部违反宗

[①] 作者朱晓明,中国西藏文化保护和发展协会副会长,无神论学会会长。
[②] 参见徐玉成《宗教政策法律知识答问》,中国社会科学出版社 1997 年版,第二章 36 问。

教政策的现象写道:"我想根本的问题是在我国社会主义初级阶段中如何正确认识宗教。记得我以前向您说过,宗教是文化。这个意思在《中国大百科全书·宗教卷》的开篇,罗竹风、黄心川的《宗教》一文中也说过:'在人类的文化知识活动领域中,宗教一直是重要的组成部分',从而得到肯定。"钱学森在信中强调指出:"社会主义精神文明建设的内容中,应当包括宗教。"

"在人类的文化知识活动领域中,宗教一直是重要的组成部分。它和科学及其他社会意识形态如哲学、文学、艺术、道德等都有着密切的关系。"(《中国大百科全书·宗教卷》第5页)

第三个事例:历史学家范文澜先生,"文化大革命"初期告诉周建人先生说:"我正在补课,读佛书。佛教传到中国有将近两千年的历史,和中国文化关系密切,不懂佛教,就不懂中国文化史。"

(二) 当前中国学界的观点

对"宗教是文化",当前国内学者中有不同认识。

1. 认为"宗教是文化"。不少学者认为,宗教具有文化功能,应该把宗教看做文化,其主要观点如下:[1]

(1) 分析了"宗教是文化"提出的历史背景。认为"促进宗教学者思想解放,推动宗教学术繁荣的另一思想源泉是关于'宗教是文化'、'一个民族的宗教是构成其民族文化的重要内容'的认识"。

(2) 认为提出"宗教是文化"产生了积极作用。"学术发展到一定阶段时,最需要的东西常常不是别的,而是观念的革新,把宗教学术当成政治,这是一种观念,它造成了宗教学术研究的严重停滞,把宗教视为一种文化,又是一种观念,可它带来了宗教学者思想的解放,观念的更新,学术研究的繁荣。"

"既然宗教构成一个民族的文化传统,那我们显然不能像过去那样把宗教文化视为'四旧',与反动政治简单地等同起来一棍子打死。学者们就必须研究宗教与各种文化形态的关系,通过宗教研究去了解民族的文化以及各民族之间的政治关系和文化关系。这种认识大大提高了宗教学术研究的价值与意义,拓宽了宗教学术的领域和宗教学者的视野。"

"回顾百年以来中国宗教学术研究走过的道路,大概可以这样说,没有一种理论或观念,把宗教学术当成政治,那样束缚宗教学者的思想;也没有任何一种理论或观念,像'宗教是文化'那样对宗教学者起了那么大的解放作用。"

2. 不应该泛谈宗教是文化。这部分学者认为宗教当然是文化，但不倾向于泛谈宗教是文化。他们认为，马克思主义是从社会根源和现实基础出发解释宗教的。"马克思主义无神论的特点是什么？首先，是从唯物史观出发，必须用历史说明宗教，不能用宗教说明历史，由此指明宗教产生的社会基础，挖了有神论的根底，同时与片面夸大宗教的作用，将宗教泛文化化——即用'文化'说明宗教和用宗教说明'文化'的文化主义划清了界限。"[2]

3. 宗教是一种文化现象，应界定为宗教的一个方面。有学者认为：(1)宗教是一种社会意识，本质上是对支配人们日常生活的外部力量的幻想的反映；(2)宗教也是一种社会现象；(3)宗教还是一种文化现象。[3](p.7)

宗教作为一种文化现象，从广义上来说，是指它是人类社会历史发展过程中所创造的物质财富和精神财富的一部分。从狭义上来说，是指宗教作为一种社会意识，在社会的精神生活领域广泛地同哲学、政治思想、法律思想、道德、文学、艺术乃至科学具有密切的关系，形成了独特的宗教文化现象。总之，宗教是一种文化现象，应界定为宗教的一个方面。

宗教不仅是一种社会文化现象，而且是一种历史现象。

4. 宗教文化是中华民族文化的一部分，而不是整体甚至不是主导部分。有学者认为：宗教文化是中华民族文化的一部分，而不是整体甚至不是主导部分。各宗教都服从于国家政权，在统一的国家里，没有"国教"和"异端"之分，各宗教长期共存，促进了中华民族的融合和凝聚。[4](P.465)

在当前的宗教工作实践中，如何认识和处理宗教与文化的关系是一个需要认真回答的问题，但是到目前为止，在党和国家的文件和领导人讲话中，都还没有来得及对这个问题进行全面系统的论述。

二 宗教是什么样的文化

那么，到底应该如何理解"宗教是文化"？宗教是一种什么样的文化？宗教文化有什么不同于其他文化现象的特点呢？

（一）宗教文化的特点。宗教作为一种社会文化现象，与人类创造的其他文化形式相比较，既有共同性，也有特殊性。

有学者分析，宗教文化的特点有五个方面。

1.异化性。宗教本来是人创造的，但却异化为一个高于人并控制人的至高无上的神圣对象。[1]

2.独尊性，或称排他性。

3.组织化。"（宗教）把广大信众纳入一个神圣的组织和体制之中，规范了他们的信仰和行为，影响以至决定了他们的精神生活和社会生活。"[1]

4.扩张性。任何宗教都有传教的冲动，不断扩张其影响。

5.包罗万象。马克思说："国家、社会产生了宗教，即颠倒的世界观，因为它们本身就是颠倒了的世界。宗教是这个世界的总的理论，是它的包罗万象的纲领……"马克思这段话涉及宗教所发挥的"包罗万象的纲领"式的社会文化作用。宗教文化被赋予了至高无上的神圣性和无所不包的普遍性。

（二）宗教与不同层次、不同形式文化的关系

宗教是一种文化现象，包括宗教的器物文化、制度文化、精神文化三个方面。宗教的器物文化包括寺观教堂、圣像圣书圣地祭品等一切进行宗教活动所需的物品和场所。宗教的制度文化包括宗教的组织结构、教阶制度、宗教礼仪、宗教法规、修持方式等构建宗教活动的一切形式和方法。宗教的精神文化包括宗教经典、宗教教义、神学思想、宗教观念、宗教体验、宗教艺术等一切宗教意识活动。

宗教的器物文化、制度文化、精神文化三者之间的关系是：宗教精神文化是宗教文化的核心内容，而又与宗教器物文化和宗教制度文化密切相关，相辅相成。没有前者，后两者与一般社会物品和社会制度没有两样；而没有后两者，宗教精神文化也与哲学、文学、艺术等意识形态没有什么区别了。宗教精神特别是宗教意识具有核心意义，它体现着宗教信徒的价值取向。[4](p.459)在精神文化层面，宗教神学、宗教哲学与自然科学、启蒙哲学，在中外思想史上不断论战和斗争，又不断互相渗透和彼此激发；既推动了宗教神学、哲学和自然科学自身的发展，又启迪了人类理论思维和各种文化思想的发展。[1]正是在这个意义上，毛主席说："如果不批判神学，就写不好世界史、文学史、哲学史。"

在大众文化层面，"宗教感情的宣泄展现为各种形式的艺术"[1]。宗教由此而具有对信徒的感染力、吸引力。

关于宗教文化的发展历程。有学者勾画了这样一条历史轨迹：原始世俗文化——原始宗教文化——宗教文化与世俗文化并存，而以宗教文化为主导——世俗文化占据主导地位，宗教文化退居次要地位，趋于世俗化并继续发挥作用。[4](p.460)

（三）宗教文化在社会作用上的"两重性"

在社会主义条件下，中国宗教发生了重要的进步和变化。这主要表现在：第一，宗教赖以存在的根源发生了很大变化，但仍将长期存在。第二，新中国成立以来，我国各宗教的政治面貌发生了根本性变化。第三，我国宗教方面的矛盾主要属于人民内部矛盾。第四，宗教的社会作用中积极的一面得到支持和鼓励，消极的一面得到约束和抑制。第五，宗教在历史过程中走向与社会主义社会相适应的正确方向。

由于宗教在社会主义条件下的进步和变化，宗教的社会功能、社会作用也必然会随之发生变化。在社会主义社会，宗教在一定范围和程度上可以发挥心理调适、精神安慰、道德约束、社会整合、文化认同、文化载体和社会交往等比较积极的作用。

同时，当代中国宗教状况的变化，并不意味着宗教作为超自然、超现实信仰本质的改变。宗教作为对现实的虚幻的反映，比较容易束缚人们的思想，还会受到一定范围内存在的阶级斗争和国际上一些复杂因素的影响，因此又有其消极因素、消极作用。这主要表现在：（1）信徒心态趋于保守，把自己的命运，寄托在神的恩典和对来世的幻想上，而不是依靠自己的主观努力。（2）狭隘的唯心主义神学世界观往往在一定程度上妨碍信徒正确认识世界，妨碍他们对科学文化知识的掌握。信教群众的钱财，大量地耗费在宗教寺庙的建设和奉献上，直接影响小康生活的实现。（3）信徒一旦陷入信仰主义，就容易偏执、狂热，排斥异己，束缚自己。一些传统的宗教观念，宗教与封建迷信思想结合起来，出现宗教狂热，产生宗派分化。境外敌对势力利用宗教进行渗透活动，危害社会稳定、民族团结和祖国统一。

任继愈先生指出："宗教的思想基础是盲目信仰，而不是理性、思辨。""宗教继续存在这个事实，可以找到科学的说明，但决不能由此证明它有科学性。""我们在政治上尊重教徒的宗教信仰，但在思想上我们也要看到，宗教的信仰主义对于人们改造自然和社会的斗争是不利的，对于科学的发展是有妨碍的，对于青少年接受唯物主义世界观和健康成长具有消极作用。"[5](pp. 194-195) 党的十六届六中全会《决定》关于"发挥宗教在促进社会和谐方面的积极作用",党的十七大报告关于"发挥宗教界人士和信教群众在促进经济社会发展中的积极作用",刚刚结束的十七届六中全会决议中提出:"全面贯彻党的宗教工作基本方针,发挥宗教界人士和信教群众在促进文化繁荣发展中的积极作用"等正面引导的提法,其内涵并不能理解为宗教只有积极作用,没有消极作用,而是说社会主义社会为发挥宗教的积极因素,抑制消极因素创造了有利的条件和环境。各级党的组织要积极引导宗教与社会主义社会相适应,使宗教社会作用中积极的一面得到支持和鼓励,消极的一面得到约束和抑制。

三 中国共产党作为执政党,如何理解和对待"宗教是文化"

中国共产党作为执政党,如何认识和处理"宗教是文化"这一问题呢?

(一)尊重、理解、鼓励和支持宗教界关于"宗教是文化"的阐释和研究。宗教界从自身宗教信仰的角度出发,提出"宗教是文化",有助于宗教界阐释和研究宗教在文化内涵和社会功用上与社会主义社会相融相通的共同点,拓宽"相适应"的共同基础,寻找"相适应"的切入点,有利于发掘、发现和发挥宗教与社会主义社会相适应的内生因素和内在动力。

(二)"宗教是文化"、"宗教是一种文化现象"是宗教的属性之一,不是宗教属性的全部,也不是宗教的本质属性。不能把"宗教是文化"作为认识和对待宗教的唯一角度、甚至是第一角度。

泛泛谈论宗教是文化,并没有说明宗教自身的本质属性、价值观念和社会作用。具体还要进一步分析宗教是一种什么样的文化。不同的宗教、处于不同发展阶段的宗教,例如与中国传统文化融合程度不同的宗教,其文化内涵和社会功用也是有差异的。仅仅谈论宗教是文化,就掩盖了这些不同,用文化的共性遮盖了不同宗教自身的个性和本质属性。

鼓励和引导学术界在马克思主义宗教观指导下,开展宗教与文化关系的理性研究,认识和掌握宗教自身演变的历史规律,以科学、理性的学术成果增强信教和不信教群众、信仰不同宗教群众之间的相互了解、理解和尊重，为中国各宗教在社会主义社会的生存和发展赋予文化内涵、学术支持和精神动力。

（三）执政党不宜泛谈宗教是文化。执政党有自身的职责和使命，必须上升到政治责任、思想导向、社会管理、国家安全的高度，清醒认识这一问题。

对执政党来说，必须关注宗教与政治的关联和宗教社会作用的"两重性"。不能"以其昏昏，使人昭昭"，要防止在"文化"的旗号下，一些传教士以文化的名义传教，个别学者以文化的名义传播神学思想，个别官员以文化的名义发展宗教，国外反华势力以文化的名义实施战略遏制。

中国近代史上教案频发的深刻教训，开放条件下社会矛盾凸显中宗教问题的累积叠加，世界上利用和借助宗教引发的动乱、冲突、战乱的严酷现实，都警示我们要十分慎重、严谨地认识和处理这个问题。在谈宗教是文化这个共性的时候，还要看到宗教自身的本质属性；在谈宗教的某些积极因素的时候，还要看到宗教自身的消极作用。不能把愿望当作政策。在指导方针上"差之毫厘"，在实际生活中就会"失之千里"。

（四）要坚持和发展马克思主义宗教观。目前，学术界有一种倾向，把马克思主义宗教观仅仅作为研究宗教的多种理论和方法中的一种，降低了它作为中国共产党认识和处理宗教问题的理论指导作用。

在"宗教与文化的关系"问题上，要学习运用、丰富发展马克思主义宗教观的基本观点：

第一，坚持马克思主义宗教观的"三观"。一是宗教本质观，即对宗教内在联系、性质的观点；二是宗教的历史观，即对宗教的起源、演变及其规律的观点；三是宗教的价值观，即对宗教的社会功能、作用和意义的观点。

第二，坚持马克思主义宗教观的"三原则"。马克思主义唯物史观，给了我们一把打开宗教世界和天国秘密的金钥匙，给宗教研究提供了世界观和方法论的指导原则。一是不能用精神性因素去说明宗教的本质。既不要从宗教本身的历史去说明宗教，也不要从人类的其他精神因素去说明宗教的本质。因此，不能用文化去说明宗教的本质。二是要从社会的发展去说明宗教与宗教问题的发展。宗教的发展决定于社会的发展，只有从上层建筑如何适应经济基础的发展而发展的历史过程着手，才能找到宗教发展的客观规律。三是要把神—人的宗教关系还原为人—人的社会关系。即要用唯物史观的基本原理去分析研究得出神—人的宗教关系是人—人的社会关系在观念形态上的反映。

第三，坚持马克思主义宗教观的"三律"。宗教适应社会发展的需要，随社会形态演变而不断发展变化的规律，具体地说有三个规律：一是宗教适应社会经济基础发展变化的规律。从宗教演变的过程、态势、趋势，可以看出，宗教意识一定要适应社会存在和发展的客观要求。二是宗教随着社会形态发展变化而变化的规律。一切宗教都是从各民族的社会历史条件中产生，并随着这些条件的演变而演变。三是宗教在政治影响下存在和发展的规律。宗教属于思想上层建筑，它被经济基础所决定，受政治上层建筑所制约。宗教不等于政治，但也不能脱离政治。因为宗教不仅仅是文化，它还是社会实体，具有强大的社会组织、社会动员、社会控制力量。宗教问题处理得好，对经济建设、社会发展和人民安定生活能够产生积极作用，处理得不好，就会产生消极作用。

共产党与历史上的任何执政者不同，它不是通过渲染宗教的作用来维护自己的统治。社会主义社会文化的主体和主流不是神秘的宗教文化，现代中国文化是要在历史的发展中逐渐揭示人的尊严、力量和光荣，强调人自身能动性、积极性的文化。党的十六届六中全会《决定》把贯彻宗教工作基本方针与"加强信教群众同不信教群众、信仰不同宗教群众的团结"连在一起加以强调。这"两个团结"是社会和谐的标志，也是社会和谐的保证。反映了我们党坚持"以人为本"的理念，从全面建设小康社会、和谐社会的大局出发，看待和处理宗教问题，目的是要把信教的人与不信教的人、把信仰不同宗教的人都团结起来、和谐相处，把他们的意志和力量集中到全面建设小康社会、和谐社会的共同目标上来。这才是我们宗教工作的出发点和落脚点，才是共产党人在宗教工作上更高的价值追求和工作目标。

因此，执政的中国共产党，既要支持和鼓励宗教界对"宗教是文化"的阐发和研究，支持和鼓励各个宗教开展神学、佛学、经学思想建设，挖掘宗教自身与社会主义社会相适应的内生因素和内在动力，以团结宗教界人士和信教群众，继承和发挥宗教传统和宗教文化中的积极因素。鼓励学术界研究和引导宗教传统和宗教文化中的积极因素，丰富社会主义社会的精神文化资源。又不能把宗教仅仅归结为文化，需要更为全面、深刻地看待宗教问题，认识规律，把握规律，担负起自己的政治责任和社会责任。

参考文献

［1］吕大吉：《中国现代宗教学术研究一百年的回顾与展望》，《江苏社会科学》2002 年第 3 期。

［2］杜继文：《科学无神论和它的社会责任》，《科学无神论》2010 年第 5 期。

［3］龚学增：《宗教问题概论》，四川人民出版社 2007 年版。

［4］任杰：《中国共产党的宗教政策》，人民出版社 2007 年版。

［5］《任继愈宗教论集》，中国社会科学出版社 2010 年版。

（原载《中国浦东干部学院学报》2012 年第 1 期）

与时俱进的中国共产党的宗教文化观[①]

龚学增

宗教文化，一般来说，是指宗教作为以对超自然力量的信仰为核心的社会意识，在人类精神生活领域，广泛地渗透到哲学、政治法律思想、道德、文学、艺术乃至科学之中，从而形成了独特的宗教哲学、宗教政治法律思想、宗教伦理道德、宗教文学艺术等。

马克思、恩格斯、列宁都研究过宗教哲学、宗教道德乃至宗教文学艺术、宗教与科学的关系。但是他们对于宗教文化的研究定位不是单纯学术性的，由于他们坚持的是历史唯物主义的世界观方法论，由于他们所处的社会历史条件以及担当的领导社会主义事业的历史重任，因此对于宗教文化的负面的社会功能强调得比较突出，主要是持否定性的批判态度。

中国共产党在推进马克思主义宗教观中国化的进程中，主要也是着眼于在社会政治领域中如何依据马克思主义的世界观和方法论认识和解决好宗教问题，为革命和建设大局服务。对于宗教文化也有所涉及，但认识上经历了一个曲折的过程。改革开放以来，对于宗教是文化以及对宗教文化中的积极因素，则越来越持认可和肯定的态度，体现出对宗教的认识更为全面。

毛泽东等对宗教文化的认识

首先，从宗教哲学角度认为宗教的本质是崇拜超自然力。毛泽东十分重视宗教哲学。1938 年 1 月至 3 月间，毛泽东认真阅读了李达的《社会学

---

① 作者龚学增，中共中央党校教授、博士生导师。

大纲》一书，并在"原始的宗教的世界观"一节，写下了一些批注。认为宗教的本质是崇拜超自然力，这完全是由于不理解自然力及社会力这个事实而发生的。这一观点是同马克思主义宗教观一致的。

其次，强调共产党员不能赞同宗教的唯心论和宗教教义。1940 年，毛泽东在《新民主主义论》中提出共产党员可以和某些唯心论者甚至宗教信徒建立在政治行动上的反帝反封建的统一战线，但是不能赞同他们的唯心论和宗教教义。这里，毛泽东比较鲜明地表述了共产党在政治上可以寻求同宗教界的一致，但是世界观上必须保持马克思主义的纯洁性。

再次，宗教也是文化。解放战争时期，毛泽东提出了宗教也是文化，宗教的文化成就不可忽视，要尊重和保护宗教文化遗产。特别是对于佛教的哲学、伦理、艺术多有肯定之处。新中国成立之初，1952 年 10 月，毛泽东在接见西藏致敬团代表的谈话中，谈到西藏经济文化都要发展的时候，也指出文化包括学校、报纸、电影等等，宗教也在内。

最后，不批判神学就不能写好哲学史，也不能写好文学史或世界史。这是 1963 年 12 月，毛泽东看到任继愈《汉唐佛教思想论集》一书后，在一个文件上的批示。但是，这个批示在当时更突出了在世界观上马克思主义同宗教的对立，对于以往他提出的不能忽视宗教特别是佛教的文化成就这一点没有再提及。毛泽东的这一观点在一定程度上影响到"左"的年代对于哲学史的研究仅限于在唯物唯心、无神论有神论的斗争这一条线索进行。

这期间，周恩来在接见伊斯兰国家的外宾时，也肯定过宗教的教义对于民族关系有积极作用。

上述关于宗教是文化的思想，在极"左"的年代已不再提及。

邓小平肯定宗教在对外文化交流中的作用，肯定了宗教艺术

在经历了 1957 年以后近二十余年的极"左"年代全盘否定宗教、打压宗教，1978 年党的十一届三中全会以后，邓小平率先提出了宗教文化问题。

1980 年 4 月，江苏省暨扬州市举行了欢迎唐代高僧鉴真大师像由日本回国巡展的活动。4 月 19 日，邓小平在《人民日报》上发表了题为《一件

具有深远意义的盛事》的文章。他指出，"在中日人民友好往来和文化交流的历史长河中，鉴真是一位做出了重大贡献、值得永远纪念的人物"。邓小平在文章中还回忆了他 1978 年访问日本时在奈良唐招提寺见到鉴真塑像时的情景，并说："诚如历代诗人学者所赞叹的，它具有非常高的艺术性，表现出鉴真的坚强意志和安详风度。一千两百余年来，日本人民把它作为国宝，精心保护和供奉到今天，值得我们敬佩和感谢。"

邓小平的观点在当时起到了引领如何科学对待宗教的思想解放的作用。

江泽民等人对宗教文化二重性的分析

在以江泽民为核心的党的第三代中央领导集体主持工作期间，鉴于国际国内形势的新变化，党中央更为重视宗教问题。这期间，宗教是文化的观点越来越引起社会共识。党中央对于宗教文化及其积极因素也给予了肯定，这是中国化马克思主义宗教观的一个重要特色。

首先，宗教文化有不少优秀成分，可以研究和发掘其中的精华。2001年 12 月，江泽民在全国宗教工作会议上发表重要讲话，他在谈到如何调动宗教的积极因素为社会发展和稳定服务时，辩证地分析了宗教文化、道德乃至宗教信仰的积极作用。认为我国宗教在其产生和发展的过程中，与我国文化的发展相互交融，吸取了我国建筑、绘画、雕塑、音乐、文学、哲学、医学当中的不少优秀成分，可以研究和发掘其中的精华。宗教道德中的弃恶扬善等内容，对鼓励广大信教群众追求良好的道德要求有积极作用。宗教通过对信教群众的心理慰藉，对稳定信教群众的情绪、调节信教群众的心理也有积极作用。当然，肯定宗教中的积极因素，目的不是为了发展宗教，而是要努力使已经存在的宗教多为民族团结、经济发展、社会稳定、祖国统一服务。在处理这个问题时，分寸一定要把握好。宗教中的积极因素可以肯定，但不能夸大。

对于如何发挥宗教的特有作用，李瑞环提出了宗教文化是中国传统文化的一部分的观点。他说过，中国传统文化相当一部分是从佛、道等宗教中来的。我国宗教文化中有许多东西迄今仍有进步的意义，特别是一些主张、格言、规定，同我们现在所提倡的精神文明建设的有关思想和做法并不矛盾，希望宗教界的朋友们能够对此加以挖掘，进行整理，以便在现实生活中更好地发挥积极作用。正是基于对宗教文化的认识，李瑞环主张要积极引导宗教与社会主义社会相适应，进一步挖掘、整理宗教文化中积极、向上的内容。特别要挖掘、整理各宗教教义在伦理道德方面所倡导的弃恶扬善、服务社会、造福人群的内容，使之在精神文明建设中发挥积极作用。

其次，江泽民肯定宗教文化积极因素的同时，又鉴于改革开放以来宗教有神论的世界观甚至迷信活动对于党内的影响，多次鲜明地提出，我们共产党人的根本政治信仰是社会主义和共产主义，世界观是马克思主义的辩证唯物主义和历史唯物主义，这是任何时候都丝毫不能动摇的。共产党员是无神论者，不论出身哪个民族，都要坚持唯物论和无神论，不应该信教。共产党人是无神论者，任何时候都要坚持无神论，宣传无神论。对一些党员中存在的非无神论思想，要进行耐心细致的教育和深入的思想工作，帮助他们解决好世界观问题。对群众进行无神论宣传教育，要同对党员的要求区别开来，并同社会主义两个文明建设的具体实践结合起来。要善于用唯物主义观点说明宗教信仰的根源，下工夫提高人们的科学文化素质，防止简单从事而伤害信教群众的宗教感情。

十六大以来党的宗教文化观的新发展

首先，明确提出发挥宗教界人士和信教群众在促进文化繁荣发展中的积极作用。党的十六大以来，在以胡锦涛为总书记的党中央提出的以人为本、树立和落实科学发展观、构建社会主义和谐社会背景下，对于宗教，更突出了充分肯定宗教的积极作用，调动宗教积极因素的一面。党的十六届六中全会提出要"发挥宗教在促进社会和谐方面的积极作用"，十七大提出要"发挥宗教界人士和信教群众在促进经济社会发展中的积极作用"，十七届六中全会又提出要"发挥宗教界人士和信教群众在促进文化繁荣发展中的积极作用"。

根据中央的要求，贾庆林近年多次提出宗教界要自觉承担社会责任，继续深入挖掘宗教教义、宗教道德和宗教文化的积极因素，沿着宗教与社会主义社会相适应的正确方向前进。对于近些年举办的"世界佛教论坛"、"国际道教论坛"、"中国教会圣经事工展"和"中国伊斯兰文化展"等发挥宗教文化积极因素、服务构建和谐社会和谐世界的活动给予了肯定。

发挥宗教界人士和信教群众在促进文化繁荣发展中的积极作用的前提就是肯定宗教文化的积极因素。对此，不仅学术界在不断强调宗教文化的价值，而且国家宗教事务管理部门也从宗教工作的角度提出要正确看待宗教文化，指出："宗教文化是宗教信仰的文化表现形式，因此与社会主义先进文化相区别。同时也应看到，宗教文化中包含着许多健康、积极和有益的内容，与社会主义先进文化所倡导的价值和理念是相通或者契合的。对待宗教文化，一方面要看到宗教文化的意识形态属性，不能借宗教文化宣扬宗教，人为助长宗教热；另一方面也不能因为宗教文化的意识形态属性，就不承认宗教文化中包含的有益内容，甚至完全否定宗教文化的现代价值。宗教会长期存在，宗教文化也会长期存在，对待宗教文化不能扼杀，只能引导，要鼓励宗教界弘扬宗教文化中有益于时代进步的内容。"（王作安：《发挥宗教界在文化建设中的积极作用》）

上述表明，党和政府一方面表现出对于宗教文化的认可和对宗教文化积极因素的肯定；另一方面，又指出对宗教进行正面引导，发挥宗教的积极作用，并不是要把宗教当作救世药方，鼓励发展宗教，而是要使宗教通过发挥积极作用来抑制其消极作用，更好地为促进经济发展、社会和谐、文化繁荣、民族团结、祖国统一服务，沿着正确的方向健康发展。

其次，继续强调共产党员要树立唯物论的世界观，要进行无神论的研究、宣传、教育。针对社会上有神论、迷信活动的发展传播在思想文化教育领域造成的危害，党中央多次强调，马克思主义无神论的研究、宣传和教育，是思想文化战线的一项重要工作。关于无神论的研究和宣传、教育是一项长期任务，须纳入科学研究规划和宣传思想工作的总体部署，坚持不懈地进行。尤其是共产党员应牢固地确立唯物主义的世界观。

总之，中国共产党的宗教文化观经历了一个不断前进的认识过程，也体现了对于宗教文化二重性品格的分析。着眼服务社会发展稳定和谐的大局，肯定宗教文化积极因素的作用，是党处理宗教问题政治智慧的表现。而强调共产党员不能信仰宗教，则是保持共产党世界观纯洁性的基本要求之一，这与贯彻党的宗教信仰自由政策并不矛盾。

（原载《中国民族报》2012 年 10 月 16 日）

宗教与社会主义社会相适应的
新视角新发展①

毛国庆

深入学习中共十七届六中全会精神，贯彻落实全会审议通过的《中共中央关于深化文化体制改革、推动社会主义文化大发展大繁荣若干重大问题的决定》（以下简称《决定》），是全党全社会和全国各族人民当前和今后一个时期的重要政治任务，作为宗教工作部门和宗教界的广大成员自然也不例外。首先，也要同其他方面一样，要站在全局的高度，认真学习领会深化文化体制改革、推动社会主义文化大发展大繁荣若干重大问题的精神实质和方针政策，和全社会、全国各族人民一道，共同为繁荣发展社会主义文化献计出力。同时，还必须要着重学习领会和贯彻落实《决定》对宗教界人士和信教群众就促进文化繁荣发展提出的新要求，即，"全面贯彻党的宗教工作基本方针，发挥宗教界人士和信教群众在促进文化繁荣发展中的积极作用"这一新的要求，对宗教与社会主义社会相适应相和谐的问题，从新的视角做出了新的发展。对这一新的要求，从新的视角做出的新发展，做一些新的探索研究，对宗教工作和宗教领域深入贯彻落实《决定》精神无疑是十分必要的。

一 在贯彻落实《决定》的过程中，对"全面贯彻党的宗教工作基本方针"要有新视角

党的宗教工作基本方针，即我们通常所说的四句话："全面贯彻党的宗教信仰自由政策，依法管理宗教事务，坚持独立自主自办原则，积极引

---

① 作者毛国庆，山东社会主义学院教授。

导宗教与社会主义社会相适应。"这是以胡锦涛同志为总书记的党中央在党的三代中央领导集体不断探索的基础上最终确立起来的。"全面贯彻党的宗教工作基本方针",是党对宗教工作提出的根本要求。在《决定》中重新提出这一根本要求,很明显,它的出发点和落脚点是从为了使宗教更好地服从和服务于深化文化体制改革,推动社会主义文化大发展大繁荣的需要出发的。也就是说,我们在贯彻落实《决定》的过程中,对于"全面贯彻党的宗教工作基本方针",要立足于这样一个新的视角,从而更好地"发挥宗教界人士和信教群众在促进文化繁荣发展中的积极作用"。

1. 要从宗教是文化、宗教在人类精神生活中占有重要地位和"全面认识宗教对相当一部分群众有较大影响"的新视角来进一步领会"全面贯彻党的宗教信仰自由政策"

宗教信仰自由和宗教信仰自由政策是马克思主义宗教观的一个基本理论要点和政策原则。宗教信仰自由的口号是资产阶级启蒙学者首先提出来的,是资产阶级在反封建斗争中提出的一个民主口号,是人类的一项基本人权。它的基本要求是实现宗教与国家政权的分离,打破像中世纪欧洲历史上长期形成的那种"政教合一"的封建专制制度,使国家政权摆脱宗教的控制。应该讲这在当时历史条件下是一个革命的和进步的口号,但资产阶级提出的宗教信仰自由主要是强调了宗教信仰者信仰宗教的自由,而没有明确提出宗教信仰自由还应包括不信仰宗教者的信仰自由。而马克思主义宗教观所提出的宗教信仰自由和宗教信仰自由政策不仅涵盖了宗教信仰者信仰宗教的自由,同时还涵盖了不信仰宗教者的信仰自由,这样就把宗教信仰自由作为一项基本人权真正落到了实处。马克思主义宗教观之所以强调宗教信仰自由和必须实行宗教信仰自由政策,其主要之点就在于宗教信仰自由是公民的一项基本权利和基本人权,就在于宗教信仰对国家来讲它是公民个人的私事,是属于意识形态方面的问题,是不能用行政手段来干预的。我们党明确提出"全面贯彻党的宗教信仰自由政策"也主要是从这一理论原则出发的。

那么,在贯彻落实《决定》的过程中,除了基于上述理论原则必须坚持外,还需要从宗教是文化,宗教在人类精神生活中占有重要地位和从"全面认识宗教对相当一部分群众有较大影响"这一新的视角来进一步领会和把握"全面贯彻党的宗教信仰自由政策"。宗教作为人类传统文化的重要组成部分,在整个人类文明发展史上占有举足轻重的地位。从某种意义上说，离开了基督教文化，也就没有了欧洲文化和西方文明的根基，没有伊斯兰教，没有《古兰经》，也就没有阿拉伯文化的根基。而在中国，如果没有儒释道文化，也就没有了中国传统文化的主干所在。特别是中国传统文化的海纳百川和宽容包含精神，在佛教传入中国并融入中国传统文化之后，相继又有伊斯兰教和基督宗教传入中国，进一步丰富和发展了我国的宗教文化。在当代繁荣和发展社会主义文化的进程中，毫无疑问，在坚持建设社会主义核心价值体系为根本任务的前提下，还需要汲取优秀传统文化的营养，这其中当然也包括宗教文化中的积极因素在内。需要特别指出的是要从宗教在人类精神生活中占有重要地位的角度出发，深刻领会胡锦涛同志所强调的，要"全面认识宗教对相当一部分群众有较大影响"这一社会现象的新视角来进一步"全面贯彻党的宗教信仰自由政策"，从优秀传统文化的传承和人们的精神需求的角度来认识"全面贯彻党的宗教信仰自由政策"的极端重要性和时代意义。

2. 要从有利于发挥宗教界人士和信教群众在促进文化繁荣发展中积极作用的新视角来创新宗教社会管理体制机制，进一步做好"依法管理宗教事务"工作

创新宗教社会管理体制机制是一个随时代发展而不断创新的系统工程。胡锦涛同志在庆祝中国共产党成立 90 周年大会上的重要讲话中进一步强调要加强和创新社会管理，全面提高社会管理科学化水平。就创新宗教社会管理体制机制而言，就必须在"完善党委领导、政府负责、社会协同、公众参与的社会管理格局"的基础上找准突破口，落实新举措。在贯彻落实《决定》精神的过程中，就要密切结合我国正处在重要战略机遇期和社会矛盾凸显期的实际，面对影响"发挥宗教界人士和信教群众在促进文化繁荣发展中的积极作用"的问题，从加强和改进"依法管理宗教事务"入手，着重在提高宗教事务社会管理科学化水平上下工夫。首先要抓住像江泽民同志所指出的那样，"宗教工作，最根本的是做信教群众的工作"这一核心问题，进一步提高做好信教群众工作的能力和水平。只有很好地关心和帮助信教群众排忧解难，才能更好地调动他们的积极性。其次，一定要努力做到在宗教事务管理方面体现管理和服务并重，在服务中体现管理，在管理中强化服务，使宗教界人士和信教群众真正体会到党和政府是他们的亲人。再次，要强化基层宗教事务管理的能力和水平，力争把民族宗教矛盾化解在第一线，尽量减少损失，以增强信教群众的安全

感，使信教群众真正感觉到依法管理宗教事务就是在保护他们的合法权益。最后，要妥善应对和处理好民族宗教突发事件，提高联防和群防能力，建立健全集中领导，统一指挥，反应灵敏，运转高效的应急管理和处置机制，果断而又稳妥地平息事端，把尽快营造和谐稳定的社会秩序放到第一位。也只有这样，才能真正体现"依法管理宗教事务"的重要作用，才能充分激发宗教界人士和信教群众的积极性，"发挥宗教界人士和信教群众在繁荣发展文化中的积极作用"也就是顺理成章的事情了。

3. 要从推动中华文化走向世界，增强中华文化在世界上的感召力和影响力，积极吸收借鉴国外文化优秀成果的新视角来积极开展宗教文化交流，扩大我国宗教文化在国际上的影响力，推动我国宗教文化走向世界，就必须进一步全面把握和正确坚持"独立自主自办原则"

"坚持独立自主自办原则"是我国宗教对外交往必须坚持的根本原则。坚持这一原则，就是要鼓励和支持我国宗教界在独立自主、平等友好、互相尊重的基础上开展对外交往，以进一步增进与各国人民及宗教界的相互了解和友谊，为维护世界和平作出积极贡献；坚持这一原则，还必须在友好交往的过程中，注意境外某些敌对势力和组织乘机对我进行的渗透，做好抵御渗透的工作，这正如江泽民同志所指出的那样，"越是在扩大开放的形势下，越要坚持独立自主自办原则不动摇，越要做好抵御渗透的工作。绝不允许任何境外团体和个人干预我国宗教事务，绝不允许任何境外宗教组织用任何方式在我国传教"。问题很明显，《决定》提出的"要推动中华文化走向世界，广泛参与世界文明对话，促进文化相互借鉴，增强中华文化在世界上的感召力和影响力，共同维护文化多样性"。也必然包括宗教文化在内。我国宗教文化作为中国传统文化的重要组成部分，也必然要积极开展宗教文化交流，扩大我国宗教文化在国际上的影响力，推动我国宗教文化走向世界。可以预料，我国宗教界的对外交流和友好交往无论在层次上还是在规模上都将有一个大的发展。因此从这样一个新的视觉来看待我国宗教对外交往坚持的根本原则，就必须进一步全面把握和正确"坚持独立自主自办原则"。既要加强宗教文化的对外交流，又要做好抵御宗教渗透的工作，从我国宗教文化走向世界，扩大我国宗教文化在国际上的影响力出发，就需要我们进一步强化"坚持独立自主自办原则"运作体制机制建设，形成党委政府领导，统战部门牵头，政府宗教事务管理部门具体管理并发挥主导作用，其他有关部门分工负责，宗教团体协同配合，广大信教群众积极参与，建立起与畅通的网络化信息系统相联系的宗教事务社会化管理新格局，以保障开展宗教文化国际交流的顺利进行和健康发展。

4. 要从推动社会主义文化大发展大繁荣，建立社会主义文化强国的新视角来领会《决定》提出的"全面贯彻党的宗教工作基本方针，发挥宗教界人士和信教群众在促进文化繁荣发展中的积极作用"的重要意义，进一步深化对"积极引导宗教与社会主义社会相适应"的理解和把握

推动社会主义文化大发展大繁荣，建立社会主义文化强国是《决定》对全党全社会和全国各族人民提出的一项伟大的战略任务，是社会主义现代化建设的重要组成部分。而"全面贯彻党的宗教工作基本方针，发挥宗教界人士和信教群众在促进文化繁荣发展中的积极作用"则是《决定》对宗教工作部门和宗教界提出的一项新的要求，也是"积极引导宗教与社会主义社会相适应"，共建社会主义和谐社会的重要组成部分。宗教之所以能与社会主义社会相适应通常我们的理解主要是基于社会主义社会条件下信教群众和不信教群众在根本经济政治利益上是完全一致的，信教群众也是建设社会主义社会的积极力量以及宗教本身为生存发展而不断适应社会需求的规律性反映等等。而这次《决定》提出的，则主要是从为社会主义文化大发展大繁荣和建立社会主义文化强国，发挥宗教界人士和信教群众积极作用出发的，因此，进一步深化对"积极引导宗教与社会主义社会相适应"的理解和把握也必须从繁荣和发展社会主义文化的新视角出发。首先，《决定》强调指出，中国共产党既是中华优秀传统文化的忠实传承者和弘扬者，又是中国先进文化的积极倡导者和发展者。而我国宗教文化既然是中国传统文化的组成部分，那么宗教文化中的积极因素，自然也就是中华优秀传统文化的组成部分。传承优秀传统文化，其中当然也包括宗教文化中的积极因素在内。所以，《决定》提出的对宗教界的新要求，就进一步丰富和发展了"积极引导宗教与社会主义社会相适应"的内涵。应该看到，我国宗教文化中确有很多积极因素值得传承和借鉴，比如，中国宗教文化儒释道思想中的"和谐"、"和合"思想，五大宗教中的劝和劝善，促进人际关系和顺，人与自然和谐的生态文明思想等等，都是可以借鉴和传承的。宗教典籍中，如《道藏》就保存了许多医学养生、天文地理、生命科学、建筑艺术、化学生物、民间习俗、哲学伦理、历史典籍、文学艺术等人类创造的知识宝库以及我国宗教文化儒释道思想中的"和而不同"、

"多元一体、"多样性和和谐性相统一等光辉思想都是值得称道的。特别应该提及的是孔子提出的"己所不欲，勿施于人"，被1993年9月在美国芝加哥举行的"世界宗教议会"一致通过的《全球伦理宣言》选中，并作为道德规范的底线被称之为"黄金规则"。……所有这一切，都充分说明了从文化的角度来深化和理解并从这样一个新的角度来"积极引导宗教与社会主义社会相适应"的确是大有可为的。

二 在贯彻落实《决定》的过程中，对"发挥宗教界人士和信教群众在促进文化繁荣发展中的积极作用"要看到新发展；要努力探索我国宗教在促进社会主义文化繁荣发展中发挥积极作用的方式和途径

《决定》从推动社会主义文化大发展大繁荣，建设社会主义文化强国的战略高度，提出了"全面贯彻党的宗教工作基本方针"之后，紧接着就对宗教界提出了新的要求，"发挥宗教界人士和信教群众在促进文化繁荣发展中的积极作用"。前面的话是以前多次讲过的，但这次重新提出角度不同，之所以要重新提出，就是因为只有更好地"全面贯彻党的宗教工作基本方针"，才能够充分调动宗教界的积极性，以便充分"发挥宗教界人士和信教群众在促进文化繁荣发展中的积极作用"。在贯彻落实《决定》的过程中，对"发挥宗教界人士和信教群众在促进文化繁荣发展中的积极作用"要看到新发展，进而要努力探索我国宗教在促进社会主义文化繁荣发展中发挥积极作用的方式和途径。

1. "发挥宗教界人士和信教群众在促进文化繁荣发展中的积极作用"是社会主义社会条件下宗教社会作用两重性理论，进而是对"积极引导宗教与社会主义社会相适应"，"努力实现宗教与社会和谐相处"理论与政策的丰富和发展

首先，宗教社会作用两重性的理论是马克思主义宗教观的一个重要理论观点，马克思主义的创始人马克思、恩格斯指出了，在阶级社会里宗教的社会作用具有两重性。我们党在继承和发展马克思主义宗教观这一重要理论观点的过程中，经历了一个不断探索和曲折发展的历程。新中国成立

不久，周恩来同志就向宗教界提出了"各宗教之间和各教派之间就应该加强团结，联合起来，研究怎样服务于中国人民，使宗教活动有益于新民主主义社会"。毛泽东同志则明确提出了党要同宗教界建立统一战线的重要思想。但1957年以后，由于受"左"的思想的影响，着重强调意识形态上的对立和侧重于促进宗教消亡的指导思想在很多干部头脑中占据上风，很少提及宗教在具有消极作用的同时还具有积极因素，"文化大革命"期间，由于"破四旧"以及后来"四人帮"的破坏，宗教遭到了毁灭性打击，被"扫地出门"。改革开放以来，经过"拨乱反正"，对宗教的认识才逐步恢复并发展了对宗教问题的正确认识，进一步提出了宗教可以与社会主义社会相协调再到相适应，在肯定社会主义社会条件下宗教社会作用具有消极因素的同时也明确了具有积极作用，最终形成了比较完整的社会主义社会条件下宗教社会作用两重性的理论观点，这正如江泽民同志所指出的那样，"在我国，宗教的社会作用仍然具有两重性，既有积极的一面，也有消极的一面，还会受到一定范围内存在的阶级斗争和国际上一些复杂因素的影响"。"社会主义社会为发挥宗教的积极因素、抑制宗教的消极因素创造了有利条件。"以胡锦涛同志为总书记的党中央自十六大以来，对宗教社会作用的认识，又有了新的更大的发展，从十六届六中全会《决定》提出的"发挥宗教在促进社会和谐方面的积极作用"到党的十七大报告明确指出，"发挥宗教界人士和信教群众在促进经济社会发展中的积极作用"。充分体现了科学发展观中以人为本的理念和充分表达了党对宗教界人士和信教群众的信任，同时也充分展现了党对宗教社会作用积极性认识的新的拓展。一直到十七届六中全会《决定》强调要"发挥宗教界人士和信教群众在促进文化繁荣发展中的积极作用"。很明显，这一新的有关宗教社会作用问题的论述，把宗教社会作用的理论与政策提高到了一个新的层次，进一步丰富和发展了马克思主义宗教观的理论宝库。

其次，《决定》的这一新的论述，也是对"积极引导宗教与社会主义社会相适应"，"努力实现宗教与社会和谐相处"理论与政策的丰富和发展。宗教与社会主义社会相适应，是我们党的三代中央领导集体长期探索和实践的理论成果。从20世纪80年代开始，最早提出要研究宗教同社会主义"相协调"这一问题的是党内理论家胡乔木同志，其后杨静仁同志、习仲勋同志都先后提出了相似的命题。作为以中央文件的名义正式提出"相适应"问题是1990年7月14日，在《中共中央关于加强统一战线工作的通知》中提出了"要引导爱国宗教团体和人士把爱教与爱国结合起来，把宗教活动纳入宪法和法律的范围，同社会主义制度相适应"。1993年 11 月 7 日，江泽民同志在第 18 次全国统战工作会议上第一次明确提出了"积极引导宗教与社会主义社会相适应"的重要命题，并就相适应的内涵作了说明。十六大以来，以胡锦涛同志为总书记的党中央对"积极引导宗教与社会主义社会相适应"的问题，又有了新的发展，特别是 2006 年 7 月 10 日，胡锦涛同志在第 20 次全国统战工作会议上的重要讲话中明确提出了"引导宗教与社会主义社会相适应，是构建社会主义和谐社会的重要工作"。要"努力实现宗教与社会和谐相处"。从"相适应"到"相和谐"，"努力实现宗教与社会和谐相处"，这就把对"积极引导宗教与社会主义社会相适应"的认识提高到了一个新的层次。《决定》根据发展繁荣文化的要求，提出的"发挥宗教界人士和信教群众在促进文化繁荣发展中的积极作用"，很明显，是对"积极引导宗教与社会主义社会相适应"和对"努力实现宗教与社会和谐相处"内涵的新的拓展，这一拓展就明确体现了它的丰富和发展。

2. 努力探索我国宗教在促进社会主义文化繁荣发展中发挥积极作用的方式和途径

首先，要不断推进我国宗教思想建设，在坚持各个宗教基本教义不变，经典神圣，正信坚定的前提下，逐步探索适应时代进步和社会发展要求的宗教思想建设体系，为努力探索宗教适应文化繁荣发展的需要和进一步发挥积极作用奠定坚实的宗教思想理论基础。推进宗教思想建设是一个庞大的系统工程，这里边既有继承和发扬我国宗教优良传统，又有回应时代呼唤和符合社会需求的新的宗教思想阐释。我国目前各个宗教正在开展的宗教思想建设活动，已经为推进适应社会进步和社会发展要求的宗教思想建设开了个好头，如我国基督教的神学思想建设，天主教的民主办教，伊斯兰教的卧尔兹演讲即解经工作，还有佛教早就提出的建立"人间佛教"以及佛道教正在开展的讲经交流活动，藏传佛教正在进行的寺庙爱国主义教育活动等就很有特色。上述活动目前都已取得了一定的阶段性成果。《决定》对"发挥宗教界人士和信教群众在促进文化繁荣发展中的积极作用"的新要求，正需要我们抓住这一机遇，不断深化和进一步推进上述宗教思想建设，勇敢地迈出更大的步伐，为"发挥宗教界人士和信教群众在促进文化繁荣发展中的积极作用"奠定坚实的宗教思想基础。

其次，要不断巩固和创建宗教在促进社会主义文化繁荣发展中发挥积极作用的平台，这就需要进一步继承和发扬我国宗教的优良传统，大力促进和保护宗教文化的发展，积极开展宗教文化交流。不断巩固和创建宗教在促进社会主义文化繁荣发展的平台是"发挥宗教界人士和信教群众在促进文化繁荣发展中的积极作用"的重要举措。比如，我们提出了"探索和谐宗教理论，创建和谐寺观教堂"活动，通过对这一载体的初步运作，就已经在进一步促进宗教和谐和构建和谐宗教方面取得了明显成效。充分利用这一平台，也必将对"发挥宗教界人士和信教群众在促进文化繁荣发展中的积极作用"方面发挥重要作用。又比如，通过我国五大宗教团体在北京举办的"倡导和谐座谈会"，就发表了《倡导宗教和谐共同宣言》，这一共同宣言对促进我国宗教和谐，服务构建和谐社会，对世界宗教和谐和建构和谐世界产生了巨大的影响，这就足以说明构建平台和创建载体的极端重要性。在贯彻落实《决定》的过程中，很重要的一点就是要结合宗教文化的特点，创建更大更多的平台和载体，以利其积极作用的更好发挥。比如，是否可以由党委统战部门或政府宗教事务管理部门牵头，全国性五大宗教团体主办，建立起经常性的不同宗教间的平等对话交流活动，就宗教界共同关注的重大问题进行平等协商，达成共识。这里边需要共同磋商的问题很多，像反渗透问题，反邪教问题，宗教开展社会公益活动问题，宗教文化遗产保护问题以及"发挥宗教界人士和信教群众在促进文化繁荣发展中的积极作用"问题等等，可以预料，如果这一不同宗教间平等对话交流活动长效机制建立起来，必将会产生重大而深远的影响。同时，在贯彻落实《决定》的过程中，还需要进一步继承和发扬我国宗教爱国爱教、团结进步、服务社会的优良传统并结合时代特点和社会需求不断加以创新。比如，爱国问题在当代中国就是要诚心诚意地接受中国共产党的领导，热爱社会主义祖国，坚决拥护社会主义制度，坚定地走与社会主义社会相适应相和谐的道路。另外，很重要的一点就是要坚决反对故步自封、因循守旧，一定要在开展多种形式的宗教文化交流过程中，贯彻落实《决定》精神，比如，目前我国宗教牵头主办的《世界佛教论坛》、《国际道教论坛》以及在境外举办的《中国教会圣经事工展》、《中国伊斯兰教文化展》等都已产生了深远的影响。还有，我国自改革开放以来，宗教界多次组团参加世界各种宗教活动，既开阔了眼界，增长了才干，又展示了我国宗教界人士的风采，使世界人民尤其是世界宗教界人士了解了中国宗教的真实情况，消除了一些错误的看法和误解。在贯彻落实《决定》的过程中，要看到，我国宗教界参与境外和国际活动还远远不够，与进一步扩大我国宗教文化在国际上的影响力，推动我国宗教文化走向世界还有很大的差距。在这方面，我国宗教界是大有可为的。当然，需要特别注意的是，在扩大宗教文化对外交流的过程中，我们一定要"坚持独立自主自办原则"，坚决抵御任何境外势力利用宗教对我进行的渗透活动。

第三，抢救保护和正确运用我国宗教文化中的优秀成果，为推动社会主义文化大发展大繁荣做出应有贡献。首先，抢救保护是正确运用的前提，在我国浩如烟海的传统文化中，宗教文化占了很大的比重，在贯彻落实《决定》的过程中，一个不容忽视的问题就是对宗教文化的抢救和保护问题。来自 2011 年 11 月 14 日《人民日报》的报道，《数字敦煌：让莫高窟神韵永存》使人为之一振，它说的是发掘科技魔力，挖掘艺术魅力，破解文物保护与开发利用矛盾。由此联想到我国许多宗教文化需要抢救和保护，这在物质文化遗产和非物质文化遗产中都有很多。特别是在少数民族聚居区，在不少边疆地区尤为突出。《决定》指出，"加强文化典籍整理和出版工作，推进文化典籍资源数字化。加强国家重大文化和自然遗产地、重点文物保护单位、历史文化名城名镇名村保护建设，抓好非物质文化遗产保护传承"。为此，是否可以在综合大学中的古典文献专业，宗教学系或哲学系，在民族院校，在宗教院校以及在社会科学研究院所，在宗教事务管理部门，在社会主义学院等单位，根据能力和需要，设立宗教典籍和濒临消失的某些带有抢救性研究的宝贵资料专业，进行深入研究，从传承和抢救的角度来看，也是十分必要的。在抢救和保护的同时，当然更需要正确运用，比如，在《决定》和全会公报中，都提到了要"建设和谐文化"的问题，在我国儒释道文化中，关于这方面的论述和精神可以说是比比皆是，"和合"、"和谐"、"和为贵"、"和而不同"、"大一统"、"宽容大度"、"海纳百川"、"多元一体"等，这些可贵的精神资源对于我们构建和谐社会和建构和谐世界都是十分有益的，同时，对于促进国家统一、民族团结、经济发展、文化发展等方面也有十分重要的作用。又比如，我们要建设生态文明社会，在五大宗教中都有大量的论述可供参考。基督教认为，"世界上的每一个实体都有自己的位置和目的，这是一个'服从法则'的世界，因而是圆满的世界"。这其中就体现了人与人，人与自然的和谐共存。佛教认为，"一切资生事业悉是佛道"，佛教徒从事耕作，造林护林，保护环境，倡导"庄严国土，利乐有情"。道教崇尚"道法自然"，历来提倡热爱自然，保护环境。伊斯兰教文化中蕴涵着强调人与人，人与自然和谐统一，主张仁爱之心爱护生物，注意环境卫生，把开发自然和保护自然相结合。所有这一切，都反映了人与人，人与自然的和谐相处，体现了各个宗教主张的生态文明理念。这对于我们建设生态文明是大有裨益的。还有从各个宗教伦理道德层面的积极因素来看，都主张弃恶扬善等等，这对于我们的精神文明建设也有着重要的启迪作用。总之，抢救保护和正确运用我国宗教文化中的优秀成果，对于贯彻落实《决定》的精神的确是非常重要的。

（原载《中共济南市委党校学报》2012 年第 1 期）

宗教文化开发之度[①]

张训谋

一 独特的积极作用

我国五大宗教都蕴含有丰富而独特的劝和劝善，促进人际和顺、人心和乐的积极因素。佛教认为，世间万事皆由心生，心净则国土净，心安则众生安，心平则天下平，主张因缘和合、众生平等，追求利乐有情、圆融和谐；道教主张道法自然、知和日常，倡导慈爱和亲、齐同慈爱，追求知足、知止、"神静而心和"的境界；伊斯兰教认为，真主创造万民并要他们和谐相处，倡导两世吉庆，要求信徒遵循正道、维护公道、谨守中道；基督宗教认为上帝创造的是和谐的乐园，倡导博爱、宽恕，要求信众爱人如己、"追求与众人和睦"，等等。挖掘宗教文化中这些古老而独特的和谐理念、注重修心养性的优良传统和文化内容，对于教育引导广大信众培养良好精神境界、保持心理和谐，保持和促进宗教关系和谐乃至于全社会人际关系的和谐，无疑具有独特而积极的现实意义。

中国宗教文化及其发展历史中蕴含着一条绵延不绝的"和"之脉，铸就了中国各宗教之间、宗教与社会之间独特的和谐品格。这种和谐品格，不仅因为儒、释、道思想文化中都蕴含着车富而深厚的和谐、和合思想资源，而且也因为各宗教在中国传统文化氛围中形成了独特的相互对话、自我调适的和谐相处模式。它蕴含于传统宗教文化之中，逐渐外化到各宗教间关系、宗教与社会间关系之中，是我们今天对内构建和谐社会、对外共

---

① 作者张训谋，国家宗教事务局宗教研究中心主任。

建和谐世界必须借鉴、传承和弘扬的重要资源，也是建设社会主义和谐文化、丰富社会主义核心价值体系的重要内容。

宗教与中国传统文化动态互补，极大丰富了中国传统文化的内涵；多元宗教和谐共存，共同造就了中华文化独特的和谐品格。从儒、释、道碰撞到"三教合一"再到"五教共存"的过程，既是中国传统文化不断丰富和发展的过程，也是中国宗教文化和谐思想不断得到弘扬和实践的过程，奠定了中国传统文化和谐思想的基础。

近年来，随着宗教文化在服务对外交流和祖国统一大业中独特作用的不断增强，一些地方纷纷采取多种措施，将宗教文化资源开发利用纳入到城市建设、文化遗产保护、对外文化交流、招商引资和旅游开发等整体规划中，为继承和弘扬传统宗教文化、丰富和繁荣社会主义和谐文化做了大量工作，积累了重要经验。但同时也出现了一些情况和问题，需要引起重视。

二　存在的问题

目前，虽然我国丰富的宗教文化资源得到了一定程度的开发利用，取得了较好的社会效果。但总体上看，宗教文化资源的开发利用尚处于起步阶段，存在诸多问题，也产生了一些负面影响，须引起重视、加强研究、提高认识、妥善处理。

一是过热。有的领导干部只看到宗教文化在促进旅游、招商引资等方面的平台作用，党政出面主导，大搞"宗教搭台、经济唱戏"，而对由此助长的宗教热及其危害认识不够。

二是混乱。一些与佛教、道教无关的单位、企业或个人，违反规定，擅自投资兴建寺庙、乱建露天宗教造像特别是露天大佛、大搞开光庆典和所谓的宗教活动，甚至雇佣假僧假道在非宗教活动场所从事抽签卜卦等迷信活动，违反了宗教政策法规，损害了佛道教声誉，影响地区文化建设的健康发展。

三是肤浅。一些地方在宗教文化资源开发利用方面观念陈旧，开发利用方式单一，重旅游轻文化，过度商业化现象突出，规划布局缺乏总体把握，综合开发和资源深度开发不够，精品项目不多等问题普遍存在。

四是短视。以宗教文化资源为主体和依托的景区开发中大多有严重的

"短视症"现象，无视景观的历史文化渊源，不尊重宗教文化自身规律，侵害宗教界合法权益，杀鸡取卵、竭泽而渔，宗教文化资源开发利用与保护继承关系失衡等问题日益突出。

五是缺位。宗教文化资源开发利用的管理主体不明、管理体制不顺、政策指导和法律规范跟不上等问题日益凸显。

这些情况和问题的出现是经济社会文化快速发展过程中难以避免的，有些是地方经济社会发展中的问题，有些是文化产业化发展中的问题，有些是管理中的问题，但无一例外都与一些党政领导干部对宗教的正负双重功能和积极、消极两个方面社会作用的认识不足、对中央有关宗教工作的基本方针和政策法规缺乏全面深入理解是分不开的。

开发利用宗教文化资源，就要充分认识宗教文化的两面性，挖掘和弘扬宗教文化中有利于社会和谐的积极因素，抑制和谈化宗教文化中不利于社会和谐的消极因素。

三　依法管理、合理开发

鉴于前述问题的存在，在宗教文化资源的开发利用过程中，一定要把握好宗教的信仰功能和文化功能之间的关系，把握好宗教文化资源开发利用与确保宗教合理有序发展之间的关系。在充分发挥宗教的世俗文化功能的同时，科学评估宗教的文化传承和道德教化功能，警惕和防范由此助长的宗教热以及一些宗教固有的排他性所带来的稳定隐患；在肯定宗教文化在丰富民众精神文化生活的积极作用的同时，充分认识宗教文化社会作用的"两面性"。

一要保持清醒头脑，统一思想认识。进一步加强对党员领导干部的马克思主义宗教观、宗教工作基本方针和宗教政策法规的教育和培训，使其在了解宗教与宗教文化社会作用的机理和客观规律的基础上，全面认识宗教和宗教文化的社会功能和积极、消极两个方面的社会作用，对宗教文化资源的不当开发利用可能带来的危害有足够的认识，从而能够在实际工作中注意处理好宗教文化资源的开发利用与防范助长宗教热、确保宗教合理有序发展的关系。

二要强化管理职责，研究制订统筹规划和政策法律规范。作为落实中央提出的发挥宗教积极作用的要求的具体举措，宗教事务部门要切实加强对宗教文化资源开发利用问题的调查研究，加强对各地区各宗教文化资源开发利用工作的指导，研究制订统筹规划和政策法律规范，使宗教文化资源的开发利用逐步走上合法、规范、健康、有序的轨道。

三要全面贯彻宗教工作基本方针，深入落实《宗教事务条例》，进一步强化政府宗教事务部门的职责和权威，令行禁止，严格制止滥建露天宗教造像，坚决反对"宗教搭台、经济唱戏"行为，对与宗教无关的单位、企业或个人违反规定，擅自投资兴建寺观教堂、乱建露天宗教造像特别是露天大佛等违背宗教政策法规的行为，要按照有关规定坚决予以查处。

四要维护宗教界合法权益，把握好宗教文化资源的开发利用与继承保护之间的关系。在以宗教文化资源为主体和依托的景区开发中要正视景观的历史文化渊源，尊重宗教文化自身规律，同时要注意景区文化资源要素之间的内在协调性，以保护优秀传统宗教文化为前提，以开发利用促继承保护，确保宗教活动场所的宗教活动正常有序进行，切实维护宗教界的合法权益。

五要尊重文化开发利用的规律和宗教文化自身规律，科学合理规划，综合开发利用。尊重宗教文化和文化开发利用的一般规律，加强研究论证，科学合理规划，综合开发。深度开发，突出特色，明确主题，不断提升景区文化资源开发的品位，力争打造精品名牌项目。

（原载《中国宗教》2012 年第 2 期）

发挥宗教界在促进经济
发展中的积极作用①

李寒颖

十七大提出要"发挥宗教界人士和信教群众在促进经济社会发展中的积极作用"，并写入了新修订的党章总纲。《政府工作报告》连续多年就发挥宗教界人士和信教群众在促进经济发展中的积极作用提出明确要求。深刻理解"发挥宗教界在促进经济发展中的积极作用"这一重要命题，认真贯彻落实，既关系到宗教工作全局，也关系到经济建设大局，具有十分重要的意义。

一　宗教与经济的关系

宗教是人类社会发展到一定阶段的历史现象，是社会上层建筑和意识形态的一种形式，是由社会的物质生产方式，即社会的经济基础所决定的，并转过来为经济基础服务，随着经济基础的变化、发展而变化。在包括宗教在内的意识形态领域，传统是一种巨大的力量，因此宗教往往滞后于经济发展阶段并对之形成牵制，但其转变是必然的，并会服务于经济发展。宗教的社会作用具有两重性，有积极的一面，也有消极的一面，但"宗教本身既无本质也无王国"，积极与消极都不是宗教的本质属性。认为宗教一定保守落后，阻碍经济社会发展，应当用行政手段加以抑制，或是认为只有城乡遍布教堂才能发展健康的市场经济的观点都是片面的。我们必须积极引导宗教与经济发展阶段相适应，并发挥它在经济发展中的积极

---

① 作者李寒颖，国家宗教事务局政法司政策研究处处长。

作用。

宗教对经济发展的影响是多方面的。作为意识形态，宗教通过对信仰者的生产与消费观念的影响间接地作用于经济发展。马克思·韦伯认为，新教伦理中勤勉刻苦、努力创造财富却不耽享乐的精神是资本主义经济发展的内在动力。也有经济学家通过实证研究证实在一些地区的一定发展阶段宗教信仰与经济增长有正相关性。滞后的宗教思想会牵制经济发展，如过分否定现世、强调禁欲，相信天命、安于现状，或是要求信徒过多地将人力与金钱消耗在宗教生活中无疑会成为经济发展的阻力。

作为社会实体，宗教是重要的经济活动主体。宗教的存在与发展离不开物质条件，宗教场所的建设、宗教活动的举办、宗教典籍的出版、宗教组织的运行、神职人员的供养无一不需要经济支撑与投入，控制了某一宗教的经济来源，也就控制了这一宗教的生存与发展。因此，宗教组织往往大量占有财富、从事经营。历史上很多宗教都曾大量占有土地田庄与劳动力，征赋放贷，并享有免税等经济特权，对其所在国家与地区的经济产生了重大影响。在中世纪，天主教会占有西欧全部土地的三分之一，此外还征收什一税，兜售赎罪券，时至今日，梵蒂冈仍经营着巨额财富。1950 年以前，西藏寺院和上层僧侣占有 39％的耕地。今天，据统计，美国的教会每年收到将近千亿美元的奉献金。

与宗教相关的消费是社会总消费的组成部分。在宗教信仰者之中，用于宗教生活的消费支出如烧香祈福等在总消费中会占有一定的比例，其程度随着信仰者的虔诚程度和生活方式而有所增减。许多宗教活动场所也是旅游观光胜地，是重要的经济资源，甚至是区域经济的支柱。我国四大佛教名山所在地的年旅游经济收入均多达数十亿元。大型宗教活动与大型宗教节日举办过程中能够形成各种形式的商业活动，给当地带来大量收入，如沙特每年从朝觐活动中获得约八十亿美元的收入。近年来，一些宗教活动与仪式被开发为"禅修体验"等旅游产品，宗教用品作为工艺品、日常生活用品被生产消费，是宗教经济的新形式。

二 我国的宗教经济关系状况

在我国历史上，宗教曾经被统治阶级和外国殖民势力控制利用，起过重大的消极作用。国内封建地主阶级、领主阶级以及反动军阀和官僚资产阶级，控制佛教、道教、伊斯兰教的领导权，为其统治服务；一方面给予他们免除赋、税、徭役等经济特权，赏赐捐赠财物，使他们大量占有土地田产，消耗社会财富，蓄养佃户农奴，以高利贷盘剥劳动人民，既不利于经济发展，也影响了宗教界的戒律与道风。另一方面，宗教界的财产权得不到真正的保护，没有健康发展的社会环境。当宗教界与封建统治阶级的经济矛盾激化时，宗教界往往受到严重伤害，这方面的例子，远有"三武一宗"法难，近有"庙产兴学"运动。外国殖民主义、帝国主义势力为了控制天主教和基督教的教会为其侵略中国服务。一方面通过不平等条约、不合理手段掠夺占有土地财富，建堂传教，激化教会与中国人民间的矛盾，成为多次"教案"的导火索，另一方面在经济上控制中国教会，使得中国教会毫无地位可言。

中华人民共和国成立以来，特别是改革开放三十多年来发生了翻天覆地的变化，取得了巨大的成就。同时，中国现代化走到今天，先进落后并存，新旧矛盾交织，也面临诸多前所未有的挑战。这一切进步与矛盾，都必然在宗教领域反映出来。

新中国成立后，党在领导人民建立新的社会主义制度的同时，也支持宗教界通过制度改革以适应我国经济社会的伟大变革。在党和政府的热情支持下，佛教、道教和伊斯兰教摆脱了旧势力的控制和利用，废除了宗教封建特权和封建生产资料私有制及高利贷、无偿劳动等剥削制度；天主教、基督教发起了反帝爱国运动，摆脱了帝国主义势力的控制，切断了与外国差会的经济联系，将外国教会房产转归中国教会所有，成为了中国宗教徒独立自主自办的宗教事业。从此，我国各宗教的面貌焕然一新。

改革开放以后，我们党恢复宗教信仰自由政策，宗教界人士政治上有了很大进步，宗教主动与社会主义社会相适应，广大信教群众积极投身社会主义现代化建设事业，成为经济建设的重要力量，新型的宗教经济关系得以建立。宗教房产政策不断得到落实，税费得到减免。宗教界积极发挥自身优势开展自养，以解决宗教团体与教职人员的经济生活需求，减轻信教群众的经济负担，满足信教群众信仰需要。宗教团体与宗教活动场所的合法财产受到法律法规的保护。

同时在这个领域也出现了一些新的矛盾，需要我们把握宗教及经济社会发展的规律和趋势，加强和创新宗教事务管理，树立保护、管理、引导、服务的理念，逐步加以研究处理。一类是各宗教自身状况不适应经济社会发展的矛盾，包括：少数宗教界人士与信教群众宗教思想保守，滞后于经济社会发展要求；一些宗教活动场所过度商业化，财务管理混乱，造成信教群众强烈不满；宗教界的自养与消费行为得不到部分人群的理解，"宗教 CEO"等现象在网络上被炒作，引发关注与争议；宗教界"贫富不均"的现象客观存在，一些场所大量财富流入，但仍有很多场所经济来源单一，自养困难；有些信教群众聚居地区宗教气氛浓厚，攀比建寺，争相朝觐，造成信教群众负担；宗教活动场所法人地位不明确，一些场所开办的旅馆、商铺等缺少工商税务部门的监管；接受境外捐赠中附带政治宗教条件等。

一类是宗教在发展过程中与社会有关方面产生利益矛盾：一些宗教房产遗留问题尚未落实，因各种复杂原因解决起来难度极大，已经成为老大难问题。涉及拆迁宗教团体和宗教活动场所房产的问题增多，由于在补偿问题上难以达成协议，产生了矛盾和纠纷，甚至引发信教群众集体抗议等群体事件。风景名胜区宗教活动场所门票收入分配上与景区管理方的矛盾由来已久，对信徒需购买门票朝山进香也有较大意见，一直未能得到妥善解决。特别是一些地方、企业、个人受经济利益驱动，搞"宗教搭台，经济唱戏"，投资开发、承包经营宗教设施，甚至雇佣假僧假道，非法从事宗教活动，违规设置功德箱，收取宗教性捐献，威逼利诱信众和游客花高价烧高香及抽签卜卦，借教敛财、以教牟利，损害了宗教界的形象与利益，引起宗教界人士与信教群众强烈不满，形成社会舆论热点。

三　发挥宗教界在促进经济发展中的积极作用

改革开放是一场新的伟大革命，随着经济基础的变革，宗教的思想与形态必将发生巨大变化，并对经济基础发生反作用。这是用马克思主义宗教观观察宗教现象得出的必然结论。发挥宗教界在促进经济发展中的积极作用，既是宗教适应时代不断发展的需要，也是推进经济社会发展，不断提升国家的综合国力，实现中华民族的伟大复兴的需要。宗教工作部门应当做出新的努力，一要研究宗教服务社会主义市场经济发展的正确途径；二要理顺宗教界与社会各方面的利益关系；三要解决好宗教界自身资产怎么来、怎么管、怎么用的问题；同时要研究加强创新宗教事务管理中经济手段的运用。

推进宗教思想建设。经济发展需要伦理道德与价值体系的支撑，社会主义市场经济也是道德经济。要发挥宗教在道德领域的感召力，教育信教群众坚守道德底线，协助加强公民道德、职业道德、企业道德、社会道德建设，共同努力，在全社会形成诚信守法的良好环境，有效构筑牢固的社会文明防线，全面推进社会的科学发展。要鼓励信教群众自力更生、反对不劳而获，关注现世，两世吉庆，坚持对中国经济前景的信心，积极投身经济建设。减少攀比建寺、攀比朝觐等现象，减轻信教群众的经济负担。把握开发之度。把握好宗教文化资源的经济开发之度，厘清"宗教搭台，经济唱戏"与开发宗教文化资源之间的关系，厘清满足信教群众正常的宗教信仰生活需要与人为刺激宗教需求，引起"宗教热"之间的关系，处理好社会效益与宗教界权益间的关系。坚决制止乱建寺观教堂、滥塑露天宗教造像和以各种借口聚敛钱财的行为。

保护合法权益。依法登记的宗教活动场所作为民间非营利组织，不以营利为宗旨和目的，更不能作为企业资产上市，要在政府宗教事务部门的行政管理下，在当地人民政府有关部门指导、监督下，由其民主管理组织负责管理，其他单位和个人不得插手其内部事务，不得以任何方式搞所谓的"承包经营"、"股份制"。宗教活动场所的投资者不取得经济回报，不享有所有权。非宗教团体、非宗教活动场所不得组织宗教活动及接受宗教性捐献。理顺风景名胜区中宗教活动场所与各方的利益关系，落实发展改革委关于与宗教活动场所有关的游览参观点对宗教界人士和信教群众实行门票优惠的有关规定。努力解决宗教房产遗留问题。妥善处理涉及拆迁宗教团体和宗教活动场所房产的问题。加强宗教法制建设，积极研究宗教活动场所法人地位问题，研究解决宗教活动场所土地证、房产证不齐全问题。积极开展自养。不断探索宗教团体与场所在社会主义市场经济条件下实现自养的途径，维持其正常运转，减轻信教群众负担。自养方式应当有利于发挥宗教自身旅游、养生、文化等方面的资源优势，又要考虑社会可以接受的程度，避免过度商业化。宗教界的经济行为不可影响宗教人士的修行，不可影响到宗教界的风气，不可影响信教群众享受宗教信仰自由权利，不可影响为信教群众提供的宗教服务。坚持"取之有道，用之有道"，使宗教经济成为社会主义市场经济的健康组成部分。

严格财务监督。针对有些宗教活动场所的负责人家长作风盛行，侵吞场所财物，中饱私囊；有些宗教活动场所资金流向混乱；有些单位和个人侵占宗教活动场所的合法财产等突出问题，深入落实《宗教活动场所财务监督管理办法》。监督宗教活动场所管理组织制定本场所的财务管理制度，成立财务管理小组，对场所的财务进行民主管理，确保场所资产安全管理，合理使用。

鼓励公益慈善。贯彻落实《关于鼓励和规范宗教界从事公益慈善活动的意见》，促进宗教界公益慈善事业的健康有序发展。逐步形成具有我国宗教特色的现代宗教慈善文化，形成一支具备相应知识和经验的专门人才、特别是公益慈善项目管理和运作的专业管理队伍，形成一批独具宗教特色、契合社会需求的公益慈善服务品牌。同时，要在法律法规政策允许范围内开展公益慈善活动，自觉接受政府部门、捐赠人及社会各界监督。

加强创新管理。资金是宗教组织机构运行的血液。研究欧美等国的政教关系可以发现，他们对宗教界的行政审批监督规定要少于我国，但却更注重用免税资格、税收分配、财政补贴等经济手段来对宗教进行约束与引导。我们应当更加重视研究宗教经济的发展规律，综合施策，依法管理中更多地注重查扣非法资金，积极引导中更多使用财税政策调节、政府购买服务等经济手段。

（原载《世界宗教文化》2012 年第 6 期）

论积极引导宗教与中国社会主义道德建设相适应^①

官士军　刘秀珍

中国特色社会主义道德建设是发展社会主义文化事业的重要内容和精神文明建设的中心环节，然而宗教是现阶段客观存在，并在中国有着广大的信徒，所以在道德建设的过程中，不管宗教起着什么样的作用，都是不能回避的一个问题。就宗教探讨的核心命题是神和人的关系而言，好像与道德处理的人和人的关系不在一个层面上，但实质上宗教和道德有内在的关联性。"这就是宗教都有它的伦理道德内容，这个伦理道德同社会主义精神文明建设不是一回事，但可以殊途同归"。世俗人和信徒在社会中是各种文化的载体，不可能只面对一种类型的文化。教徒在处理和神的关系的同时在生活中也要处理好和人的关系。因此在社会主义道德建设中，宗教就不能置身事外，而成了不得不做的分内的事情。

由于宗教道德内容特别庞杂，有积极的部分，也有消极的内容，所以我们在积极引导宗教与社会主义道德建设相适应的时候，就要坚持马克思主义宗教观和方法论，辩证客观地对宗教道德进行具体分析。

一　宗教在社会主义道德建设中的角色

我国是一个历史悠久的国度，勤劳、善良的人们在长期的社会实践中积累了灿烂的文化，在不断的劳动中形成了内涵丰富的传统美德。中华民族的传统美德是历经历史长河的洗练传承下来的民族的瑰宝，这种民族精神伟大不失朴实、高尚不失厚重。这种民族精神不是理论教条，而是流淌

① 作者官士军、刘秀珍均为新疆师范大学法经学院硕士研究生。

在我们每一个中华民族的儿女身上，它具有强大的凝聚力，使中华民族历经磨难而不溃散。中国传统美德内容博大精深，如"天下兴亡，匹夫有责"的爱国精神，"天行健，君子以自强不息"的锐意进取的精神；"老吾老以及人之老、幼吾幼以及人之幼"的仁爱精神；"人而无信，不知其可"的诚信精神，"富贵不能淫、贫贱不能移、威武不能屈"的浩然正气……这些传统美德总体来说既要求我们重视自身修养，同时又具有强烈的社会责任感和积极的进取精神。我们可以看到传统美德的内涵是积极可取的，但它与宗教的内容有没有内在的联系是值得我们探讨的问题。如果传统美德和宗教道德是两条不相交会的道路，我们就没有必要分析了；如果传统美德和宗教道德是交互的网，那么我们很有必要找出它们的交会点。也只有这样，才能全面地为建设社会主义道德打下坚实的基础。我们在这里有必要区分传统道德和传统美德。传统道德有精华也有糟粕，而传统美德则是优秀中华民族精神的精髓，对中华民族的心理、个性的形成和历史进步有着积极的作用。

新中国的建立使得我国的宗教在经济基础上有了根本的变化，宗教不再是统治阶级的剥削工具。宗教道德在新的经济基础之上与社会主义道德建设不断相适应。比如，在基督教中的"十诫"中就提倡孝敬父母、毋杀人、毋行邪淫、毋偷盗等；伊斯兰教提出"人类皆兄弟"的概念，倡导平等的、友善的、互助的人际关系；道教也有"上善若水"的思想，主张尊道与和善。这些宗教信条虽然在实质上与社会主义道德是不同的，但内容上却有相同之处。社会主义道德的基本内容是"以为人民服务为核心，以集体主义为原则，以爱祖国、爱人民、爱劳动、爱科学、爱社会主义为基本要求的道德规范"。[①] 在各宗教教义中有很多包含爱国家、爱劳动、爱和平、爱他人的思想，这与我国社会主义道德的基本内容相通，也与我国传统美德仁爱等思想一致。所以在社会主义道德建设的过程中要引导广大信徒群众继续发扬和遵守这些积极的宗教道德。

宗教在社会主义现代化建设下以什么样的身份参加道德建设呢？从当前中国的政教分离的现状来说，教徒也是现代化建设的一员，宗教是处于从属地位。这也就是说在社会主义道德建设中起到"配角"

---

① 中共十四届六中全会《中共中央关于加强社会主义精神文明建设的决议》。

的作用。对于这个地位问题还得从历史发展的角度来分析。道教作为中国土生土长的宗教有着悠久的历史。道教的发生、发展、成熟、衰落的过程最能说明宗教在中国的漂浮不定的历史。汉代时民间盛行五行相生相克及谶纬经学，并发展成为一种时代主宰思想，这对汉末的民间道教产生了深远的影响。汉代统治者推崇的是儒家的思想，在汉武帝时董仲舒提出"罢黜百家，独尊儒术"的思想，但是该思想已经吸收了民间的五行和谶纬经学的思想，目的是维护封建统治的秩序。这说明从道教的源头来看，宗教思想就是被统治者重视，为政治经济的发展服务。汉末五斗米道和太平道产生标志着道教正式形成。以后的二三百年间道教日益走向上层，魏晋南北朝时，道教在教义、仪式等方面改造并系统化，被统治阶层和知识界推崇，道教走上上层，成为正统宗教。唐、宋时代是道教鼎盛期，但还是在政权之下。明清时代有黄天教、三一教、青莲教、金丹道等民间教派，但已经很分散，已经日益走向世俗化、民间化。分析道教在中国发展的民间——正统——民间道路的历史，我们可以看到教权一直在政权之下，宗教一直是处于从属地位。宗教积极适应社会政治经济也是宗教自身得以存在和发展的一项不容或缺的基本条件。我们不能轻视宗教在道德建设中的作用，因为宗教在构建社会主义文化、道德中承担着特殊的使命。宗教在维系宗教性质的群体组织和引导教徒中的作用是其他社会组织和意识形态无法取代的。

二　社会道德的诚信精神与宗教道德的契约精神

诚信思想的产生在中国已有两千多年的历史。"诚"是先秦儒家提出来的重要的伦理学和哲学概念。孟子时，诚具有了理论概念。那个时期，诚信的地位已经很重要了。在《礼记·中庸》里，"诚"成为礼的核心范畴和人生的最高境界。不但在人际交往之间，在国家政事中"诚"的位置也很重要。荀子指出"诚"是"政事之本"。马克思主义伦理学批判地继承了"诚"这个范畴，肯定诚实是社会公德中的一个重要规范。诚实之主要的道德要求为：忠诚、正直、老实。忠诚的主旨是对祖国、对人民、对正义事业的忠诚。正直，是指为人正派，处事公正坦率。老实，则特指说老实话，办老实事，做老实人。

宗教具有救赎、成就人生和超越现实社会的使命，这也是教徒的信念所在。教徒的信为的是能换来超自然超社会的神的福音。这种福音包括现实的财产、生命、权利、荣耀等和来世或是死后能救赎生前的罪过，超脱痛苦。这就是宗教的契约精神。在基督教中，契约精神在《圣经》中表现得很明显，《旧约圣经》虽然常被区分为律法书、先知、历史书、诗歌·智慧书四个部分，但是无论如何，律法书是其中最为基本的部分。律法书又称《摩西五经》，可以看作是上帝耶和华与以色列人之间签订的一系列契约。而其中最为中心的事件则为"西奈山缔盟"。相应地在《新约圣经》中最重要的事件是"登山宝训"，随着基督教成为世界宗教，签约的双方变成基督和信仰上帝的人。基督宗教的这样一种契约精神对于培养、提升人类的诚信意识无疑是有其深广的影响的，对于人类社会的道德建设无疑是有其潜移默化的作用的。

宗教道德就社会的全局来看是有一定的积极推动作用的。宗教的契约精神不过是把世俗的道德内在规定神圣化了，像法律的形式一样，给信徒有了明文规定，外在形式约束信徒的言行、思想。宗教对教徒的道德约束是从内到外的两种方式，而社会的道德建设一方面来自宽泛的教育，另一方面来自人际交往的不成文的约定。我国现在正在建设社会主义市场经济，在经济飞速发展的同时也存在道德滑坡的现象。为什么会出现这种现象，就在于有些人为了追逐利益对于不成文的道德规定不再敬畏。宗教的世界观是不科学的，但是在道德方面却有很多可以借鉴的地方。

当然宗教的道德方面也存在弊端。古代人类的意识比较薄弱，神本性的道德意识占主导地位。现在随着科学技术的发展，人们对自然界和自身有了深入的认识，神本性的意识淡化，但是依然很有影响力。在宗教中，首要关系是神和人的关系。神在这一关系中占主导地位，人处于被支配地位，所以宗教道德第一要义是敬畏神、听从神的旨意。在基督教中有些规定甚至与世俗道德相悖，成为人们不论是违法还是触犯公德的借口，这是一种没有原则的宽容，也是宗教扩大影响力的一种手段。这种神本性的宗教道德对社会主义道德建设是有害的。不过在现代社会，科学知识的普及，人们认识能力的不断提高，自我意识的不断完善、独立。"神道已经不是现代社会的通用准则，人道和人权才是社会道德的通用准则。即使遵守神道的神职人员也是在遵守人道的前提下来遵守神道的。"[1]在人本性道德在现在社会中占主体地位的情况下，神道逐渐地尊重人性，不断地人道化。

三　社会主义道德建设与宗教发展的和谐之道

中国特色社会主义道德的建设离不开宗教系统。道德建设不仅需要经济、政治、文化等系统的协调发展，也不能忽视宗教系统所起的辅助作用。宗教如何才能更好地发挥其作用呢？宗教与民族关系比较紧密，宗教问题的妥善处理有助于民族的团结，进而促进民族间的经济文化交流。宗教与文化有千丝万缕的联系，所以宗教要与文化对话，各取所长，为文化的繁荣和人们综合素质的提高作应有的贡献。

不同的民族信仰的差异，我们要宣传宗教信仰自由政策，倡导教徒之间要互相理解和尊重。我国是一个多民族的国家，处理好宗教问题关系着民族团结。我们在具体的实践中要通过不同的方式宣传党的宗教信仰自由政策，让信徒不仅理解自己宗教的来源、信仰的原因，也知道其他宗教的历史，其他教派的主张。我们还要注意对教职人员的培训，让他们全面地了解党的政策，正确地阐释教义教规，多宣讲宗教中友爱、仁慈的因素，促进宗教的和谐和教徒的友爱。政府在道德建设的时候要考虑到当地文化认同，制定符合民族文化、宗教的政策，要稳步推进伊斯兰教"解经"工作，天主教的"民主办教"，佛教和道教"讲经交流"等活动，只有这样，宗教与社会主义社会相适应的思想基础更加牢固。所以民族宗教在信仰、伦理、戒律等方面要以积极的态度适应社会主义文化建设、道德建设。

宗教与文化对话，不是提倡在文化道德建设的时候宣传宗教思想，而是主张差异性和兼容性的统一。发展科技文化与汲取宗教思想我们要划清界限。马克思主义认为，科学是反映客观事物和客观规律的知识体系，能通过生产力的要素转化成现实的生产力。我们必须坚持科学无神论，反对唯心主义，树立科学的世界观，运用科学技术摆脱落后和贫困。其实宗教在科学的影响下不断扩展或改变教义内涵。比如基督教的历史的发展进程，从中世纪的思想专制，到现在的兼容，不断的改变对科学的态度。我们也不是要消灭宗教，而是尊重少数民族的传统文化和宗教。中国是一个法治国家，每个人都有法律赋予的宗教信仰自由的权利。我们都是中国社会主义现代化建设的一分子，有共同的理想和责任，也都愿意为富强、民主、文明、和谐的"大家"和"小家"而奋斗，所以我们要为民族团结、民族共同发展而努力。

综上所述，我们要坚持马克思主义宗教观辩证地分析宗教在社会主义道德建设中起到的作用，积极引导教徒及宗教组织在经济建设、民族团结等方面发挥更大的作用。另外我们要注意神学理论建设，建立符合我国国情的神学理论。在坚实的物质和理论的基础上，宗教担负起应有的责任，为我国的文化建设、道德的发展作出特殊的贡献。

参考文献

[1] 陈麟书、陈霞：《宗教学原理》，宗教文化出版社 1990 年版，第 331 页。

（原载《学理论》2012 年第 31 期）

论宗教文化在社会主义核心价值体系构建中的作用①

　　"建设社会主义核心价值体系"这个科学命题是在中国共产党第十六届六中全会通过的《中共中央关于构建社会主义和谐社会若干重大问题的决定》中首次明确提出的。这是中国共产党理论创新的又一重要成果，是加强社会主义和谐社会建设的重大举措。建设和谐文化是构建社会主义和谐社会的重要任务。立足中国的历史与现实，中华民族的传统文化是建设和谐文化的基础和源泉。在历史悠久、博大精深的中国传统文化中，宗教文化涵盖了物质文化与精神文化的诸多方面。既然社会主义核心价值体系是建设和谐文化的根本，那么，如何正确对待宗教文化与社会主义核心价值体系之间的关系就成为我们不得不深入思考的现实问题了。

一　宗教文化是中华文化的重要组成部分

　　1. 宗教作为一种文化资源的地位。作为一种文化资源，宗教在历史悠久的中华文明中扮演了无可替代的角色。和其他文化一样，宗教文化也是人类生活的结晶、人类文明的重要载体和组成部分。它以超然、神圣的方式向人们呈现出一种独特的精神价值。从历史的角度审视宗教，宗教的历史是与人类文化史一样久远的。广义上的人类文化活动应该从人类有意识的活动开始计算。然而事实上就是，人类直到有自己的意识观念时才开始了文化的历史。人类原始意识观念产生了自然宗教。自然宗教普遍存在于一切原始人类、原始民族中，它的产生就是因为人类要解释发生和存在其

① 作者夏涛，新疆社会科学院宗教研究所助理研究员。

周围的一切。在人类发展史上，宗教文化以其特有的社会整合与控制、社会心理调节、社会道德规范等多种功能，对历史的进步与发展起到了不可忽视的巨大作用。

宗教自产生以来就在人类生活的各个方面拓展它的领域，从而构成了文化发展的一个必经阶段。独立而影响广泛的经典是世界各种宗教的共同特征。在经典的基础上产生的诸如古代印度婆罗门教及佛教哲学、中世纪欧洲经院哲学、伊斯兰阿拉伯哲学都曾占据当时社会哲学思想的主导地位。这些史实向我们昭示了宗教文化在传统文化中举足轻重的地位。

宗教文化是中国传统文化的重要组成部分。

其一，中国宗教研究是中国文化研究的一个不可或缺的组成部分。在整个中华文化发展的历史背景下审视中国宗教，其中包括原始宗教、民间宗教、道教、少数民族宗教以及外来的佛教、基督宗教、伊斯兰教等，既在一定程度表现出各自的文化特征，呈现出一种自成体系的文化形态，同时又与中国传统文化的其他部分，诸如哲学、经济、社会政治、法律、伦理道德等方面都发生着千丝万缕的联系。

其二，宗教信仰对民族习俗文化的形成具有重要的意义。在当今中国社会中，宗教信仰与各民族人民的生活方式密切联系的状况普遍存在。民族问题和宗教问题紧密相连，诸如藏族、蒙古族几乎全民信奉藏传佛教，维吾尔等族全民信奉伊斯兰教，其教义教理已经融入人们的饮食起居，约束着信众的道德观念、价值取向，深入其生活的方方面面，如民族风俗、心理及其戏曲、绘画、雕塑、建筑、天文地理、医药养生等。然而宗教对不同民族的影响力表现有明显的差异性。这主要表现在对人们生活影响的程度有深有浅。宗教信仰与民族的传统、习俗互为融合，成为整个民族文化、民族心理的有机成分是历史发展的主流。

2. 宗教作为一种文化力量的作用。任何一种文化力量作用于时代都将产生促进或是阻碍其时代进步的结果。然而这种作用力本身就是矛盾统一的。众所周知，宗教曾一度被误认为仅仅具有为统治阶级利用以麻痹人民的精神，阻碍社会变革与进步的消极作用。可是在当今建设中国特色社会主义的新形势下，宗教作为一种文化力量其积极意义日渐凸显。从中国宗教研究的现实意义来看，开展此项研究有利于增强民族向心力和凝聚力，促进社会有序发展。要让宗教文化在社会主义核心价值体系中发挥积极作用，就必须创造其发挥作用的条件。

在当代中国，引导宗教力量发挥积极作用的条件主要有两个方面：第一，宗教界自身的影响力，即宗教界的政治立场和理论水平。第二，党和政府的政治导向和领导干部的理论素养。以爱国主义为核心的民族精神和以改革创新为核心的时代精神是社会主义核心价值体系的精髓。宗教界向来高扬爱国主义旗帜，在当代中国，爱国主义同社会主义是紧密结合的。宗教界具有坚定的爱国立场，就能最大限度地凝聚和动员信教群众的力量，为振兴中华而奋斗。宗教界的理论水平的提升有赖于文化素养的提高。近年来，党和政府对宗教界开办佛学院、伊斯兰经学院等的投入已见成效。宗教界也通过举办教界大会、论坛及出版论文集等形式，在理论水平方面取得了长足的进步。这些都为宗教界影响力的发挥提供了坚实的后盾。

二 宗教文化与社会主义核心价值体系的关系

人们在认识和改造世界、创造和实现价值的过程中，必然要形成一定的价值观念。马克思指出："'价值'这个普遍的概念是从人们对待满足他们需要的外界物的关系中产生的。"[1](P.406)一个国家、一个民族、一个社会在长期共同的认识和实践活动中，必然要形成一定的价值观念体系，在这个体系中居于核心地位，起主导和统领作用的就是其核心价值体系。任何社会都有自己的核心价值体系，这是一定的社会系统得以运转、一定的社会秩序得以维持的基本精神依托。社会的稳定和发展也往往以核心价值体系的确立和完善为支撑。核心价值体系不仅作用于经济、政治、文化和社会生活的各个方面，而且对每个社会成员的世界观、人生观、价值观都施加着深刻的影响。伴随经济的腾飞，社会主体信仰缺失，道德评判标准模糊，道德水准下降以及人文精神失落和经济增长呈现出强烈的反差。以金钱为导向的价值取向遍及社会的角角落落，整个社会思想文化的世俗性、功利性、庸俗化的氛围过于浓厚，而包含着终极指向的神圣性、非功利性的积极因素又很缺乏。和谐社会的构建遭遇到的是不和谐的时代难题。

社会主义核心价值体系的基本内容，主要由以下四个方面构成：马克思主义指导思想；中国特色社会主义共同理想；以爱国主义为核心的民族精神和以改革创新为核心的时代精神；社会主义荣辱观。那么，宗教文化同社会主义核心价值体系的四个方面又发生着怎样的关系呢？

马克思主义是我们立党立国的根本指导思想。在我国社会主义核心价值体系建设中，马克思主义为我们提供了正确的世界观和方法论。宗教文化与马克思主义在世界观的领域是根本对立的。宗教文化所依赖的土壤是唯心主义的世界观。众所周知，马克思主义是辩证唯物主义和历史唯物主义的统一。但是在世界观领域的根本对立并不意味着它们之间的完全对立。在方法论的领域里，宗教思想中也往往运用辩证法来理解和解释世间的万事万物；宗教界也十分认可人民群众的历史作用。这些都是二者在认识领域的共识。只有坚持马克思主义指导思想，才能有效引领和整合社会思潮，在尊重差异中扩大社会认同，在包容多样中形成思想共识，团结不同信仰的人们共同进步。用正确的立场、观点、方法来认识世界和改造世界就是要正确认识经济社会发展大势，正确认识社会思想意识中的主流与支流，进而在错综复杂的社会现象中看清本质、明确方向，为推动和谐社会的发展起到良好的促进作用。

马克思主义对理想问题作了科学阐述，把理想问题与人类历史发展规律内在地联系起来，使人们对理想问题有了更为科学的把握和自觉的认识。理想是一个民族、一个社会的灵魂所系。以马克思主义为指导的中国共产党人，始终坚持崇高的理想，坚持理想主义与现实主义相结合，使崇高理想成为我们党、我们民族精神生活中不可或缺的一部分。中国特色社会主义的共同理想不仅仅是中国共产党人的，也是中国人民的精神支柱和奋斗目标。中国特色社会主义事业是为全体中国人民谋求共同利益的伟大事业。因此在全社会范围内树立共同理想既有可能性又具有可操作性。

以爱国主义为核心的民族精神和以改革创新为核心的时代精神是社会主义核心价值体系的精髓。民族精神和时代精神是一个民族赖以生存和发展的精神支柱。一个民族，没有振奋的精神和高尚的品格，不可能自立进而自强于世界民族之林。

时代的号角在和平与发展的主题下鼓舞着全世界一切爱好和平和自强不息的民族和人民。改革创新的时代精神是为社会求进步、谋发展的主导思想。改革开放使人们的思想和民族精神获得新的诠释，解放思想、实事求是、与时俱进、改革创新成为时代潮流。恩格斯曾经在"谈基督教是适应时势的宗教"中论及基督教的内部改革以适应时势的发展。[2](P. 251)宗教并不完全是保守的，也讲究与时俱进。改革是一场深刻的革命，已经并将继续给我国社会带来深刻变革。在这个历史过程中，中国社会经济成分、组织形式、就业方式、分配方式和利益关系日趋多样化，人们思想活动的独立性、选择性、多变性和差异性不断增强，社会思想空前活跃，人们的价值观也呈现出多样化趋势。宗教作为文化中的重要组成部分，也将扬长避短，以适应时代的要求。在思想大活跃、观念大碰撞、文化大交融的时代背景下，建设社会主义核心价值体系，具有极强的现实针对性和重大的理论与实践意义。坚持马克思主义的指导地位，并不排斥社会思想观念的多样化，马克思主义从来就是在同各种思想观念的相互激荡和斗争中发展的，尊重差异、包容多样是坚持和发展马克思主义的题中应有之义。引导多元文化的交流与共同发展才能为社会主义核心价值体系的建构注入新鲜血液。

社会主义荣辱观是社会主义核心价值体系的基础。荣辱观是人们对荣誉和耻辱的根本看法和态度，属于道德的范畴。道德是经济基础的反映，而不是脱离历史发展的抽象观念。世界各种宗教的教义、教理中都有明确的"劝善"伦理思想。宗教伦理虽然与世俗伦理有着根本的区别，但在二者关系中也存在共性。在伦理目的、伦理判断、伦理规范、伦理功能和伦理价值等方面，宗教伦理和世俗伦理既有互为相通的共性关系，也存在彼此的差异性关系。道德是人们行为规范的总和，是一种通过社会舆论、教育感化、自身修养、传统习惯等起作用，用以调整社会关系、维护公共秩序、保证社会生活安定有序的精神力量。恰恰是一些源于宗教的习俗，"百姓日用而不自知"地成为了信众的生活习俗，并被传承下去，在社会的道德约束中举足轻重。"从社会道德观念的视域解析，伦理道德具有自律性和他律性的分别。中国儒家的伦理观是以自律性为主而以他律性为辅的伦理观，宗教神学伦理一般被界定为他律性伦理，而唯物史观的伦理观确是一种彻底的自律性的伦理观。"[2](P.19) 以"八荣八耻"为主要内容的社会主义荣辱观是形成良好社会风气的重要基础，而宗教伦理对于信教民众明确荣辱意识具有深远的影响。

三　正确认识宗教文化的积极因素

在对宗教文化的认识方面，人们长期以来由于对经典的理解偏差或是不全面的认识产生了许多的认识误区。宗教不仅曾被断章取义地理解为"人们的鸦片"，而且还由于其产生和发展的根源在于人类认识领域的局限，往往容易直观地给人以愚昧、落后的印象。当代中国的马克思主义理论提出了"先进文化"的科学概念。宗教文化是否成为先进文化的题中应有之义？这是值得深入探讨的话题。宗教与马克思主义在意识形态领域的对立是客观存在的，然而将其作为二者在政治立场上对立的依据同样是认识领域的一大误区。

马克思主义指导思想是社会主义核心价值体系的灵魂。在社会主义核心价值体系建设中，马克思主义为我们提供了正确的世界观和方法论。然而坚持马克思主义指导思想并不表示排斥多元的价值取向。随着现代科技的进步、人类理性的渗透，宗教文化的社会作用已大大减弱，但是，宗教文化所包含的核心价值观，大都是以超然的方式来表达对于现世理想社会的诉求。不管是佛教的"人间净土"、道教的"仙人合一"，还是伊斯兰教"信仰与善行"的一致，基督教的"平等、博爱和公义"的理想，都是对于人类美好正义社会的一种追求。这种追求也是中国构建和谐社会的理想愿景，与"民主法治、公平正义、诚信友爱、充满活力、安定有序、人与自然和谐相处"的和谐社会总目标是协调一致的。二者的契合说明，宗教文化对于和谐社会的构建将具有积极的作用。事实证明，宗教所倡导的价值观对其信众产生的普遍约束的作用在目前形势下看来仍是无可取代的。

社会思想观念越是多样化，就越是需要坚持和巩固马克思主义在意识形态领域的指导地位。构建具有广泛感召力的社会主义核心价值体系，用以引领和整合多样化的思想观念和社会思潮，才能在尊重差异、包容多样的基础上保持全社会共同的理想信念和道德规范，形成全民族奋发向上的精神力量和团结和睦的精神纽带。尊重信教群众的价值认同，有利于将其纳入社会主义共同理想的树立和维护中来。建设社会主义和谐社会就是要调动一切积极因素为社会主义服务。不应把宗教与马克思主义在意识形态领域的分疏作为政治立场上划分敌友的标准。

可见，如果宗教就是一切谬见的总成、一切违反人性的大全、一切科学的死敌，那么对于宗教的否定易如反掌。然而事情既然并不那么简单，也就要求我们在构建社会主义核心价值体系的过程中，全面、客观、正确地对待宗教文化。

四　宗教文化在社会主义核心价值体系构建中的作用

宗教是人类历史上最古老、最悠久的社会文化现象。宗教文化首先是一种信仰文化，它之于社会的作用，它对于理想愿景的诉求，往往是借助于宗教道德的信仰化。道德的信仰化是对人生最高价值理念和社会最高理想的反映和把握，是人类精神生活中的一种核心文化价值活动，也是宗教文化的思想内核。宗教不仅是民族传统文化的一部分，又是人类最早的意识形态，也可以说是人类文化之根、之源。俄罗斯总统普京曾说：如果没有正教的信仰和文化，俄罗斯或许无法成为一个国家。同理，如果离开了自身的宗教信仰及文化，某些民族就不成其为民族。否定了这一宗教，就等同于否定了该民族的历史和文化。试想可知，该民族对其宗教的心理认同与宗教情结之深。为了不伤害该民族人民的感情，就不应该全盘否定该民族历史和现实信奉的宗教。

与一般的非信仰化的世俗道德相比，信仰化的道德，其特性在于它的超越性和神圣性。信仰的超越性能把人们从其身处的物质世界提升到精神世界，从现实世界提升到理想世界，让人追求一种与世俗利益无关的价值存在。信仰的神圣性则使得信仰的价值和权威得以保证，让信仰观念成为信仰者毋庸置疑的追求，并对世俗观念、道德产生导向性，能逐步增强社会文化中神圣性因素的存在。因而，道德的信仰化是对人和社会的终极关怀，它能指导、修正、支配着人们的社会生活和精神生活。对于个人而言，崇高的、包含有终极指向的道德信仰，不管是宗教性的还是世俗性的信仰，都能形成个人行为的指南，塑造完美的理想人格。对于社会而言，美好的道德信仰，可以净化社会风气，培育良好的社会发展环境，保障社会的稳定发展，促进社会的发展臻于和谐完美之境。因此，在我国和谐社会的建构中，宗教文化的这种道德信仰作用是值得期待的。这对于修正当前过度实用化、庸俗化的社会文化取向，以及金钱的社会价值导向，化解诸如人文精神的失落、信仰的缺失等社会难题，促进社会主义核心价值体系的建设都能产生一定的积极影响。

构建社会主义核心价值体系需要有宗教文化的浸润，化解和谐社会中的矛盾也需要有宗教文化的独特影响。同时，宗教文化作用的发挥也需要有良好的社会环境。当我们以审视的眼光考察中国当下的社会宗教氛围时，不难发现，各种宗教信众正不断增加，学习、研究宗教的群众队伍也正逐渐壮大。以前那种对于宗教的偏见、误解、不解的社会现象正在渐渐减少，适于宗教文化发展的良好社会环境正慢慢形成。

如前所述，宗教是历史的范畴，它的产生和发展都有其历史的必然性。它的发生与消亡不以人的意志为转移。宗教文化与世俗文化的沟通完全是迫于时代的发展，但客观上却给宗教文化注入了新鲜的元素。正是由于其自身的活力，才使宗教文化得以延续至今，并将历史的存在下去。只有社会发展到一定阶段，新的或者其他的文化现象能够取代它，宗教才可能退出历史舞台。此前试图通过物质手段予以消灭的想法和做法都只会适得其反，激化社会矛盾。与行政命令压制的做法相比，运用科学和教育手段限制其消极因素，充分发挥其积极因素，才能促使宗教文化顺应时代的要求，在构建和谐社会的历史进程中发挥自身积极的推动作用。

参考文献

[1]《马克思恩格斯全集》第 19 卷，人民出版社 1972 年版。

[2]《马克思恩格斯全集》第 5 卷，人民出版社 1972 年版。

[3] 陈麟书：《宗教伦理学概论》，宗教文化出版社 2006 年版。

（原载《实事求是》2011 年第 2 期）

中国佛教伦理文化与当代和谐社会建设[①]

杨 明 刘登科

如果说中国佛教文化是指在中国佛教的发展过程中所形成的各种文化现象，那么中国佛教伦理文化[1]则是中国佛教文化的一个重要组成部分，它包括中国佛教伦理与中国佛教道德。作为中国传统文化不可或缺的内容，中国佛教伦理文化经过必要的转化，可以在当代和谐社会的建设过程中发挥积极的作用。

一 中国佛教伦理文化的发展历程

中国佛教伦理文化在其形成和发展的历程中，一方面继承了印度佛教伦理文化的部分内涵和基本精神，另一方面又吸收了中国传统伦理文化中的部分内容和积极精神。

从原始佛教至大乘佛教的发展过程中，印度佛教伦理文化在不同时期具有不同的内容和特色。原始佛教的一个基本特点就是重视对人生问题的探讨，重视对人的解脱的追求。佛教的创始人释迦牟尼本为迦毗罗卫国净饭王的儿子，他为了寻求人生解脱之道和追求永超苦海的极乐而出家修行。在修行过程中，他对人生问题进行了主动、积极的探讨，而将有关世界的本体等抽象的哲学问题悬置起来，如著名的"十四无记"和"剑喻"就表明了他的基本态度，也反映了原始佛教的基本特点。佛教的另一个重要特点就是倡导"中道观"和"种姓平等观"。释迦牟尼在初转法轮时就明确提出，享乐和苦行都是过分的极端行为，只有"离此两边取中道"，

---

① 作者杨明，南京大学哲学系教授、博士生导师。

才能达到涅槃的境界。按照婆罗门教的说法，在当时的印度只有婆罗门、刹帝利和吠舍通过修行才能获得解脱，而首陀罗种姓则不可能得到解脱，也永无再生的希望。佛教自创立之日起，就反对婆罗门教的种姓不平等理论，强调各个种姓在尊奉佛教获得解脱方面是平等的，指出："不应问生出，宜问其所行：微木能生火，卑贱生贤达。"[2] 释迦牟尼去世后100年至400年间，佛教教团分裂为上座部和大众部，并进而分裂至十八部（南传说）或二十部（北传说），这个时期被称为部派佛教时期。在部派佛教时期，不同佛教派别在继承原始佛教伦理文化的基本精神的同时，日益系统化、完备化。在公元一世纪左右，大乘佛教正式形成。大乘佛教主张在修"三学"（戒、定、慧）和"八正道"（正见、正思、正语、正业、正命、正精进、正念、正定）的同时，要兼修"六度"（布施、持戒、忍辱、精进、禅定、智慧）和"四摄"（布施摄、爱语摄、利行摄、同事摄），认为在追求个人解脱的同时，更应致力于普度众生。由此，自利利他、自觉觉人成为大乘伦理文化的旗帜，普度众生的菩萨人格成为大乘伦理文化的理想人格，世间求解脱成为大乘伦理文化的践行路径。大约在公元前三世纪，印度佛教由南亚次大陆向其他国家和地区传播，在公元1—2世纪，佛教进一步走向世界，佛教伦理文化也为越来越多的人所接受。

中国佛教伦理文化的形成与发展，是一个中国本土伦理文化与印度佛教伦理文化冲突、调适与融合的过程。两汉之际，佛教传入中土，自此开始了漫长的中国化历程。佛教伦理文化的传入，一方面为源远流长、博大精深的中国本土伦理文化注入了新的内容和活力；另一方面，作为一种异质文化，印度佛教伦理文化与中国本土伦理文化尤其是儒家伦理文化的冲突在所难免。这种冲突主要体现在以下三个方面：首先是人生态度的冲突。在人生观上，佛教从无常、无我的基本教义出发，认为人生是苦的，并指出只有放弃世俗生活，出家修行，灭尽贪、嗔、痴，才能摆脱种种痛苦，因而佛教伦理文化主张放弃世俗生活，追求轮回解脱。与之相对，"自强不息"、"制天命而用之"的文化精神则体现了中国本土伦理文化中豁达乐观、积极进取的人生态度。其次是政治和家庭伦理的冲突。佛教伦理文化主张沙门不敬王者，倡导弃家削发，这与中国本土伦理文化中的"忠孝"伦理观直接冲突。最后是道德理想的冲突。佛教伦理文化所向往的寂静永恒的涅槃境界与中国本土伦理文化所推崇的"圣贤"人格相冲突。在儒家伦理文化中，圣贤即道德完人，如《孟子·离娄上》中有言

"圣人，人伦之至也"，同时，道德修行的目标、人生的崇高理想也是成为像尧舜禹文武周公那样的道德楷模。

魏晋时期，中国佛教初具规模；到了南北朝时期，中国佛教趋于兴盛；到了隋唐时期，中国佛教走向鼎盛。可以说，从两汉时的传入到隋唐时的鼎盛，佛教伦理文化中国化的过程是不断化解上述矛盾和冲突的过程，从不承认世俗的伦理到承认并为世俗的伦理作注疏，再进而完全融入中国的伦理文化，这就是佛教在中国的传播发展史，也是佛教伦理文化逐步实现与中国本土伦理文化融合的过程。自宋朝以后，中国佛教趋于衰微，但其伦理文化在经过中国化的改造之后，对社会生活的影响进一步深化。近代以来，一批有识之士大声疾呼改革佛教，倡导人间佛教运动。以太虚大师为代表的一些高僧和居士倡导人间佛教理想，主张充分发挥佛教在社会伦理教化中的作用，从而有力地推动了佛教伦理文化的现代转化，使佛教在近现代社会得到重兴。

由此可见，中国佛教伦理文化的传播和发展过程，是一个出世型宗教伦理文化逐步世俗化的过程。

二　中国佛教伦理文化的基本内涵

在漫长的发展历程中，中国佛教伦理文化逐步形成了克己、去恶行善、慈悲利他、孝亲等基本内涵。

（一）克己

在中国佛教伦理文化中，所谓克己就是要求信徒严格修习"戒定慧"三学和大乘六度，以消除"贪痴"三种"烦恼"状态。

克己主要是指克制自己，以消除"烦恼"和摆脱生死轮回的痛苦。由于无知或无明，人往往会认为"有我"，从而贪恋和追求自认为世俗世界中有益于"我"的事物，进而进入烦恼状态。在佛教理论中，人的烦恼主要有贪、嗔和痴三种，即"三毒"。贪、嗔、痴是一切烦恼的根本，消除这三毒即是消除烦恼，也就是说克己。首先，要克"贪"，就是克制对外物的贪欲，放弃对财富、权力、地位、名声、荣誉等的贪欲。其次，要克"嗔"，贪欲没有满足，往往会使人产生愤恨之心，使人对阻碍自己贪欲实现的人、物产生憎恨，从而无法摆脱轮回，所以佛教进一步要求人们克制、消除憎恨之心，即灭"嗔"。再次，要克"痴"，佛教要求人们消除无明，摆脱生死轮回，即灭"痴"。

克己观又与佛教的修身观直接相连。所谓修身，既包括以个体修习为中心的"戒定慧"三学，又包括具有广泛社会伦理内容的"菩萨行"，即大乘六度。

在"戒定慧"三学中，"戒"是指佛教的戒律、戒条，是信徒必须遵守的规则、规范。佛教的戒规很多，有五戒、八戒、十戒、具足戒等，如《四分律》中就规定了比丘戒二百五十条，比丘尼戒三百四十八条。信奉者通过对这些戒律、戒条的遵从，就可以克制自己的贪欲，避免不道德的行为。"定"是指安定身心，止息种种意念或思虑，将精神集中于事物的实相之上的方法。"慧"是指克制自己的错误、无知的观念，学习并达到特殊智慧的方法。可见，"戒定慧"三学是佛教信徒修行的方法，是克己的具体方法。

六度亦称六波罗密，是指六种从生死此岸抵达涅槃彼岸的修行方法或途径，也是大乘菩萨达到涅槃境界的六种修习德目。在六度中，布施是指施于他人以财物、体力和智慧等，为他人造福成智而求得功德以致解脱的一种修行方法；持戒即遵守佛教教义、教规，是一种超脱世俗的手段和修习方法；忍辱包括耐怨害忍、安受苦忍和谛察法忍三种，主要是要求人们安于苦难和耻辱的修习方法；精进是指按照佛教教义、教规，在修善断恶、去污转净的修行过程中，不懈怠地努力的修习方法；禅定是指为获得佛教智慧或功德、神通而专心一致的修习方法；智慧则是指以"假有性空"理论去观察、认识一切现象的特殊观点和修习方法。可见，六度都要求人们在实践上克制欲求，牺牲自我，服务他人。

（二）去恶行善

不论在宗教伦理还是在世俗伦理中，善与恶都是最为重要、最为基本的范畴。在佛教理论中，区分善恶的标准就是污净论，即清净无染、去除烦恼无明的就是善，反之，即为恶。佛教的善恶观与因果报应论紧密联系在一起，在因果报应论看来，善业恶业在因果律的作用下就形成了善业善果、恶业恶果的善恶报应。佛教传入中土以来，因果报应论便与中国本土伦理文化相调适与融合。首先，印度佛教中的因果报应论与中国本土伦理文化中的"积善之家必有余庆，积不善之家必有余殃"、"天道赏善而罚淫"、"祸福随善恶"等道德观念相互激荡，从而一方面化解了不同文化传统间的冲突，另一方面也部分地改变了佛教以超越生死的寂灭为解脱的思想，使得中国佛教伦理文化更具功利性和世俗性，其影响日隆。其次，"三报"和"神不灭思想"渗入并改造了印度佛教的因果报应论。东晋的佛学大师慧远通过作《三报论》、《明报应论》和《形尽而神不灭》等文，改造了"现实受报说"，指出报应有"善恶始于此身，即此身受"的"现报"，"来生便受"的"生报"，"经二生、三生、百生千生，然后乃受"的"后报"[3]。慧远的这种形尽神不灭论，改造了印度佛教的"无我"说，从而巩固了来生受报的理论基础[4]。再次，道德行为主体由众生转变为人类自身。在印度佛教伦理文化中，众生都是道德行为的主体，而中国佛教伦理一般只将人作为道德行为的主体，正如宗密在《原人论》中指出的"人是唯一能心神交合的生灵"，这样就使得佛教伦理与世俗生活具有更紧密的联系。

"诸恶莫作，众善奉行，自净其意，是诸佛教"[5]这一名偈集中体现了去恶行善观，彰显了佛家戒律的基本精神，被称之为"通偈"。从内容上看，包括三方面的内容：一是"诸恶莫作"，是指佛教信徒不得违背佛教的戒律、戒条，也就是要"戒杀生、戒偷盗、戒邪淫、戒妄语、戒饮酒"，即"五戒"；二是"众善奉行"，是指佛教信徒应当遵守的道德规范，也就是"不杀生、不偷盗、不邪淫、不妄语、不两舌、不恶口、不绮语、不贪欲、不怒、不邪见"，即"十善"，其中前三条是身体方面的善行，中间四条是语言方面的善行，最后三条是思想观念方面的善行；三是"自净其意"，指佛教信徒要在体悟自性清净的基础上，清除内心的无明、烦恼，达到驱除任何烦恼、超越善恶对立的境地。

（三）慈悲利他

慈悲是中国佛教最为根本的价值指向。中国佛教的慈悲观念，以同情、怜悯、利乐众生为前提，指出菩萨见众生老、病、死苦、身苦、心苦、今世苦、后世苦而生大慈悲，并强调"慈悲是佛道之根本"，并进一步将慈悲观念理想化、人格化，视菩萨为理想人格的化身，以普度众生为最高愿望。正如唐释道世在《法苑珠林》中所认为的："菩萨兴行，救济为先；诸佛出世，大悲为本。"[6]在慈悲观念中，中国佛教伦理文化尤其重视放生与布施。放生不仅要求信徒不伤害众生，而且要求他们保护众生。布施不仅包括财施（布施衣、食、财、物），还包括法施（对人进行说法教化）与无畏施（要有助人为乐、解人困惑的精神）。作为中国佛教伦理文化的重要组成部分，慈悲观念已经超出宗教的范围，深深影响了广大的世俗民众。

在中国佛教伦理文化中，慈悲主要包含三种：第一种是视众生犹如赤子，而"与乐拔苦"的"小慈悲"乃凡夫的慈悲。第二种是指开悟"诸法无我"的"中慈悲"，即阿罗汉与初地以上菩萨的慈悲。第三种是指由无分别心而升起的平等无差别的绝对慈悲，是远离"一切差别"的慈悲，只在诸佛之中的慈悲，即"大慈悲"、"大慈大悲"。

由慈悲观念可直接导出利他观念。大乘佛教反对小乘佛教的自利精神，尤其倡导利他观念，倡导自度度人、自觉觉人、自利利他的菩萨行。大乘佛教以慈悲为首，以度人为念，从而与儒家的仁爱之心形成共通。由此，大乘佛教所倡导的"自利利他、自觉觉人"的价值观念就不仅成为中国佛教伦理文化的基本精神，而且也对人们的世俗生活产生了重大影响。

（四）孝亲

中国佛教伦理文化与印度佛教伦理文化之间最显著的区别体现在孝亲观念上。中国本土伦理尤为重视人伦、孝道，强调子女对父母的奉养、敬重与服从。所以，佛教自传入中土以来，就受到中土深厚的重孝传统的压力和挑战，受到儒、道两家的指责：如佛教徒出家，与父母断绝关系，是不孝之举；僧人削发，违反了将身体发肤完整归与祖宗的孝道要求；独身无后是大不孝；不拜父母是违反尊亲的原则等。

面对强烈的指责和巨大的挑战，佛教较快地吸纳了中土的孝亲观念，并使之成为自己伦理文化的重要组成部分。在隋唐之前，汉魏的牟子、东晋的孙绰与慧远等都就孝亲问题为佛教进行了辩护。其中，牟子用"苟有大德不拘于小"、"见其大不拘于小"的理由为佛教作辩护，从而为以后中国佛教的"大孝"说开启了先河，为中国佛教的孝亲观奠定了基调。隋唐时期，面对以傅奕为代表的反佛者的责难，以法琳为代表的护法者，一方面为佛教作了积极的辩护，另一方面又继承前人的理论思路，对佛教的孝亲观作了初步的系统阐释。法琳不仅指出"广仁弘济"的佛教与儒家纲常并行不悖，而且强调佛教的孝高出儒道两家，是"大孝"。宋元时期，儒佛道三教融合，中国佛教孝亲观实现了系统化。宋代禅僧契嵩在《孝论》的开篇处就旗帜鲜明地指出："夫孝，诸教皆尊之，而佛教殊尊也。"[7] 通过劝佛行孝、助世行孝、以佛言孝，契嵩旨在培养佛教在中土的世俗之本和信仰之根。宋元之后，中国佛教在孝亲问题上主张持戒与孝行的统一，注重孝顺与念佛的统一。正如明代禅僧永觉元贤指出的："甚矣，孝之为义大也。身非孝弗修，人非孝弗治，天地非孝弗格，鬼神非孝弗通：即无上至真等正觉，非孝亦无由致，是知世出世间之福田，实无有逾于孝者。"[8]近代以来，中国佛教逐步由出世的佛教改造为入世的佛教，继承和发展了唐宋以来中国佛教的孝亲观念。正如太虚大师所言，培本报恩、孝顺父母是"人生应做的第一要事"。

三　中国佛教伦理文化对当代和谐社会建设的积极意义

当前我国正处于一个"发展机遇期"与"矛盾凸显期"并存的特殊历史阶段。根据新世纪新阶段我国经济社会发展的新要求和我国社会出现的新趋势新特点，中共中央提出了建设民主法治、公平正义、诚信友爱、充满活力、安定有序、人与自然和谐相处的社会主义和谐社会的战略目标。作为中国优秀传统文化的组成部分，中国佛教伦理文化经过必要的转化，可以成为构建和谐社会的一种重要资源。

（一）中国佛教伦理文化有利于个人道德境界的提升

具有较高道德素质的劳动者和建设者是建设和谐社会的依靠力量，因此，增强公民的道德自律，不仅是建立道德建设长效机制的重要途径，而且是建设社会主义和谐社会的道德基点。在中国佛教伦理文化中，"诸恶莫作，众善奉行，自净其意，是诸佛教"的名偈，就指出持戒的重点不在外而在内，即"自净其意"。在此精神的指导下，佛教的克己观念要求人们修习"戒定慧"三学，并兼修大乘六度，以期消除"烦恼"和摆脱生死轮回的痛苦。由此可见，中国佛教伦理文化中的克己观念，有助于提升人们的道德判断能力和道德自律能力，而道德判断能力和道德自律能力的增强又会提升人们的道德境界。

（二）中国佛教伦理文化有利于和谐家庭的构建

孝亲观念有助于促进家庭代际关系的和谐。在现代社会，家庭依然是社会的基本组成单位之一，家庭代际关系的和谐是社会和谐的重要基础。中国佛教伦理文化中的孝亲观，强调了以佛言孝、劝佛行孝与助世行孝的统一，包含了父慈子孝、知恩报恩的家庭伦理观。显然，积极倡导父慈子孝、知恩报恩的家庭伦理观，有助于家庭上下代之间的和谐相处，有助于促进家庭代际伦理关系的优化，形成其乐融融、相敬如宾的和谐家庭。

（三）中国佛教伦理文化有利于人与社会和谐关系的构建

去恶行善的价值观有助于促进人际关系的和谐。当前，由于社会主义市场经济的发展和各种思想文化的相互激荡，出现了价值观多样化的发展趋势。在这样的情况下，尤其需要弘扬主导价值观念。毫无疑问，中国佛教伦理文化中去恶行善的价值观与社会主流的价值导向是一致的。因此，积极倡导去恶行善的价值观，一方面会有助于人们明确是非、善恶、美丑的界限，有助于弘扬社会主旋律，促进社会主义荣辱观的确立；另一方面也有利于促进社会风气净化，保证人际关系的健康发展，实现人与社会关系的和谐。

慈悲利他观念有助于促进个人与他人或集体关系的和谐。一方面，许多佛教僧侣、居士将个人的解脱与众生的解脱联系起来，发扬慈悲利他精神，利乐有情，造福社会。如近代著名的圆瑛法师，于 1917 年创办了"宁波佛教孤儿院"，收容了大量孤儿；20 年代初，组织成立了佛教赈灾会，救济因华北五省大旱而陷入苦难的灾民。另一方面，在慈悲利他观念熏陶下的广大民众，自觉或不自觉地按这种精神行事，就能造福社会，促进人际关系的和谐。今天，慈悲利他的伦理观念仍具有积极意义。

（四）中国佛教伦理文化有利于人与自然和谐关系的构建

慈悲利他观念、克己观念对化解人与自然的矛盾具有积极意义。工业文明以来，技术以排山倒海的力量推动着历史的发展，技术至上论和技术乌托邦已经充斥在现代文明社会的方方面面，技术带来的生态问题已成为全球问题。在这样一个时代，对每一个人而言，其"行为必须是行为后果不能破坏地球上人的生命的未来的可能性"[9]。也就是说，人类再也不能将其他生命简单地对象化了。佛教慈悲利他观念本着慈爱众生、悲悯众生的精神，要求信众将自己的解脱与众生的解脱联系起来；克己观念则告诉人们要克制自己的欲望和行为，控制自己对外在物欲的追求，从而摆脱生死轮回的痛苦与烦恼。可见，中国佛教伦理文化中的慈悲利他观念、克己观念，能够使广大民众产生"敬畏生命"之感，这对于化解当前的生态矛盾，促进人与自然的和谐具有积极意义。

总之，中国佛教伦理文化的形成与发展经历了漫长的历程。以克己、去恶行善、慈悲利他和孝亲等观念为基本内容的中国佛教伦理文化，在建设社会主义和谐社会的过程中，依然可以发挥重要作用。

参考文献

［1］杨明：《伦理文化视野中的宗教》，《江苏社会科学》2006 年第 4 期。

［2］《别译杂阿含经》（卷五），《大正藏》（第二卷），第 409 页。

［3］《弘明集》（卷五之三报论），《文渊阁四库全书》，台湾商务印书馆，第 1048—1077 页。

［4］方立天：《中国佛教伦理思想论纲》，《中国社会科学》1996 年第 2 期。

［5］《法句经》（卷下），《大正藏》（第四卷），第 567 页。

［6］《法苑珠林》（卷六四），《大正藏》（第五十三卷），第 774 页。

［7］《镡津文集》（卷三），《大正藏》（第五十二卷），第 660 页。

［8］《觉元贤禅师广录》（卷一三释门真孝录序），《续正藏》（第一辑第二编），30（2）。

［9］张旭：《技术时代的责任伦理学》，《中国人民大学学报》2003 年第 2 期。

（本文系国家 985 工程，南京大学宗教与文化创新基地课题成果之一）

学理探讨

以实事求是的态度研究
马克思主义宗教观[①]

吴云贵

作为哲学社会科学工作者，我们在宗教研究领域应当坚持以马克思主义宗教观为指导思想，这是做好研究工作的基本前提、基本要求。但什么是马克思主义宗教观？马克思主义宗教观涵盖哪些内容？怎样理解、诠释经典作家论宗教以全面准确地体现马克思主义宗教观？对于诸如此类问题，人们会有各种见仁见智的意见。研究马克思主义宗教观，需要听取各种不同意见。

所谓马克思主义宗教观，其含义应当是指马克思主义经典作家关于宗教问题的基本理论观点和理论体系。以往的研究中，人们似乎更加重视马克思、恩格斯、列宁等革命导师有关宗教问题的具体论述，而对这些论著文本所体现的世界观、真理观、价值观体系这些更具普遍意义的内容似乎重视不够。最近读到张志刚谈马克思主义宗教观方法论意义的一篇文章，觉得他讲的不无道理。他强调研究马克思主义宗教观，应当努力促成学术观念上的两个转变，一个是从"注重经典论断注释"转向"注重方法观念的继承发扬"，一个是从"批判性的研究倾向及其结论"转向"建设性的研究取向及其结论"。[②]

志刚同志提出"两个转变"之说，自有他的道理。我同意他的这个说法，但并未同他交换过意见，这里所谈的一点看法，不是在理论上对他的回应。不过我认为，所谓"两个转变"，实际上是主张在新的时代条件之

① 作者吴云贵，中国社会科学院名誉学部委员、世界宗教研究所研究员。
② 卓新平、唐晓峰主编：《论马克思主义宗教观》，社会科学文献出版社2009年版，第23页。

下，应当从宽泛的世界观和方法论视角来理解、诠释马克思主义宗教观的现实意义。而作为科学的世界观和方法论，马克思主义宗教观的求真务实精神，也就是中国的马克思主义者所讲的实事求是。

一　马克思主义宗教观的理论基础是实践唯物主义哲学

按照我个人的理解，所谓马克思主义宗教观，是后人为了学习和了解马克思主义及其政党怎样对待宗教问题而提出的一个概念。如果不同的部门或个人根据各自研究工作的需要对马克思主义的内容进行归类切割划分，可能还会提出诸如马克思主义经济观、政治观、政党观、国家观、社会观、法律观等分门别类的理论观点、思想观念。马克思主义宗教观确实博大精深，具有丰富的内涵，但如果我们过于强调马克思主义在特定历史背景下关于某一领域的具体论述，弄不好也会妨碍我们对马克思主义总体的理解和把握，从而容易使人产生某种割裂之感。反之，如果我们在学习领会马克思主义宗教观基本内容的同时，将注意力放在如何把握和运用马克思主义的基本立场、观点和方法上，这也许是一种更有益和可取的科学态度。

方法是达到目的的程序手段。用什么样的方法去把握马克思主义宗教观，关系到是否用科学的态度看待马克思主义哲学问题。马克思主义宗教观是以马克思主义哲学，即辩证、历史唯物主义为理论基础。马克思主义哲学与非马克思主义哲学在哲学观念上的根本区别，在于马克思主义哲学把实践提到首位，是实践唯物主义哲学。谈到马克思主义哲学，人们引用最多的恐怕就是马克思的如下名言：哲学家都是以各种方式解释世界，而问题在于改变世界。马克思主义哲学从一开始就明确宣布以推翻旧世界、创建新世界为历史使命，因而它不仅明显有别于当时西方的唯心主义哲学，也截然不同于费尔巴哈这位大师所代表的旧唯物主义哲学。有论者提出，马克思在理论建树上的一个重要贡献，在于他首次提出了理论哲学和实践哲学的区分。[①]马克思主义以前的旧哲学属于理论哲学，其本质特征是

---

① 中央国家机关工委主编：《名家谈哲学》，人民出版社 2008 年版，第 9 页。

热衷于构建思辨性的理论体系，从理论到理论，从概念到概念，没有把人的实践活动和感性经验知识纳入哲学思考的范畴，当然也无从将其提升到理论的水平加以研究。只是在马克思主义哲学产生之后，才真正从根本上解决了理论与实践的关系问题。因此，我们讲马克思主义宗教观，从哲学认识论的角度，也就是要求我们坚持理论联系实际的学风。

马克思主义研究宇宙自然、人类社会，研究人类历史和人类思维。我们在宗教研究中坚持以马克思主义为指导，是因为我们坚信马克思主义是科学真理。但我们信仰马克思主义不同于人们信仰宗教，信教（如对上帝的信仰和崇拜）不需要理论证明，而对马克思主义理论真理性的信仰必须经过社会实践的检验和证明。马克思在《关于费尔巴哈的提纲》中谈到，人的思维是否具有客观的真理性，这并不是一个理论的问题，而是一个实践的问题。人作为认识的主体应该在实践中证明自己思维的真理性和力量。马克思讲过，真正的哲学是从不断发展的社会经验史中抽象出来的，这些抽象本身如果脱离了历史实际，没有任何意义。这告诫我们，研究马克思主义宗教观如同研究一切社会问题一样，一定要注意防止那种只重视本本而不了解实际的教条主义倾向。

学习马克思主义哲学，我觉得最重要之点在于我们要像当年革命导师们那样坚持实践唯物主义的思想路线。关于这一点，李德顺同志有过一个很精辟的论述。他认为马克思主义实践唯物主义哲学的精神可以概括为实事求是的思想路线。这是我们党用中国的方式归纳提炼的马克思主义哲学的基本精神。党的实事求是，一切从实际出发，理论联系实际，在实践中检验和发现真理，这个思想路线是从哲学高度上提炼了马克思主义全部思想精髓，又有中国语言和文化特色，既是世界观，又是方法论，是便于应用和指导我们实践的最终结论。①

综上所述，我们是否可以认为，践行马克思主义宗教观的最高指导原则是坚持实事求是的思想路线。

二　研究马克思主义宗教观应当密切联系中国实际

对于我们中国学者而言，学习、宣传和运用马克思主义宗教观，始终

---

① 中央国家机关工委主编：《名家谈哲学》，人民出版社 2008 年版，第 42 页。

是与党和国家在每一个时期的中心工作密切相联系的，这就是所谓围绕中心、服务大局。在当前以及今后相当长的一个历史阶段，我们党和国家的中心工作和战略目标是团结和领导全国各族人民共同致力于中国特色社会主义建设事业。这一总体目标是我们从事各项工作的基本出发点，也是我们研究马克思主义宗教观的基本出发点。什么是马克思主义立场？代表中国最广大人民群众的根本利益、为人民谋福利，就是马克思主义立场的根本体现。所以，我们研究马克思主义宗教观的出发点，不是当年经典作家、革命导师们写过什么本本、讲过什么话语、下过什么结论，而是怎样理解和对待中国的宗教问题有利于团结广大信教群众共同致力于中华民族的伟大复兴事业。出发点就是讲政治、讲大局，讲我们党在整个社会主义时期的基本路线。

早在延安整风时期毛泽东就强调，运用马克思主义基本原则要同解决中国革命的实际问题相结合，反对离开当时的中心工作，静止地、孤立地研究马克思主义的不良倾向。十余年前召开的党的十五大报告指出，学习马列主义、毛泽东思想、邓小平理论，一定要以我国改革开放和现代化建设的实际问题、以我们正在做的事情为中心，着眼于新的实践和新的发展。离开本国实际和时代发展来谈马克思主义，没有意义，静止地、孤立地研究马克思主义，把马克思主义同它在现实生活中的生动发展割裂开来、对立起来，没有出路。马克思主义宗教观是马克思主义的一部分，上述对待马克思主义的科学态度当然也完全适用于马克思主义宗教观的研究和运用。

理论联系实际是我们党在长期的革命斗争和社会主义建设事业中积累起来的一条重要经验，誉为党的三大作风之一。在学习和研究马克思主义宗教观过程中始终应当坚持这一良好学风。但从以往的经验看，用理论联系实际的正确方法来把握马克思主义，并不是一件容易之事。例如，当年当"无产阶级专政条件下继续革命的理论"风行一时之际，由于这一理论是由在党和人民群众中享有崇高威望的伟大领袖毛泽东主席所提出，因而几乎很少有人对这一理论本身是否正确，是否符合实际产生过怀疑或动摇。相反，这一谬误的理论很快便被认定为史无前例的"无产阶级文化大革命"的理论基础，成为毛主席对马列主义理论的重大贡献之一。同样，在"左"的思潮泛滥成灾的岁月，尽管我们在口头上也还是在讲"理论联系实际"，而实际上我们的思想观点却被统一整合到错误理论原则的指导之下。例如，当年在"文化大革命""大批判"思潮影响下我们这些刚刚走上工作岗位的年轻人都曾批判过李维汉同志的"宗教五性论"，认为他讲这个性那个性，就是故意回避宗教意识形态的阶级性、反动性。

回顾几十年前的往事，是想借此说明，我们今天讲马克思主义宗教观，一定要在理论和实际两方面狠下工夫。在基础理论方面，我觉得我们现有的理论似乎还没有非常系统地完全讲清楚社会主义与宗教之间的多重复杂关系。当年列宁在十月革命胜利前夕，曾写过《社会主义和宗教》、《论工人政党对宗教的态度》等文章，着重阐述了尚未取得国家政权的马克思主义政党在处理宗教问题上的基本原则立场、政策和态度。列宁当年的有关论述对于我们党处理宗教问题仍有重要的指导和借鉴作用，但因时代条件不同，具体国情不同，不宜简单照搬套用。尤其值得注意的是，十月革命后，苏联共产党在践行列宁主义宗教观过程中发生过一些理论认识和政策措施上的严重失误，如把科学无神论教育变成反宗教的宣传，将宗教神职人员视为地主、资本家的走狗，予以无情地打击，以及企图用行政命令、政治斗争、群众运动的方式解决宗教问题等不当做法。①前苏联时期在处理宗教问题上许多简单、粗暴和不切实际的做法，我们今天还没有条件进行全面的总结和深刻的反思。但有一条共识：再也不能重走苏联的老路了。

坚持理论联系实际的作风，我们应当作好两件事。第一件事是认真研究党和国家有关宗教问题的法律、法规、政策。长期以来，宗教相关立法和政策是我国有关部门依法管理宗教事务的基本依据，也是马克思主义宗教观在宗教领域的重要体现。以往我国研究宗教现状和从事基础理论研究的学者们，在马克思主义宗教观的研究上付出了很大的努力，取得了显著的成绩。研究工作的主要不足，在于当代中国宗教研究有些跟不上形势发展的需要，尚不能为党和国家政府的相关决策提供前瞻性战略思考和强有力的理论智力支持，还停留在注释法规、政策的水平。

需要努力作好的第二件事，是注重调查研究。长期以来，由于经费困难或者重视不够，我国学术界的宗教研究一般大多偏重于文本研究，而在社会调查基础上的现状研究一直比较薄弱。马克思主义唯物史观强调不能脱离人类社会孤立地、静止地看待宗教现象，要求研究者通过综合性的社

---

① 施船升：《马克思主义宗教观及其相关动向》，四川人民出版社1998年版，第161页。

会考察和分析认清宗教的本质和多重社会功能。因此，通过社会调查了解当今中国的国情、社情和教情，是科学的宗教学研究的重要前提之一。近年来中国社会科学院系统启动的国情调研项目，已把中国宗教状况列入考察范围，并初步取得一些积极的成果。我们希望这项调研工作能够长期坚持下去。大兴调研之风，有助于我们逐渐克服和改变目前我国科研院所和高等院校宗教研究中普遍存在的某种理论脱离实际的倾向。研究宗教就是研究人、研究社会，不花大气力去了解国情、民情、教情、人情，从书本到书本，从概念到概念，这样的宗教研究难有大的作为。

马克思主义宗教观研究，不能停留在抽象空洞的理论论述的水平，应当提高解决实际问题的能力。例如，究竟应当怎样看待大学生信教的问题，就有两种截然不同的态度和做法。大部分高校坚持以启发教育为主的方法。这种做法的政策依据是，尽管国家宪法保障公民有信教的自由，但学校是教育机构，学生在校学习期间应当集中精力学习掌握科学文化知识，因此对信教的学生应当用启发教育的方式使他们转变观念。与这种温和的方式相反，个别边疆地区的高校将大学生信教和举行宗教活动视为"非法宗教活动"，依法加以限制。这种做法的法律依据是，《教育法》明文规定，国家实行教育与宗教相分离。任何组织和个人不得利用宗教进行妨碍国家教育制度的活动（第八条）。因此，根据《教育法》，作为高校学生不能信教，不能从事宗教活动。理由是，宪法确认的宗教信仰自由原则是对公民而言的，学生当然也属公民，但其学生身份要求他们根据《教育法》相关规定，履行不信仰宗教的义务。如果学生不愿履行其作为学生应尽的义务，那就只能解除其"学生"身份。但作为公民，他们仍然享有信教和参加宗教活动的权利。

笔者引用上述两种截然不同的做法，是想借此说明，如果我们坚信依法管理宗教事务是落实马克思主义宗教观的起码要求，那么我们就必须有相应的配套法律和实施细则。但中国幅员辽阔、民族众多、地域社情差别很大，如果规定过死而缺乏灵活性，也会引起新的问题。这也表明，马克思主义宗教观只是为我们提供了观察宗教作为社会现象的一种方法，并未要求我们处理任何与宗教相关的问题都要从本本中寻找具体答案。而且，与宗教相关的问题，并非都属于"宗教事务"，都需要由各级政府分管宗教事务的部门出面处理，只有涉及法律和公共关系的宗教事务，属于国家政府的职权范围。

三 研究马克思主义宗教观应当关注理论创新

马克思主义是实践科学。马克思主义科学的世界观和方法论是为了回答实践提出的各种问题并在实践过程中形成和发展起来的。当年马克思和恩格斯之所以要花费很大精力来研究宗教问题，进而形成马克思主义宗教观，完全是出自革命事业的需要。马克思主义后来与各国的工人运动、与无产阶级反对资产阶级的革命事业密切结合，发展到一个个历史新阶段，形成我们今天熟知的马克思主义、列宁主义、毛泽东思想。国际共产主义运动的历史表明，马克思主义发展的每一段重要历程都体现了普遍真理与各不相同的实践经验相结合的基本特征。马克思主义注重实践、注重理论创新精神，为马克思主义带来源源不断的生命活水。我们今天研究马克思主义宗教观，同样应当注重实践、注重发展开拓，注重理论创新，用发展着的马克思主义不断丰富马克思主义宗教观的内涵。

运用马克思主义基本原理来解决中国革命和建设中的实际问题，这一过程本身就包含创新因素。马克思主义宗教观中国化正是创造性地运用马克思主义的必然结果，同时也是理论创新的一种重要方式。例如，20世纪50年代我们党根据实际情况提出的"宗教五性论"，在对社会主义中国的宗教问题的认识上就有不少理论创新。以"宗教的群众性"为例，过去不论马克思还是列宁，当他们在论及信教群众时，他们的基本出发点和落脚点都是"革命需要"，即如何通过启发教育使信教群众摆脱宗教思想的束缚，积极投身于争取自身解放的革命事业中来。而在业已取得革命胜利、步入和平建设时期的新中国，再讲"宗教的群众性"就必须根据新的社会历史环境讲出"新意"。马克思主义宗教观这种新的理论话语构建，其根本特征是在中国化进程中不断丰富自身并着眼于解决中国的问题，在我看来这就是理论开拓创新。事实上这些年间我们许多同志所讲的"社会主义的宗教论"几乎都包括宗教五性之说。而且，作为后来者，我们今天所讲的宗教"五性"或"三性"之说，不论在广度还是深度上都超过了当年李维汉同志以党内文件的形式提出此说之时。

进入改革开放新时期以后，我们党在宗教理论和方针政策方面最重要的一大创新是适时地提出了"引导适应论"。社会主义与宗教之间应当确立一种怎样的关系？工人阶级政党在夺取国家政权、获得革命胜利之后应当怎样对待宗教？宗教在本质和社会政治功能上是否必然是敌视社会主义的异己势力？社会主义国家政权是否必须像前苏联那样采取反宗教的立场和态度？上述这些事关根本的重要问题，在相当长的一段时间内，我们在理论认识上并没有真正彻底解决。长期以来，由于我们党没有完全弄清"什么是社会主义以及怎样建设社会主义"这一根本问题，当然也很难弄清"什么是宗教以及应当怎样对待宗教"的问题。过去我国理论界广泛流行的一种观点，是否认宗教存在的现实性或合理性，认为作为"精神鸦片"的宗教意识形态不是社会主义中国的上层建筑，而是反映不合理的旧社会、旧制度的一种落后意识形态的残留。因而，党和国家宗教工作的根本宗旨是限制宗教的消极作用，并积极创造条件尽快促进宗教的消亡。所以在"文化大革命"时期，当我们偶然从派驻我所的一位军代表口里听说要求我们"好好研究一下宗教怎样为社会主义服务"问题时，我们都觉得这种说法非常幼稚可笑，以为他在学有所成的专业研究人员面前讲了"外行话"。

按照我的理解，"引导适应论"是在"双向协调论"的基础上发展而来。早在 20 世纪 70 年代末 80 年代初，长期在中央主持理论领导工作的胡乔木同志，曾要求当时的学术理论界组织力量研究"宗教与社会主义制度相协调"的命题。后来时任中共中央总书记的江泽民同志发表讲话，提出"积极引导宗教与社会主义社会相适应"这一重要论断，作为党在新时期宗教工作所要实现的根本目标。江泽民同志就党的宗教基本政策问题所讲的"三句话"或"四句话"可以说是纲领性的，多年来政界、学界和宗教界已作过全面深入系统的论述，这里不再展开讨论。

特别值得一提的是，"引导适应论"是建立在对中国社会主义社会基本矛盾性质的正确分析和科学判断的基础之上，从而提出了一条正确处理宗教问题的根本途径。宗教作为唯心主义的有神论信仰体系，它与我们党所倡导的科学社会主义思想确有矛盾和对立的一面，但世界观与立场既有联系又有区别，社会成员在世界观上的差异并非必然会妨碍政治制度和社会共同利益的认同。这就是中国传统思想中的"和而不同"。只要我们积极引导并切实保障宗教活动在国家法律、法规和政策范围内正常有序地进行，在共同建设有中国特色社会主义大目标的指导、激励和吸引之下，我们党同宗教界人士就完全能够作到"政治上团结合作，信仰上互相尊重"。这一看似浅显易懂的道理，蕴涵着巨大、深刻的政治智慧。我们党也是在总结几十年政治统战工作经验教训的基础上才将这一思想上升到理论认识的水平和方针政策的高度付诸实践的。说到这里我们不妨设想一下，如果我们不加分析地照搬过去苏联的经验，特别是苏联十月革命胜利后最初二十年间的做法，要求"马克思主义者应当是宗教的敌人"，并以"反宗教宣传"的形式开展无神论教育，直接对宗教宣战，那将是一种什么样的后果。

马克思主义宗教观的理论创新还有一个重要的方面，即通过不断吸纳一切有益的新思想、新观念、新研究成果来丰富自身。19世纪马克思主义在欧洲蓬勃兴起之后，一方面它以革命和批判的眼光审视旧世界，另一方面它又以坚定的信念和开放的态度来对待新生事物以创建一个新世界。马克思主义在当代的发展也同样如此。只有不断吸纳人类一切先进的思想和优秀的科学文化成果来丰富自身，马克思主义才能保持旺盛的生命力。应当看到，较之马克思、列宁甚至毛泽东生活的时代，当今世界在许多方面都已发生了巨大而深刻的变化。即使仅就人类宗教现象予以观察和思考，人们同样可以发现，当今世界各大宗教同马克思时代相比可以说是迥然有别、反差巨大。当然，变化中也有不变的东西。当今世界各大宗教的形态、趋势和功能究竟发生了哪些变化？这些发展变化对中国宗教意味着什么？面对包括宗教在内的世界形势的变迁，马克思主义宗教观应当如何认识和应对？马克思主义宗教观本身是否也应当做某些相应的充实和调整？如果我们能够运用马克思主义基本理论正确地科学地回答和应对当今时代、当今世界提出的重大问题，包括极其复杂和敏感的民族宗教问题，这就是理论创新。

马克思主义宗教观在近百年的历史上，特别是在前苏联、东欧的社会主义国家和中国发生了非常巨大的影响。马克思主义唯物史观的基本理论思想，如关于社会存在和社会意识、经济基础和上层建筑、阶级斗争和阶级分析的基本原理，至今仍有广泛的价值，对说明包括宗教在内的各种社会意识形态和各种文化形态的本质和作用，具有普遍的指导意义。但马克思、恩格斯是革命家和思想家，而不是宗教学家。因此，我们对马克思主义宗教观应当采取"两点论"。一方面我们在宗教研究中应当坚持以马克思主义唯物史观为指导，另一方面，我们既不能简单地用马克思主义宗教观来代替宗教学理论研究，也不能以马克思主义唯物史观作为唯一的方法论。因为真理是一元的，而价值观和方法论是多元的。

马克思主义宗教观与近现代兴起于西欧的宗教学，我个人认为不是简单的对立关系，而应当理解为某种"互补关系"。自然，理解为"互补关系"只反映了个人一种主观愿望，并非二者的真实关系。目前我国研究马克思主义哲学的专家学者们大多承认，"马哲"与"西哲"没有打通，基本上是各说各话，互不对话交流。因此很少有人讨论马克思主义哲学与西方哲学究竟是一种什么样的关系。同样，我国研究马克思主义宗教观的学者一般也不大了解西方宗教学，尽管人们也承认这一基本事实，即只是在19世纪下半叶以后，伴随着比较宗教学在西欧的兴起，宗教学才开始成为一门独立的人文学科。当然也有例外，如长期致力于宗教学理论研究的吕大吉同志就是一位既熟悉马克思主义哲学又熟悉西方哲学、西方宗教学说史的著名专家学者。他在他的《宗教学通论新编》中，既论述了宗教学理论与马克思主义的关系，同时也谈到了认真借鉴近代西方比较宗教学的成果问题。[①]在学术指导思想上，作者强调"以真理为师"，在坚持唯物史观精神实质的同时，主张博取众家之长，以开放和实事求是的态度对待一切有益的文化成果。

面对着当今世界宗教的巨大变迁以及人们对宗教文化态度上的转变，当代马克思主义宗教观应当以更加理性和开放的态度来对待非马克思主义者研究宗教的成果。对待西方宗教学，马克思主义宗教研究者不仅可以利用其百余年间积累起来的丰富文献资料，而且应当在分析鉴别的基础上借鉴比较宗教学（或宗教史学）各分支学科方法论中的合理因素。例如，在《宗教学通论新编》中，作者在全书框架设计中，就力图将马克思主义唯物史观与西方宗教学方法论有机地结合起来。作者运用宗教现象学共时性比较方法分析了人类宗教的现象学结构，提出了宗教构成的四要素之说，通过现象学研究，深化了对宗教本质的理解和认识（详见第一编）。在论述宗教的起源和发展问题时，作者从共时性研究转向纵向的历时性研究，将宗教史学、宗教人类学的历时性比较方法与恩格斯唯物史观宗教历史形态发展论相结合，提出了人类宗教历史发展的三种形态之说（原始社会的氏族部落宗教、古代阶级社会的国家民族宗教和普遍性的世界宗教），同样在理论上有所创新（详见第二编）。

---

① 吕大吉：《宗教学通论新编》，中国社会科学出版社1998年版，第40—48页。

四 结束语

我没有深入研究过吕大吉同志的大作，我引用他在《通论新编》中的某些理论观点，以及我在行文中所表达的我对马克思主义宗教观的感悟和理解，只想说明一个基本观点：我们信仰马克思主义，但只信仰在实践中不断发展、不断完善、不断创新的马克思主义。马克思主义宗教观也是如此。从学科建设的角度看，在实践中不断发展马克思主义宗教观，才能使其在宗教学的学科建设中发挥全面的能动指导作用。

［原载《马克思主义宗教观研究（2011）》，

社会科学文献出版社 2012 年版］

宗教五性论：马克思主义宗教观中国化的一个标志性成果①

任　杰

马克思主义宗教观的中国化，就是以中国共产党为代表的马克思主义者把马克思主义宗教观的基本原理应用于中国革命和建设实际，探索和处理有关中国宗教关系、宗教问题的过程，其理论成果化为中国化的马克思主义宗教观，实践成果化为当代中国宗教关系的总体和谐，二者的中介和结合则化为党和国家根据不同时期的中心任务和中国宗教的历史与现实而制定的宗教政策及其贯彻落实。在把马克思主义与中国实践结合，解决中国宗教与社会主义社会的关系问题过程中，中国共产党概括了宗教具有长期性、群众性、民族性、国际性和复杂性的特征（以下简称"宗教五性论"），并在中国革命和建设道路曲折前进中，随时代、形势和实践的变化而不断对其创造性地丰富、深化和升华。可以毫无夸张地说，"宗教五性论"是马克思主义宗教观中国化的一个范本和丰碑，是中国化马克思主义宗教观的一个奠基性、标志性成果。对"宗教五性论"，前贤时俊有许多重要研究成果，值此中国共产党建党 90 年之际，对宗教五性论的产生及其曲折发展进行再梳理、再探讨，对于进一步推进马克思主义宗教观的中国化的发展和构建中国化的马克思主义宗教观学科体系都是富于启发意义和现实价值的。

马克思主义认为，宗教问题从来就不是孤立存在的，总是同一定的政治、经济、文化、民族等方面的历史和现实问题相互交织、相互作用的。在马克思主义宗教观发展史上，中国共产党何以原创性地提出了"宗教五性论"并随时间的推移而愈显其基础理论的意义和作用，有必要从追溯中

---

① 作者任杰，四川省人民政府参事室研究员。

国宗教的社会生态环境开始。

一　厚土钟灵："宗教五性论"孕育的宏观社会历史背景

1. 近代以前中国宗教的社会处境。

神灵观念是上古人的普遍观念。在约四千五百年前，颛顼作为共主一方面承认联合体内各部分基于血缘关系的宗教信仰；另一方面又通过"绝天地通"，推行统一的宗教信仰体系而不断巩固统治。"夏道尊命"，体现着社会生活对既有的宗教传统的服从、适应和调整；殷人"率民事神"，体现出宗教活动功利目的和人为成分的增强。

约三千年前，姬周代殷，具有浓重宗教传统的殷商未能得到神灵护佑而败亡的残酷现实给周人以强烈震撼，于是进行了一场宗教变革，一是提出了"以德配天"的天人结合的宗教观；二是产生了"圣人以神道设教"的思想；三是允许和保护包括五帝、夏、商等遗族和异族在封国内的祖宗崇拜等宗教信仰，植入了重德、尊贤、兼容、合为贵等文化基因。缘于社会现实、历史反省和政治需要，周人实现了向"尊礼尚施，事鬼神而远之"的演变，在注重祭祀的形式下，注入了人文主义的因素，也为以后道、儒、墨、法、阴阳、名诸家乃至来自外邦的各种思想观念的萌生和嫁接留下了众多生长点。[①]

春秋战国时期，在巨大社会变革中，从崇天、敬天、疑天、问天到制天命等思想出发构建出同传统宗教相对独立的诸子百家文化思想，于是作为文化体系的宗教也失去了一统天下的地位。秦汉时期，深刻的社会转型趋于定型化，导致了儒家主导地位的确立、道教的出世和佛教的传入，确立了此后长达两千年的政教分离、多宗教并存的中国思想文化的基本格局，并经受住了其后多次民族危机的严峻考验。儒、佛、道在各自的曲折发展中增强了自信，进而由敌意性的对抗争辩进入基于共存而对话的新境界，从而形成了以自我为中心而又承认对方的辅助作用的"本末内外论"、承认各有长短可以互补共存的"均善均圣论"、以致"三教虽殊，劝善义

---

① 任杰等：《中国的宗教政策——从古代到当代》，民族出版社 2006 年版，第 15—29 页。

一，途迹诚异，理会则同"的"殊途同归论"等观点。明智的帝王为它们的对话和交流提供了政治平台、文化氛围和经济支持，影响所及，多种文化并行不悖、和睦相处的观念逐渐深入人心，儒、释、道兼宗的实践在上层精英中蔚成风气，进而推进了中华文明的丰富多彩和鼎盛繁荣。

2. 中国近代以来宗教的社会处境。

1840 年鸦片战争后，外国资本—帝国主义和中国封建主义的联合压迫，造成深重的民族灾难和民众痛苦。列强凭借武力在中国耀武扬威，使中国各方对武装有了深刻认识。进入 20 世纪，武装"灭洋"，武装"勤王"，武装"剿团"、武装革命，武装割据，不同社会力量不约而同地采取了暴力斗争方式。争取民族独立和人民解放成为中华民族的共同任务，一方面属灵的宗教信仰问题在总体上更加退居次要地位，另一方面各宗教也面临生存难题，而或主动或被动、或直接或间接地卷入革命大潮。

在列强的大炮保护下，天主教、基督教传教士不断涌入中国，以征服者兼救世主的姿态居高临下，把佛教和道教贬为"邪教"，在传教中挑拨教徒与非教徒间的纠纷，一部分西方传教士利用"治外法权"为所欲为，从福音的传布者变成财富的掠夺者和政治的压迫者，酿成无数次的教案。西方国家对基督教采取了双重标准，一方面在其国内推进近代以来的政教分离，另一方面在对外扩张中充当保教国，把海外传教作为政治工具而使政教关系密切起来，并获益多多。接踵而来的两次世界大战使以西方文明价值体系代表自诩的基督教遭到严重怀疑和冲击，不能不对西方控制的在华基督教产生更直接的影响，在 1920—1925 年历时 6 年的非基督教运动期间基督教三大派教徒人数仅增 2 万人[1]，从晚清开始的基督新教的自立运动获得新的发展，五卅惨案等进一步激发民族意识，天主教也产生"中国化"运动。但外国传教士控制下的天主教、基督教不可能改变"洋教"的面貌和中国人对它的反感与抵触。

佛教和道教与中华民族传统文化一样，既受到殖民帝国主义的压迫，又被当作封建文化的堡垒而受到民主革命浪潮的冲击，面临寺观荒芜、人才凋零的全面危机。1898 年，湖广总督张之洞提倡发展新式教育，试图没收全国寺产的 70% 以充教资，这一"寺产兴学"运动一直持续到民国初

---

① 牟钟鉴等：《中国宗教通史》，社会科学文献出版社 2000 年版，第 1149 页。

年，使佛、道教的物质基础受到严重损害。民国政府虽提出了信教自由政策，使古老的佛、道教合法存在，但具体法令实为开门揖盗，北洋政府的《管理寺庙条令》和南京政府的神祠存废标准，都使许多宫观庙宇停止宗教活动，改作学校、机关、兵营等，一些地方豪强也乘机侵夺寺产。抗日战争爆发后，佛教、道教受到极大的破坏，江南许多名刹遭兵燹，大批佛像、经籍被日寇掠走，僧尼、道士大量流散。在战争频繁、民生凋敝、"洋教"进逼、文化冲突的社会大动荡、大变局中，失去和没有行政权力的有力保护，在所谓的信教自由政策下，传统的佛教、道教只能处于被动挨打的地位。

为寻求民族的觉醒和自奋自强，"戊戌变法"后一些知识分子在批判封建君主制度中力图摧垮天命论对"君权神授"的维护，而另一部分知识分子则把佛教作为可以挽救国家民族的精神武器，还有一些知识分子则企图重建新的宗教以替代衰败了的传统宗教，康有为倡导孔教，章太炎提出建立无神宗教，胡适则欲建立理智化、人化、社会化的新宗教，等等。

总之，近代以来，在时局的急剧变换中，在华基督教摆脱不了由"洋人"控制的"洋教"色彩；传统宗教受到多重冲击，也开始注入新的因素，发生新的分化；宗教界有识之士为寻求民族独立和复兴呼喊、抗争。当中共实行宗教信仰自由政策，建立与宗教界的统一战线时，中国宗教界人士和信教群众同非宗教信徒一道同情、支持和参加党领导的民族民主革命斗争也就是顺理成章的了。

政教分离、多宗教并存互补、和而不同等社会历史文化传统，特别是近代社会的急剧变革成为"宗教五性论"产生的两大宏观背景。

二 风云际会："宗教五性论"提出的现实基础

中国共产党人根据中国新民主主义革命反对帝国主义、反对封建主义、反对官僚资本主义斗争的基本任务，从中国的宗教国情出发，在理论和实践结合上创造性地运用和发展马克思主义宗教观，不断在实践中认识和解决中国革命中宗教问题。中国共产党建立之初，就在多次会议决议案中指出对宗教问题要持慎重态度，告诫党员不要故意制造与宗教徒发生实际冲突的机会。1925年，中国社会主义青年团"三大"通过的《反基督教运动决议案》指出：本团同志切不可因反对基督教而憎恶一般的教民和教会，应该指出他们受传教士和牧师的压迫和欺骗。提出求"反帝"之同，存"信仰"之异的思想，纠正全盘打倒基督教的观点。大革命时期，毛泽东指出，反对神权的斗争要服从反封建斗争，并提出对宗教徒作具体的分析，实行区别对待的政策。土地革命战争时期，党在创建工农武装割据的革命根据地的严酷环境中强调了保证工农信教自由的主张。毛泽东说，"佛教是一种文化现象，要改变人们对神佛的信仰，可不是一朝一夕的事情"。"我们这些无神论者和有神论者，可以在这里（寺庙）各不相扰。"[①]敏锐地体察到了宗教的社会文化性、存在的长期性和信仰的群众性等特征。红军在长征途中和到达陕北后，反复告示宗教信仰自由，提出对信教群众、神职人员及宗教场所实行保护的政策，产生了积极的社会影响。抗日战争时期，中华民族面临亡国的严重危机，中共倡导建立了包括宗教界在内的由整个中华民族组成的抗日民族统一战线。毛泽东指出："共产党员可以和某些唯心论者甚至宗教信徒建立在政治行动上的反帝反封建的统一战线，但是决不能赞同他们的唯心论和宗教教义。"[②]中央先后成立定边少数民族工作委员会和西北工作委员会，深入调研回、蒙等少数民族的宗教信仰，做好少数民族宗教工作。1941年5月《陕甘宁边区施政纲领》规定："在尊重中国主权与遵守政府法令的原则下，允许任何外国人……在边区进行实业、文化与宗教的活动。"1945年4月，毛泽东在中共"七大"发表的关于新民主主义革命的纲领性报告《论联合政府》中指出："根据信教自由的原则，中国解放区容许各派宗教存在，不论是基督教、天主教、回教、佛教及其他宗教，只要教徒们遵守人民政府法律，人民政府就给以保护。信教的和不信教的各有他们的自由，不许加以强迫或歧视。"[③]党在陕甘宁边区和敌后抗日根据地对宗教问题高度重视，团结宗教界人士和信教群众建设边区。对那些有损中国与边区主权，违犯政府各种法令的宗教活动给予严厉揭露和打击，实现三边教区土地的收回。在新民主主义革命时期，中共首先注意到基督教的国际性和传统宗教的群众性；在长征中和西北地区体察到少数民族宗教信仰的特殊性，在边区建设中进一步注意到基督教、伊斯兰教等的群众性和复杂性。

---

① 任杰：《中国共产党的宗教政策》，人民出版社2007年版，第88页。
② 《毛泽东选集》第2卷，人民出版社1991年版，第679页。
③ 《毛泽东选集》第3卷，人民出版社1991年版，第1092页。

新中国成立后，党面临着如何领导人民群众进行社会主义革命和建设的宏大任务，能否处理好新的历史条件下的宗教问题构成这一总任务的一部分。理所当然，党把在苏区、抗日边区和解放区制订的宗教政策措施及其成功实践，通过国家机器和法权体系把这一政策推向全国并在实践中完善和发展。党的宗教政策及其贯彻，激励宗教界爱国人士投身宗教制度的民主改革，在天主教、基督教方面革掉帝国主义的操纵和控制，实行独立自主、自办教会；在佛教、道教和伊斯兰教方面革掉封建剥削和压迫制度，普遍推行民主管理委员会制度，迈出了与新社会相适应的重要一步。在中国历史上，佛教、道教、伊斯兰教、基督教、天主教第一次处于完全平等的地位，各大宗教内部消弭长期以来教派、地域、利益等方面的隔阂和矛盾，建立了统一的全国性的宗教团体和领导机构，实现了大团结。各民族信教群众的爱国热情空前高涨，同全国人民群众一道积极参加各项爱国、民主、和平运动，开展生产自养活动和公益活动，涌现了一批先进集体和先进个人。在人民政府的支持帮助下，一些著名寺观教堂得到修整。

由于中华民族深厚的文化传统以及宗教与社会政治经济的传统距离，由于近代中国传统宗教的衰微及其信徒与人民大众同受磨难，由于天主教、基督教的"洋教"色彩而在民众中影响有限，由于感同身受建立在国家、民族、自身根本利益一致基础上的广泛共识，由于中共基于对中国国情的深刻把握而注意分清敌我友并将斗争目标集中到主要敌人身上，总之，根据中国宗教国情，在新民主主义革命中，中共既没有因为宗教在阶级社会中被剥削阶级所利用和为剥削制度辩护而把矛头指向宗教，也没有因为宗教能作为被统治阶级的斗争武器而像中国历次农民战争甚至近代资产阶级革命那样以宗教为号召；既没有将对宗教的批判作为"其他一切批判的前提"，更没有"把宗教问题提到它所不应有的首要地位"，甚至对革命的首要敌人——帝国主义势力所控制的天主教、基督教也没有直接批判；既没有不区分宗教意识与宗教信徒、宗教上层与一般信徒、宗教信仰与风俗习惯而将宗教作为一个整体笼统对待，也没有仅仅就事论事地看待和解决宗教问题，体现了对"实事求是"这一马克思主义精髓和"具体问题具体分析"这一马克思主义活的灵魂的深刻把握和正确运用，开局就在马克思主义宗教观中国化上确立了好的起点和方向，并产生若干初步成果。

马克思主义宗教观特别是马克思主义中国化的第一大理论成果即毛泽东思想、中国新民主主义革命和宗教制度的民主改革奠定了"宗教五性论"产生的牢固的理论基础、社会基础和政治基础。

三 空谷足音：对中国宗教社会特征的持续探讨

只有理论的清醒才有行动的坚定。新中国成立后，在具体解决宗教问题的同时，执政党加强了对宗教问题的理论研究和概括，在将马克思主义宗教观与中国的实际相结合过程中，对宗教问题进行了多方面的理论探索，并有自己的创见，反映在有关统一战线、民族、宗教一系列文献和毛泽东、周恩来、李维汉等主管统一战线和宗教工作的领导人的重要讲话中，特别是在和平解放西藏，支持基督教、天主教反帝爱国运动和少数民族地区的宗教民主改革等重大决策中积极地探索了宗教特性问题，集中体现了马克思主义宗教观中国化的进展和成果。

在解放西藏过程中，中共非常重视宗教问题。针对西藏长期实行政教合一的情况，把民族宗教界人士作为工作重点。毛泽东等中央主要领导亲自做宗教领袖的工作。1949 年 8 月 6 日，毛泽东亲自拟电要求一野司令员兼政委彭德怀在解放西北时"要十分注意保护并尊重班禅额尔德尼"等[①]。同年 10 月，又以他和朱德名义给班禅复电勉慰。十七条协议签订的当天，毛泽东就提出了"在西藏考虑任何问题，首先要想到民族和宗教这两件大事，一切工作必须慎重稳进"的著名方针。还直接对西藏地方官员、贵族、上层喇嘛等进行工作，亲自接见西藏来京的致敬团、参观团、观礼团等，谆谆教导。中央在关于必须极端谨慎对待宗教问题指示中强调，"必须充分估计到佛教在西藏民族的悠久历史及其深入人民的传统影响，以及达赖、班禅在各阶层人民中享有的很高的佛教信仰，同时充分认识到宗教问题的长期性、国际关系、在西藏地区怎样对待佛教问题在政治上的重要意义"[②]。着眼于西藏问题的"极端严重性"，毛泽东多次强调"关于西藏的重要问题均集中由中央解决"、处理同西藏有关的工作"每项均须事前报

---

① 《毛泽东西藏工作文选》，中央文献出版社、中国藏学出版社 2001 年版，第 1 页。

② 《西藏工作文献选编》，中央文献出版社 2005 年版，第 89 页。

告中央，经过批准，然后执行"①。总之，毛泽东等中央领导在处理西藏问题中体现和提出了对包括民族性、群众性、国际性、复杂性、长期性等宗教特点在内的有关宗教问题的深入思考和探索，在极为复杂的国际国内环境中解决了西藏和平解放等重大问题。

在支持基督教、天主教反帝爱国运动中，周恩来《关于基督教问题的四次谈话》（1950 年 5 月）、《中共中央关于天主教、基督教问题的指示》和《中共中央关于积极推进宗教革新运动的指示》从理论与实践的结合上较为集中的对中国宗教的特点做了总结和阐述。周恩来强调了宗教特别是基督宗教的国际性问题和中国与西方宗教问题的差异，指出"中国不是政教合一的国家。在中国，宗教同政治一向是分开的，所以宗教问题不象欧洲政教合一的国家那样严重"。同时明确指出："宗教的存在是长期的"，"不要去增加复杂性"，"天主教有几百万教徒，这首先就是一个群众问题"。"既然宗教信仰是长期的，又有那么多信教的群众，我们就要做工作。"② 中央关于天主教、基督教问题的指示中指出："马克思主义者对待群众性的宗教问题，从来是当作一种有历史必然性的社会问题和群众问题来处理的，从来是反对单纯地依靠行政命令简单急躁的办法来处理宗教问题的。"中央关于积极推进宗教革新运动的指示不但根据基督教、天主教的群众性、长期性、复杂性、国际性等特征提出推进其革新的具体政策策略，还提出提倡鼓励伊斯兰教和佛教的爱国运动，指出："中国的回教、佛教与帝国主义联系较少，但在国内特别是少数民族地区有很大力量，且均有国际影响。"③ 强调了其群众性、民族性和国际性。1951 年 1 月，中共中央宣传部长陆定一在全国统战工作会议上说，"对宗教问题，我们要想得长远一点"，"要消灭宗教，恐怕到共产主义才有可能。这并没有什么可怕的，只要把宗教与政治分开，就没有什么可怕了"。④ 比较明确地提出了宗教长期存在的时间问题。毛泽东则在 1956 年说，"就是到了共产主义也还会有信仰宗教的"⑤，比陆定一估计得更为久远。

在处理少数民族地区问题中，中共对宗教特点问题研究更加深入。

① 《西藏工作文献选编》，中央文献出版社 2005 年版，第 72、81 页。

② 《周恩来统一战线文选》，人民出版社 1984 年版，第 182、185、201 页。

③ 《建国以来重要文献选编》第二册，中央文献出版社 1997 年版，第 98 页。

④ 《历次全国统战工作会议概况和文献》，档案出版社 1988 年版，第 48—49 页。

⑤ 《毛泽东文集》第 7 卷，人民出版社 1999 年版，第 4 页。

1950 年 4 月，中央人民政府民族事务委员会副主席乌兰夫、刘格平对新疆少数民族宗教问题的意见认为："少数民族的宗教问题，是一个历史性、民族性的群众思想信仰问题"，提出"对少数民族宗教问题的态度应该十分慎审，切忌急躁。必须毫不动摇的坚持信教自由政策"。得到中央的肯定并及时转发了他们的《意见》。但在实际工作中，仍出现一些问题，引起中央领导和有关部门的注意。1952 年 9 月，中央批转甘肃定西地委执行民族政策的检查报告，要求西北、西南、中南每个有少数民族聚居或杂居地区的县委及地委都进行一次民族政策执行情况的检查，以后又扩大检查范围，全国大部分有关地区都进行了检查，中央先后收到此项检查的报告达 192 份，其中大区 8 份，省 46 份，专区 51 份，县 75 份，市 12 份。在此基础上，杨静仁奋战七天七夜起草了检查报告初稿，经李维汉审改，形成《关于党的民族政策执行情况的初步检查》。1953 年六七月间召开历时 28 天的第四次全国统战工作会议，民族政策执行情况的总结检查是重要内容之一。7 月 16 日，中央政治局会议上做了讨论，毛泽东提议把民族工作这个总结的题目改为《关于过去几年内党在少数民族中进行工作的主要经验总结》（以下简称《总结》）。毛泽东、刘少奇还肯定这个文件很好，讲清了一些思想问题和策略问题，对干部有帮助，是纲领又是策略。《总结》经全国统战工作会议通过后，又促使一些地方党委进一步对本地少数民族政策执行情况进行检查，并报告中央。这一文件经修改后于 1954 年 10 月 24 日批发各地，距第四次全国统战工作会议已一年零三个月，可以说集中了全党的智慧。少数民族地区在宗教问题上连续出现问题，客观实践要求对宗教问题必须有正确的认识，《总结》则从理论和实践的结合上做出了回答，明确概括和具体阐述了少数民族宗教的长期性、民族性和国际性等特点，强调"对少数民族的宗教必须采取十分谨慎和认真尊重的态度"，批评了"若干地方的若干同志，就是因为不了解上述的少数民族宗教的长期性、民族性、国际性，因而发生了急躁冒进的错误。这样做，不仅没有消灭或削弱宗教，反而使当地少数民族感觉到宗教情感受到压抑，因而更加巩固了宗教信仰"[①]。强调了认识宗教特性的重要性。现在许多论者把《总结》视为"宗教五性论"的起源或雏形。

---

① 《建国以来重要文献选编》第 5 册，中央文献出版社 1997 年版，第 677 页。

与对少数民族地区宗教问题和"外来"宗教问题的特征深入研究相伴，对中国传统宗教问题的特征也进行了深入研究。经过反封建的土地改革和民主改革，在向社会主义过渡时期，中共中央统战部副部长、国家民委副主任汪峰在1955年第三次全国宗教工作会议上做了关于汉族地区佛教工作的报告。报告在肯定新中国建立五年来在汉族地区佛教工作中"基本上执行了党的宗教信仰自由政策和积极慎重的工作方针"取得的成绩和进展同时，用更多的篇幅对佛教工作中主要存在的急躁冒进和放任自流的错误提出批评，强调"特别是急躁冒进的偏向，是比较普遍的一种倾向"，指出两种倾向的思想根源都是主观主义，即都从主观愿望出发而忽视了客观的实际情况，进而指出错误产生的主要原因在于，一是对宗教存在的长期性还不认识或认识不足，二是对于佛教的历史性、群众性、国际性、民族性还缺乏深刻的认识和体会，三是不了解党对宗教问题的基本政策是宗教信仰自由政策，而且这一政策是一直贯彻到宗教消亡为止的长期政策，并从理论和实际的结合上分别条分缕析地做了具体阐释，指出了"佛教工作的复杂性"，在这种深入分析中内涵了对宗教问题复杂性的思考。这也是笔者所见有关宗教问题的"五性"同时完整、明确出现的最早的权威文献，不过这里阐述的五性，一是主要指佛教，二是指长期性、历史性、群众性、国际性和民族性，与后来所概括的宗教五性所指不完全相同。还要指出的是，在谈宗教长期性时，这里说的是宗教"消亡"，而非前面所说的"消灭"，一字之差，涵义有天壤之别。

四　石破天惊：中国宗教"五性论"的提出和完善

在基本完成社会主义改造后，我国开始了全面建设社会主义的探索。早在1955年，毛泽东就提出了"以苏联为鉴戒"的问题，经过广泛深入调研，形成了以调动一切积极因素为主旨的《论十大关系》；党的八大正确分析和明确了国内主要矛盾的变化及集中力量解决这个矛盾的主要任务和大政方针；进而毛泽东系统地提出了如何处理人民内部矛盾的问题，基本思想就是要调动一切积极因素，团结一切可以团结的力量，尽可能地化消极因素为积极因素，为社会主义建设服务。在这一背景和形势下，1957年4月，李维汉在第八次全国统战工作会议的总结发言中，结合学习毛泽东《关于正确处理人民内部矛盾的问题》，系统地分析了几个直接同统战工作有关的社会矛盾。对宗教矛盾，在分析马克思主义宗教观和中国宗教的历史与现实情况后，提出宗教矛盾已经基本上成为人民内部信仰或者不信仰宗教的矛盾，信仰这种宗教或者信仰那种宗教的矛盾，信仰这个教派或者那个教派的矛盾。在宗教矛盾上处于主导地位的是非宗教徒。强调，"宗教界的情况极其复杂，我们对每一种宗教都应当详为了解，加以分析，不可简单对待。"指出宗教"有它的群众性和长期性。在我国，一部分宗教又带有民族性和国际性"。批评有些人"看不见宗教的群众性、民族性、国际性和它的长期性"。李维汉的讲话将"五性"覆盖整个宗教，范围比此前大为扩展，既超出少数民族地区的宗教，也不仅指佛教，而是在对每一种宗教了解、分析后的综合性概括。

对宗教"五性"的完整概括和系统表述则是在第十一次全国统战工作会议和第五次全国宗教工作会议上。这两个会议同时召开于 1958 年 12 月 18 日至次年 1 月 7 日，主导精神是在统战、民族、宗教工作上反对"左"倾思想。在讨论中，有的认为经过整风"反右"和改革宗教中的封建剥削压迫制度，宗教很快可以消灭了，可以不再认真宣传宗教信仰自由政策了；有的怀疑党提出的宗教具有五性是否正确等。针对这些问题，汪锋在会议结束的总结发言中把"关于宗教的五性问题"作为专题，进行了全面系统的阐述。首先解释了宗教五性的含义和由来，他说：什么是宗教五性呢？即长期性、民族性、国际性，还有群众性和复杂性。前几年有关负责同志讲过这个问题。正式文件见诸前面讲到的《总结》第二部分第六节，但该文件中只写了前面的三性。他还补充说，群众性与民族性是一个，复杂性是总的概念，文件中没有写，并说明类似的意思在有关天主教、基督教和汉族佛教的文件中也提到过（笔者注：此说客观公允，实事求是，前文已有分析）。针对有人怀疑五性的提法对不对、是否束缚干部的手脚的问题，汪锋指出，宗教五性是按照历史唯物主义观点研究宗教问题得出的结论。在对五性分别做了分析后，他指出，宗教五性的提法是正确的，在今天也是适用的。从道理上讲，五性是客观事实，不能不承认；从实际工作上讲，可以防止和克服行政命令或强迫禁止的办法去对待宗教信仰问题的偏向。在外地的李维汉评价说：汪锋同志对党的民族、宗教政策作了全面辩护，我表示感谢（有的文章称李维汉在第五次全国宗教工作会议上正式提出五性，是不确切的）。

但是持续三年的"大跃进"运动仍使宗教受到很大冲击，不少宗教活动场所的铜铁用具被"动员""献出"成为大炼钢铁的原料。在对国民经济和社会政治关系的全面调整中，为贯彻宗教政策、调整宗教关系，对宗教五性的认识也在深化。1960 年 2 月召开了第六次全国宗教工作会议，中共中央统战部副部长张执一在总结发言中分析了当时宗教工作的形势，专门阐述了宗教具有的"五性"，即群众性、长期性、民族性、复杂性、国际性，强调要做好信教群众的工作，正确理解和贯彻执行宗教政策。

中央最上层则对宗教方面的一些"左"的错误进行了更加权威地批评和纠正。1959 年 10 月 3 日，毛泽东在与北京大学任继愈教授谈话时说："我们过去都是搞无神论、搞革命的，没有顾得上这个问题。宗教问题很重要，要开展研究。"在他的建议下，中科院设立了世界宗教研究所，创办了《世界宗教研究》刊物。1960 年秋，班禅向中央反映了西藏平叛改革工作后期发生一些"左"的错误，引起中央高度重视，一方面到西藏深入调查和解决工作中的偏差，一方面具体做好班禅工作。1961 年 1 月 23 日下午，毛泽东、刘少奇、周恩来、陈云、邓小平等中央领导人接见班禅。在同班禅的谈话中，毛泽东称赞班禅敢于讲真话的好作风，并对他提出的一些好意见给予了肯定和鼓励，强调"要纠正'左'的偏向"。毛泽东还说，我赞成有些共产主义者研究各种宗教的经典，"因为这是个群众问题，群众有那么多人信教，我们要做群众工作，我们却不懂得宗教，只红不专，是不行的"。① 在随后制定并下发各省、市、自治区党委的《中共中央关于西藏工作方针的指示》中，强调"对待宗教问题更要慎重，更加不能性急"，指出："要知道西藏人民广泛信仰喇嘛教的情况，在相当长的时期内是不可能根本改变的；同时，西藏的宗教在国外也有着不少的影响，如果我们在这个问题上处理得不适当，不仅会脱离一部分群众，而且不利于在国际上同帝国主义和反动派进行斗争。因此，必须长期坚持宗教信仰自由政策，同时把群众的注意力吸引到彻底完成民主革命和发展生产上来。"并提出了相应的具体措施，而文件的贯彻落实使 1961—1965 年被称为西藏的第一个黄金时代。上述分析实际上包含了对宗教的群众性、民族性、国际性、长期性和复杂性的把握和运用。针对"左"的思想倾向，1961 年 9 月李维汉在新疆干部会议上的讲话中，在理论与实践的结合上系统地总

---

① 《毛泽东西藏工作文选》，中央文献出版社、中国藏学出版社 2001 年版，第 216 页。

结了新中国成立以来民族工作的经验，阐述了一系列相关重大原则问题。在论述必须坚持党的宗教信仰自由政策时，首先就以宗教问题的群众性、民族性、国际性立论，强调宗教问题是一个重大的政策问题，必须采取十分严肃和谨慎的态度，绝不可忽视。① 这篇讲话送中央审阅时，得到周恩来的赞同。次年 5 月，李维汉在民族工作会议上的讲话中强调，宗教问题成为群众性、民族性和国际性问题，不能简单地看成宗教职业者的问题。1962 年 6 月，中共中央批转的《关于民族工作会议的报告》中，把忽视宗教问题的民族性、群众性和由此而来的长期性和复杂性作为这几年民族工作中四个主要的缺点、错误和问题之一，报告指出了群众正常宗教活动受到不少干涉和限制、保留寺庙太少、宗教职业人员留得太少等违反党的宗教政策的五个方面的问题，提出了解决宗教问题的 11 条具体规定。中央批示指出：宗教问题，是一个具有广泛群众性的问题，在许多少数民族中，宗教问题同民族问题密切联系在一起，必须长期坚持宗教信仰自由政策。应该按照群众宗教生活的实际需要和意见，处理少数民族宗教上存在的问题，让群众的宗教活动恢复正常。需要强调的是，批示还特别指出："对于汉族人民信仰的宗教中存在的问题，也应当参照这个精神加以处理。"②

这一阶段，高层领导尽管提出并多次重申宗教五性思想，但是，由于工作全局犯了忽视国情、超越阶段的"左"的错误，宗教工作自然也不能幸免，宗教"五性论"等正确的理论及政策没能广泛宣传和贯彻执行。由反右斗争的扩大化发展到阶级斗争扩大化，再到"文化大革命"，在"以阶级斗争为纲"的思想指导下，在"与传统观念彻底决裂"的口号下，在强调意识形态上唯物主义与唯心主义对立的时候，导致了对马列主义宗教观及其中国化成果的曲解和践踏，把马克思主义宗教观的丰富内容片面归结为宗教鸦片论、宗教迷信论、宗教残余论、宗教反动论等，将作为意识形态的宗教与作为人民群众一部分的宗教信仰者混为一谈，把宗教信仰问题混同于政治问题，将人民内部矛盾扩大为敌我矛盾，宗教"五性论"的主要提出者李维汉也遭到批判，并被撤销中央统战部部长、全国人大副委员长、全国政协副主席职务，统战、民族、宗教工作部门被戴上"执行投

---

① 详见李维汉《统一战线问题和民族问题》，人民出版社 1982 年版，第 611 页。
② 《建国以来重要文献选编》第 15 册，中央文献出版社 1997 年版，第 502 页。

降主义、修正主义路线"的帽子，宗教事业与各行各业一样遭到严重破坏。

五 百炼成钢：宗教五性论的丰富和发展

"沧海横流，方显出英雄本色。"在党和国家拨乱反正、工作重点转移和平反冤假错案中，经过正反两方面的实践检验，"宗教五性论"彰显其科学理论的价值和力量。1979年3月，中央批准为统战、民族、宗教工作部门摘掉"执行投降主义、修正主义路线"的帽子，并着手对新中国成立以来的宗教工作进行系统总结。1980年12月19日，刚刚昭雪恢复名誉的李维汉在中央统战部部务会议的书面发言中概括了对宗教问题的基本理论观点和政策观点，重提"宗教有五性：群众性、民族性、国际性、复杂性，长期性"。并提出，"宗教不是科学，但宗教问题要当做一门科学来研究"①。中共中央总书记胡耀邦直接主持指导了对宗教工作的系统总结，形成了《关于我国社会主义时期宗教问题的基本观点和基本政策》这一在宗教领域具有里程碑意义的纲领性文件（以下简称19号文件）。文件重申和阐发了党曾经提出并被实践证明是正确的有关宗教问题的基本观点和基本政策，文件虽然没有直接表述五性，但包含了宗教"五性"思想，指出："解放以后，经过社会经济制度的深刻改造和宗教制度的重大变革，我国宗教的状况已经起了根本的变化，宗教问题上的矛盾已经主要是属于人民内部的矛盾；但是宗教问题仍将在一定范围内长期存在，有一定的群众性，在许多地方同民族问题交织在一起，还受到某些阶级斗争和国际复杂因素的影响"，"宗教问题具有一定的复杂性"。19号文件的制发和贯彻，实现了宗教工作指导思想的拨乱反正，标志着马克思主义宗教观中国化经过曲折反复而趋于体系化。随着对19号文件的学习、宣传和贯彻的发展，对宗教五性论的研究也在深化和发展。如1984年，中央统战部研究室主任黄铸就学习贯彻19号文件的讲课中就从论述"我国的宗教'五性'"开始，表达了对宗教五性论的基础理论意义的重视。②

东欧剧变、苏联解体、冷战结束后，世界战略格局发生深刻变化，苏

---

① 李维汉：《回忆与研究》，中共党史资料出版社1986年版，第884—885页。
② 黄铸：《新时期统战民族宗教问题论文集》，黑龙江人民出版社1991年版，第288页。

美两极对峙时代被压抑、掩盖的民族、宗教问题释放出来，引发的纠纷愈演愈烈，世界上许多政治家为此苦苦思索而不得其解。中国一方面保持总体稳定与外部形成鲜明对比，另一方面在改革开放、体制转轨、社会转型、社会分化加速中，宗教方面也出现若干新情况新问题。国际国内诸多因素在促使党政学研各方加强对宗教问题和宗教工作的深层次探索中，也深化了宗教五性论的再认识、再研究、再阐释和再宣传。1989 年，中央统战部原副部长江平在《世界宗教研究》第 3 期发表的《关于宗教五性的来历及其现实意义》，从理论与实际、历史与现实、经验与教训的结合上集中论述了宗教的群众性、民族性、长期性、国际性和复杂性等五性，以后在其主编的《中国民族问题的理论与实践》一书中用专节阐述了"宗教的五性"。两文都对宗教五性给予高度评价并赋予新的涵义：一是宗教五性理论的提出是针对少数民族地区的，但其基本特点具有普遍适用性；二是经过正反两方面的实践，证明宗教五性的理论是完全正确的；三是 1982 年 19 号文件和 1992 年 6 号文件是宗教五性理论的丰富、发展和深化；四是正确理解宗教五性十分重要，要加强宗教五性论的宣传和教育。"宗教五性论"也得到宗教界人士的深刻认同，中国佛教协会会长赵朴初在 1991 年 7 月庆祝建党 70 周年座谈会上发言说，"五性论科学地揭示了宗教团体和宗教活动作为一种社会实体的基本特征，是中国共产党对马列主义宗教问题理论的重要贡献。五性论深刻地阐明了正确处理宗教问题，做好宗教工作的重要性。五性论告诉我们，决不可简单、轻率、急躁地对待宗教问题，要坚持慎重稳进的方针。五性论还揭示了我国宗教客观存在的某些优势，善于运用这些优势，可以通过宗教工作做好群众工作、民族工作、国际工作"。

在 1991 年 12 月全国教工作会议上，江泽民、李鹏讲话中都以宗教的五性为线索结合宗教方面的新情况新问题，要求全党和各级政府充分认识宗教工作的重要性，进而提出了相关政策。1992 年 5 月，中共中央办公厅转发的中央统战部《九十年代统一战线部门工作纲要》中明确指出，"我国宗教具有群众性、复杂性、国际性、长期性，在一些少数民族中还具有民族性"。宗教五性论首次被载入中央文件。1993 年 11 月，中共中央统战部长王兆国在全国统战工作会议上的讲话中阐述了各个领域统战工作的政策思想和原则，讲到宗教工作时，开宗明义提出："我国宗教具有群众性、民族性、国际性、复杂性、长期性。"确立了其政策基础理论地位。1996

年，国务院宗教事务局局长叶小文连续发表两篇文章对"宗教五性"作了诠释，根据现实情况丰富了宗教五性的理论涵义和社会价值，并把"讲宗教，要分析五性"列为政府宗教工作部门分析和处理宗教问题的五个基本思路的第一个，在理论与实践、观点与工作的结合上推进了二者的"无缝对接"。

世纪之交，在全球化进程加速、中国扩大开放和深化改革、社会日益多样化中，宗教问题对世界政治生活的深刻影响及其特殊复杂性更加引起中央领导人的高度重视，并着力探索和把握宗教活动的规律，进而制定做好宗教工作的政策措施。在这种大背景大形势下，江泽民在 2000 年 12 月全国统战工作会议上的讲话中，在论述宗教问题时第一句就是："宗教问题具有长期性、复杂性、群众性、民族性、国际性等特点。"① 标志着宗教五性论不但得到中共中央核心领导的赞同，而且成为执政党现实宗教工作政策的基础性的理论依据。而在次年 12 月新中国成立以来第一次以党中央、国务院名义召开的全国宗教工作会议上，江泽民更从历史到现实，从国际到国内，从理论到政策，对新世纪的宗教问题、宗教政策、宗教工作等做出了新阐述和新概括。首先阐明："宗教问题从来不是孤立存在的，它总是同政治、经济、文化、民族等方面历史和现实的矛盾相交错，具有特殊复杂性。"进而指出，从历史和现实的角度看，观察世界的宗教问题，必须把握住其三个主要特点。"第一个特点是：宗教的存在有着深刻的社会历史根源，宗教将会长期存在并发生作用"；"第二个特点是：宗教与一定的经济、政治、文化问题交织在一起，对社会发展和稳定产生重大影响"；"第三个特点是：宗教常常与现实的国际斗争和冲突相交织，是国际关系和世界政治中的一个重要因素"。并强调，"宗教的这三个特点，是相互联系、相辅相成的，其中最根本的是宗教存在的长期性"。在对世界的宗教问题三个特点一般分析的基础上，江泽民进一步阐释了中国社会主义初级阶段宗教存在的长期性、宗教问题的特殊复杂性，以及缘于宗教的群众性、民族性、国际性等而来的宗教工作的重要性②。

这里需要提及的是，当时江泽民讲话全文没有公开发表，有的把三个特点简称为"三性"，于是产生了"宗教五性"和"宗教三性"之争，敏

---

① 《江泽民文选》第三卷，人民出版社 2006 年版，第 150 页。
② 同上书，第 373—381 页。

感者甚至怀疑是否政策有变，于是官方作了解释说明。权威解释者对"三性"说法也有差异，有的概括为长期性、群众性、特殊的复杂性，有的则概括为长期性、群众性、国际性。《江泽民文选》的出版，可以使更多人直接从原文解读，从而知道实际上也是宗教五性论，只是采取了新的表述形式。如前所引，首先总括地指出了特殊复杂性，第一个特点则强调了长期性，第二个特点强调了群众性，第三个特点是把民族性与国际性联系起来论述的，而对每个特点的论述中，都含有复杂性，形成一种主从分明、互相照应、节点交叉的绵密网络结构。同时又对宗教五性论有重要创新：一是跳出宗教看宗教问题，把对宗教问题的认识与更广阔的时空联系起来；二是更加强调宗教问题的特殊复杂性；三是观察宗教问题的视野由中国宗教放眼世界宗教，隐含着宗教五性论对世界的适用性思想；四是也最重要的是把宗教诸性视为一个系统，首次对它们之间的内在联系进行了系统阐述，还把宗教存在的长期性作为"最根本"，从而开启了宗教五性论的理论跃升大门。总之，江泽民《论宗教问题》的讲话不但从内涵还是外延、从内容还是形式、从深度还是广度上都丰富和发展了宗教五性论，标志马克思主义宗教观中国化的重要成果——宗教五性论发展到一个新境界。

2003 年，国家宗教事务局组织研究讨论反复修改形成而在《求是》杂志上发表的《社会主义的宗教论》，把宗教三性与宗教工作四句话对接起来，提出："'根本是长期性'，所以要'积极引导宗教与社会主义社会相适应'；'关键是群众性'，所以要'全面正确地贯彻执行宗教信仰自由政策'；'特殊的复杂性'，所以要'依法加强对宗教事务的管理'，'坚持独立自主自办的原则'"，并将之作为社会主义的宗教论的基本理论架构。这种联系和构思颇具创意：一是立足政府宗教工作，在结构上把宗教问题"三性"作为立论的基础，将"三性"对接宗教工作"四句话"，在观点与政策、理论与方针的结合上直接对接，简明扼要，利于操作；二是把这个结合体作为宏大的社会主义的宗教论的基本理论架构，并将三性作为这个基本理论架构的基础，更加彰显宗教三性的基础地位和重要价值。

新世纪新阶段，着眼于国际格局的新变化和我国社会发展的新特点，立足坚持以人为本、推动科学发展、构建和谐社会、倡导世界和谐的大局，在对我国宗教的历史方位、社会作用和宗教工作等作出新的判断和论断中，宗教五性论得到进一步丰富和发展。2006 年 7 月，胡锦涛在第 20

次全国统战工作会议上，首次将"宗教关系"列为涉及党和国家工作全局的五个重大社会政治关系之一，针对如何以科学的、历史的观点看待宗教，提出四个"全面认识"，即全面认识宗教产生和存在的深刻历史根源、社会根源、心理根源，全面认识宗教在社会主义社会将长期存在的客观现实，全面认识宗教问题同政治、经济、文化、民族等方面因素相交织的复杂状况，全面认识宗教对相当一部分群众有较大影响的社会现象。会后下发的《中共中央关于巩固和壮大新世纪新阶段统一战线的意见》中明确指出，要"坚持和发展马克思主义宗教观，立足我国社会主义初级阶段的基本国情，以科学的、历史的观点看待宗教，充分认识宗教存在的长期性、宗教问题的群众性和特殊复杂性"。文件关于宗教"三性"的论述，与长期以来党关于宗教"五性"的提法是一脉相承的，同时又根据构建社会主义和谐社会的大目标，着眼于从正面的、积极的角度看待宗教，赋予更多积极的内容，为从更广阔的视野来审视和处理当代中国的宗教关系提出了崭新的课题。

六 探索无穷：对宗教五性论的再认识

1. 宗教五性论产生和发展于中国革命和建设的实践，其基本目的是要求共产党人注意对社会变革中在对待宗教问题上比较容易产生的错误倾向和行为的警惕。宗教五性思想火花产生在革命战争年代，缘于警惕大革命对旧的社会制度和生活方式的批判风暴中指向一般社会习俗宗教；在解放初期的持续探索，缘于警惕全国胜利、高歌猛进中某些同志对宗教问题的急躁冒进；在党的八大以后的理论升华和反复阐释，则缘于对"左"的错误倾向逐步发展的警惕和批判；新时期对宗教五性论的重申、丰富和发展，则缘于注重改革开放、市场经济和全球化等复杂因素对宗教问题的种种影响，特别是建设和谐社会的大目标更对从社会属性视角概括的宗教五性论的新的丰富和发展提供了理论上的紧迫要求和实践中的广阔天地。宗教五性论具有马克思主义实践的、开放的、发展的理论品格，既有助于破除对马克思主义宗教观的教条主义理解，又有助于随时代、形势、范围、关系等的变化而采取有区别、有侧重的阐释和发展。由于宗教的二重性，在战争年代和革命年代，可能更多强调抑弊，而在建设年代和建设和谐社会中，则更多强调扬长。不论如何阐释，其基本的倾向、特征、边界、存在是清晰明确的，如同水至柔而至强，至清而至要。

2. 宗教五性论作为马克思主义宗教观中国化的成果，它在理论形态上是以马克思主义宗教观为基础，而在文化特性上则根植于中国历史传统与现实的土壤。其表达方式简要鲜明，概括凝练，具有中国的思想特征和民族气质，体现了民族精神、民族传统的一种内在的延续和发展；同时其理论宗旨指向明确，兼容广泛，具有跨时空的认知价值和普遍意义。这一理论系统既有概括性又有实用性，既有包容性又有开放性，既有反思性又有超越性，既有稳定性又有发展性，体现了大音希声、要而不繁的对社会发展规律的敏锐洞察和能动把握，是马克思主义宗教观在认识论、方法论和表现形式方面的创造性发展。

3. 宗教五性论是基于对宗教本质把握的科学命题。诚然，凡意识形态大体都有五性而非宗教独有，但如宗教一样长久、广泛、集中表现此五性的可能没有第二个。宗教的本质问题即"宗教是什么"的问题是宗教研究最基本的理论问题，古今中外界说多多，从认识论、方法论来讲，主要有以宗教信仰的对象（"神"）为中心、以宗教信仰主体（个人）为中心、以宗教信仰的环境（社会）为中心三种。在马克思主义宗教观中国化中，中国学者提出了宗教四要素说（宗教观念、宗教体验、宗教行为、宗教体制）、三层次说（核心层的宗教观念和宗教体验，中层的宗教行为和信仰活动，外层的宗教组织与制度）和二因素说（内在因素宗教意识和外在因素宗教形体）等。宗教五性论从社会历史系统和社会关系视角概括宗教，具有内涵小而外延大的特点。

长期性是从社会历史发展规律上概括的，就是指宗教存在的长期性，其中自然要包含宗教的本质、宗教起源和发展的根源、历史过程以及宗教的消亡等观点。认识宗教存在的长期性，就要克服把宗教作为不得不接受的客观现实来看待的被动消极态度，而应理解和尊重宗教存在的特殊性和差异性，看到宗教发展的阶段性和动态性，把握规律性，积极促进其适应性、建设性与和谐性，处理好宗教的超越性与现实性的关系问题，使宗教世俗化"有度"，宗教制度的变革"有据"。

群众性是从宗教信仰主体方面概括的，主要指宗教行为的群众性，其中必然包含宗教的社会作用、社会功能及其二重性等观点。宗教行为的群众性是宗教本质属性的主要反映和存在方式。如何认识宗教现象和处理宗教关系，从根本上说是一个如何对待群众的问题，既包括如何对待信教群众的问题，也包括如何对待非信教群众问题。经验证明，对具有群众性的宗教问题，尤其不能用夸大问题的严重性，来掩盖自己的错误和无能。

宗教是一种社会文化体系，民族性实际上是指宗教文化的民族性，其中必然内涵着宗教的社会文化体系论、形态论以及宗教与文化、政治、道德、艺术、科学、经济等的关系的观点，宗教行为、宗教体制、宗教组织和制度、宗教形体等外在因素鲜明体现在宗教文化的民族性上，并成为民族文化的重要内容。那种认为在汉族和有些少数民族中没有民族性的观点是值得商榷的，忽视或回避汉族以及包括汉族和各少数民族在内的中华民族文化的宗教因素是有失片面的。中华民族宗教文化的重要特征是非宗教与多元宗教共存、和睦相处、相互借鉴、共同发展，宗教具有种类多样化、信仰模式多样化等特点。中国主流文化的非宗教性和行政权力的非宗教性，从文化传统和国家体制两方面使宗教固有的排他性受到抑制，在坚持自生性的同时增加了包容性，也为中华各民族群众的宗教信仰自由提供了最基本的软硬条件。振兴中华民族，在全球化时代非正常的同质化中离不开对包括中国宗教文化在内的中华民族精神的继承和弘扬。

国际性是从国际社会政治关系方面概括的，主要指宗教问题、宗教传播、宗教行为、宗教观念、宗教影响等宗教表现超出一国范围，对国际关系产生一定影响。一切宗教都深深植根于现实社会之中，宗教表现的国际性在信息网络时代、全球化进程加速和国际格局变动中愈加突出。宗教表现的国际性，要求以世界的眼光从世界时空范围来观察和研究宗教问题。信息借助网络的天涯咫尺既为世界各国各民族的文化和宗教提供了加强交流和对话的机会，又使他们因各自地位和获益的非对称而加剧排斥和对立。要自尊自信，以积极的态度来看待宗教表现的国际性，着力发挥好它的正功能。

复杂性是对宗教问题、宗教矛盾或宗教关系从总体上概括的，具有综合性。宗教问题的特殊复杂性，归根到底在于其赖以存在的人类社会的复杂性，应对这种复杂性，只有把握规律，把握重点，因教因时因地因人制宜。以宗教领袖为代表的宗教教职人员，是神学理论的创造者和传播者，宗教活动的主持者和组织者，宗教体制的领导者和监督者，在宗教信徒中具有神圣性，在宗教社会体系中居于核心地位。把握宗教自身规律，从人神中介这个关键环节入手，发展同宗教界人士的统一战线应是最佳选择。特殊复杂性具有很强的包容性和概括性，甚至其他四性都可以包括其中，但那样只会徒增理解的困难而不得不再条理分析，欲简而更繁。要注意宗教问题的特殊复杂性，但又不要走向神秘化，因为这是宗教的群众性、长期性属性所不允许的。试想，如果当年公开广泛宣传毛泽东、周恩来等有关宗教的论述和包括"宗教五性论"在内的党的宗教理论政策，把基本政策直接交给广大群众，还会有那么多摇摆和愚蠢吗？切记19号文件的告诫："对宗教问题，一定要采取如列宁所指出的'特别慎重'、'十分严谨'和'周密考虑'的态度。夸大问题的严重性和复杂性，张皇失措，是不对的；忽视实际问题的存在和复杂性，掉以轻心，听之任之，也是不对的。"

4. 在探讨党的宗教政策演进和发展中，在学习研究前述成果中，笔者深感宗教五性论在马克思主义宗教观中国化中的奠基性意义和价值，于是以宗教五性论为基础理论，提出了一个长期执政的中国共产党与长期存在的宗教的关系论框架，把宗教五性论与党的五项基本宗教政策联系起来，提出：充分认识宗教存在的长期性，积极引导宗教与社会主义社会相适应；正确看待宗教行为的群众性，依法管理宗教事务；深刻理解宗教文化的民族性，尊重和保护宗教信仰自由；冷静应对宗教表现的国际性，坚持独立自主自办；全面把握宗教问题的复杂性，巩固和发展党同宗教界的统一战线。这一构架既坚持了党的宗教五性论的基本观点的连续性、稳定性，又增加新的时代内涵，使观点与政策、理论与实践、思路与对策密切结合起来。① 共产党人实行尊重和保护宗教信仰自由政策，是因为其有值得尊重的因素，是为了更好地发挥其在现实社会的积极作用。面对21世纪全球化浪潮，要注重宗教的文化性特征和民族性根基，突破因宗教存在的长期性而不得不应对、因宗教属于思想领域的特殊性而不得不严谨、因

---

① 详见笔者2004年8月交稿、人民出版社2007年3月出版的《中国共产党的宗教政策》"第八章 新课题：21世纪的中国共产党与宗教"。关于党的五项宗教政策权威表述有，1998年，中共中央统战部《邓小平新时期统一战线理论学习纲要》中，把党的宗教政策归纳为全面正确地贯彻宗教信仰自由政策，依法加强对宗教事务的管理，坚持独立自主、自办教会的方针，巩固和扩大党同爱国宗教界的统一战线，积极引导宗教与社会主义社会相适应等五个方面；2000年12月，江泽民在全国统战工作会议上把党的宗教工作方针表述为"巩固和发展我们党同宗教界的爱国统一战线，全面贯彻执行党的宗教政策，保障公民宗教信仰自由，依法管理宗教事务，积极引导宗教与社会主义社会相适应"。2002年11月，党的十六大报告在"巩固和发展最广泛的爱国统一战线"项中指出，"全面贯彻党的宗教信仰自由政策，依法管理宗教事务，积极引导宗教与社会主义社会相适应，坚持独立自主自办的原则"，以党的最权威的形式确立了党的五大宗教政策及其在党的政策体系的重要地位。

宗教有大量的群众基础而不得不重视、因宗教表现的国际性而不得不慎重、因宗教问题的复杂性而不得不周密等"不得已而为之"的被动心态，而以一种更为积极的理念、求实的态度和广阔的胸怀，全面完整准确地贯彻党的宗教政策。

5. 站在世界历史的高度，置身全球化时代背景，宗教"五性"特征更为明显，具有普遍适用性。立足于各种宗教的社会特征认识和对待宗教，是唯物史观在宗教问题上的科学运用，具有极其重要的理论意义和现实意义。一方面为各种宗教及教派正确认识自己、正确认识其他宗教和正确认识外部世界提供了客观、坚实、公正的平台和基点，既可以有效消除社会现实存在的宗教与外部社会之间、各宗教之间、各宗教教派之间因在深层次的基本教义、神学思想、心理体验、礼仪活动等方面的诸多差异而在社会层面产生疑虑、对立、紧张乃至冲突，又有利于其自觉发扬适应社会进步的积极因素，主动消除不适应社会进步的消极因素，推动自身的和谐发展；另一方面，也为以唯物史观为指导的共产党人正确认识和对待宗教这一客观存在提供了认识基点、基本范式和理论基础，求各信仰主体赖以安生之物质基础、社会环境、生理需求等之同，存各信仰主体自身得以存在之信仰对象、思维方式、感情体验等之异，既可以有效避免主张无神论的共产党与将有神论系统化的宗教因在信仰对象、意识形式和宇宙观等方面的对立而在现实社会实践中产生冲突，又为制定符合本国国情、宗教特性的宗教政策和宗教事务管理法规及其贯彻落实提供科学的思想指导，从而使相关各方在社会上和睦进步、政治上团结合作、信仰上互相尊重成为可能，共同推进社会、世界的和谐、进步与协调发展。

综之，宗教五性论来自于中国共产党人运用马克思主义对中国宗教的实事求是的长期体察和反复锤炼，在中国革命和建设的曲折道路中经历了正反两方面经验教训的实践检验；既是其认识和处理中国宗教问题的立足点和出发点，也是制定宗教政策的基本依据和政策支点。基于宗教五性论的科学概括和正确认识在社会实践中的不断深化和发展，党和政府有关宗教的理论政策也在实践中不断丰富、完善和发展，逐步形成广泛共识，深入人心，成为正确认识和解决中国宗教问题、促进宗教关系和谐的一大思想理论基础，展示了马克思主义宗教观中国化的魅力和价值。宗教五性论既是马克思主义宗教观中国化的标志性成果，也作为中国化马克思主义宗教观——中国特色社会主义的宗教观丰富和发展了马克思主义宗教观。宗教五性论还包含了当代宗教的共同性和多样性发展趋势，将随着时代的发展而不断丰富和发展，我们可以预计，在未来发展中对它的理论价值和实践意义的认同感将不断增加，并影响世界。

[原载《马克思主义宗教观研究（2011）》，
社会科学文献出版社 2013 年版]

《资本论》在马克思主义宗教观
发展史上的地位①

陈荣富

怎样评价《资本论》在马克思主义宗教观发展史上的地位，是马克思主义宗教观研究中的一个重大问题。它关乎如何全面地、准确地理解马克思主义宗教观及其理论体系。学界通常认为，《资本论》及其手稿是经济学著作，该书对宗教的论述只是把资本主义的某些经济现象同宗教作类比和诠释，以便既揭露和批判资本主义的剥削本质，又揭露和批判宗教为剥削制度服务的本质，或者只是为了给其他社会知识领域取得的成果做说明，使之具体化和变得更加引人注目。正由于此，学术界对《资本论》及其手稿对宗教的论述没有引起足够的重视。事实上，《资本论》及其手稿中对宗教的论述是马克思凭借几十年研究的新成果，站在新的学术平台上，对他的宗教观所作的新的精辟阐述，几乎涉及关于宗教的所有基本问题：宗教研究的科学方法、宗教的功能、资本主义与宗教、宗教世俗化、宗教消亡的途径等，在这些问题上马克思都有新的见解，或者是对以往观点的修正或深化，或者是对以往观点的补充和丰富，或者是根据新的研究成果提出崭新的观点把马克思主义宗教观建立在扎实的经济学、哲学论证以及历史分析的坚实基础之上，使马克思主义宗教观进一步发展和完善。

一　对宗教研究方法的新概括

关于宗教研究的方法，马克思有过许多表述，这些表述反映了不同时期马克思对宗教的认识水平

---

①　作者陈荣富，浙江工商大学教授。

　　马克思主义宗教观就是历史唯物主义宗教观，在马克思主义发展史上，政治经济学的研究对历史唯物主义的形成和发展有着不可替代的作用和意义，因而对马克思主义宗教观的形成同样有着不可替代的作用和意义。1843 年前马克思、恩格斯的宗教观从整体上仍然停留在唯心主义的水平上，他们片面夸大宗教的作用，有时甚至把宗教当作和解释成一切罪恶的社会现象的终极原因。《德法年鉴》时期，马克思认识到宗教异化的根源是"非神圣形象的自我异化"，但是他所理解的"非神圣形象的自我异化"只是政治和法律，于是马克思从对宗教的批判转向对法的批判，从对神学的批判转向对政治的批判，提出要"向德国制度开火！"① 但无论是法的批判、政治的批判，都停留在对上层建筑领域的批判，显然，这种观点并没有达到历史唯物主义。从 1843 年秋天起，马克思认识到必须通过政治经济学的研究去解剖市民社会，揭示人类社会发展的客观规律，在《1844 年经济学哲学手稿》中，马克思把哲学研究和经济学研究结合起来，形成了历史唯物主义和历史唯物主义宗教观的雏形。在《德意志意识形态》中，马克思、恩格斯完成了宗教观的第一次飞跃：创立了历史唯物主义和历史唯物主义宗教观。但是《德意志意识形态》所阐述的历史唯物主义在一定程度上仍是哲学思辨的产物。因为当时马克思对经济学的研究刚刚开始，对资本主义社会经济形态的具体解剖尚未进行。恩格斯对经济学的研究虽然早于马克思，但并不深入。恩格斯在 1888 年回顾他和马克思于 1845—1846 年合著的《德意志意识形态》时坦率地承认："其中关于费尔巴哈的一章没有写完。已写好的部分是阐述唯物主义历史观的；这种阐述只是表明当时我们在经济史方面的知识还多么不够。"② 所以，列宁认为在《资本论》以前，历史唯物主义还只是一种科学假说。当马克思运用历史唯物主义具体深入地解剖资本主义的经济关系，揭示了资本主义社会的运动规律之后，历史唯物主义就由科学假说变成了严谨的科学，马克思主义宗教观也随之趋于完善。

　　在《资本论》中，马克思集几十年研究宗教的心得，站在成熟的历史唯物主义历史观的高度，对宗教研究的科学方法作了精辟的总结：

---

① 《马克思恩格斯选集》第 4 卷，人民出版社 1995 年版，第 4 页。
② 同上书，第 212 页。

　　工艺学揭示出人对自然的能动关系，人的生活的直接生产过程，从而人的社会生活关系和由此产生的精神观念的直接生产过程。甚至所有抽象掉这个物质基础的宗教史，都是非批判的。事实上，通过分析找出宗教幻象的世俗核心，比反过来从当时的现实生活关系中引出它的天国形式要容易得多。后面这种方法是唯一的唯物主义的方法，因而也是唯一科学的方法。[①]

　　同马克思此前关于宗教研究方法的论述相比，这里的论述显然更深刻，更具经济学和历史哲学研究的基础。

　　首先，马克思对宗教研究科学方法的新归纳是建立在对劳动发展史的研究基础之上的。

　　马克思认为劳动是人类历史的起点，也是人类社会存在和发展的基础，还是人类获得自由的根本途径。劳动发展史是理解全部人类历史的钥匙。但是，劳动发展史从一定意义上可以归结为生产工具的发展史。马克思把生产工具发展史称为"社会人的生产器官的形成史，即工艺史"，认为社会人的生产器官的形成史也就是每一个特殊社会组织的物质基础的形成史，因为生产工具是"人类劳动力发展的测量器"，[②] 它标示着各个时代的实践水平和生产力发展的水平，标刻着人类征服自然，支配自然的能力。因此，生产工具"更能显示一个社会生产时代的具有决定意义的特征"。[③] 手推磨产生的是封建主为首的社会，蒸汽磨产生的是工业资本家为首的社会。生产力的发展总是从生产工具的变革开始的，总是首先表现为"工艺革命"，由生产力的革命引起和实现生产关系的革命，进而引起包括宗教在内的意识形态的变更。马克思通过对人类社会发展史和劳动发展史的研究，通过对工业革命以来资本主义生产力的巨大发展以及由此引起的意识形态变革的研究，在宗教观上得出了一个重要结论：所有抽象掉这个物质基础的宗教史都是非批判的。

　　其次，马克思对宗教研究的科学方法所作的新的归纳是马克思主义宗教观的升华。

---

　　① 《马克思恩格斯全集》第 44 卷，人民出版社 2001 年版，第 429 页。
　　② 同上书，第 210 页。
　　③ 同上。

马克思在《关于费尔巴哈的提纲》中，在评述费尔巴哈宗教研究方法的局艰限性时指出："世俗的基础使自己和自己本身分离，并使自己转入云霄，成为一个独立王国，这一事实，只能用这个世俗基础的自我分裂和自我矛盾来说明。"① 所谓世俗基础的自我分裂和自我矛盾就是指社会的阶级分裂和阶级矛盾，可见马克思此时把宗教产生的根源主要归结于阶级根源。经过近四十年严谨的科学研究之后，马克思在《资本论》中对宗教研究的方法作了上述新的表述。这两种表述的意义是不同的，前者是马克思为自己拟定的研究提纲，后者则是给自己研究的成果作一个总结或新的归纳；前者写于马克思主义宗教观的萌芽时期，后者写于马克思主义宗教观的成熟时期。

在《资本论》中，马克思把研究宗教的方法概括为两种：即通过分析找出宗教幻象的世俗核心和从当时的现实生活关系中引出它的天国形式。前者是包括费尔巴哈在内的马克思主义以前的无神论者的研究方法，后者是马克思主义的方法，是真正唯物主义的唯一科学的方法。前者虽然强调"宗教人造说"，但是他们不懂得真正的世俗基础就是物质生活资料的生产方式。因此，他们在"分析"的时候总是从抽象的人性、人的本质出发，或者认为宗教源于人的好奇心，或者认为宗教源于人的恐惧感和神秘感，或者认为宗教源于人的爱的情感，或者认为宗教是"牧师和暴君"利用民众的愚昧无知编造出来的。这种"分析"和"归结"方法，不能揭示宗教的真正本质、根源和社会功能，而且隐藏着一种把宗教看作精神毒品，或基于人性的永恒存在的危险。马克思的方法把宗教现象视为一定的现实生活关系的反映，把宗教观念视为符合历史规律的文化现象，把社会经济关系作为考察包括宗教在内的各种精神生产形式的出发点和基础，这样就能够揭示宗教产生的真实机制，揭示宗教发展的真正动力和功能，以及宗教在历史上的暂时性。

马克思在《资本论》及其手稿中论述了究竟应当怎样研究包括宗教在内的精神生产和物质生产之间的关系，他写道要研究精神生产和物质生产之间的联系，首先必须把这种物质生产本身不是当作一般范畴来考察，而是从一定的历史的形式来考察。例如，与资本主义生产方式相适应的精神

---

① 《马克思恩格斯全集》第 3 卷，人民出版社 1960 年版，第 4 页。

生产，就和与中世纪生产方式相适应的精神生产不同。如果物质生产本身不从它的特殊的历史的形式来看，那就不可能理解与它相适应的精神生产的特征以及这两种生产的相互作用。

如果把物质生产当作一般范畴来考察，那就无法弄清各个不同时代的宗教信仰何以互相区别。而且，物质生产是人类永恒的生活条件，如果从"生产一般"出发，就会导致宗教永恒论，正如资产阶级经济学家从"生产一般"出发是为了论证"资本是一种一般的、永存的自然关系"一样。①物质生产的特殊历史形式决定了宗教信仰的时代特征，正是各个民族特殊的生活条件决定了各个民族不同的宗教信仰特征，它铸造了每一个民族的魂。各民族的差异，主要是文化上的差异，而最早的文化差异又主要是宗教信仰上的差异，这种差异归根到底又源于各民族生活条件的差异。当然，文化背景一旦形成，它就成为一种先在的因素同物质生活条件相互作用，共同影响着各个民族生活的各个方面。

怎样理解马克思认为宗教研究的第二种方法是"唯一科学的方法"，关系到对马克思主义宗教观的理解和评价，因此有必要弄清楚。我认为，关键是要弄清方法论的层次性。方法论是一个内容非常丰富的系统，按照方法的普遍性程度和适用范围，可以把方法论划为三大基本层次，即个别方法论、特殊方法论和一般方法论。个别方法论指某一门具体科学研究中的具体方法，只适用于本学科范围，例如社会学研究的人口普查法；经济学研究中的投入—产出方法等。这是方法论体系中的最低层次。特殊方法论指从某一领域的许多学科中总结概括出来的，对该领域中的这些学科都普遍适用的方法，如观察方法、实验方法、模型方法、教学方法、比较方法、系统方法等。特殊方法论具有跨学科性质，实质上研究的是客观世界的某种一般联系，因此适用范围比较广泛，属方法论系统的中间层次。一般方法论属方法论系统的最高层次，指最普遍、适用范围最广的哲学方法论。它普遍适用于所有领域的所有学科，因而其抽象概括程度最高。研究者在进行任何学科的研究中，在使用第一、二层次的研究方法时，无一不受到他们自己的哲学世界观和方法论的支配或指导。爱因斯坦曾经指出："如果把哲学理解为在最普遍和最广泛的形式中对知识的追求，那末，显

---

① 《马克思恩格斯选集》第 2 卷，人民出版社 1995 年版，第 3 页。

然，哲学就可以被认为是全部科学研究之母。"① 这三个层次的方法论各有其作用，不能互相取代，同时又互相影响、互相作用。马克思所说的研究宗教的"唯一科学的方法"，显然是从哲学层面上讲的，它并没有否定其他层次方法的必要性、有效性和科学性。如果从哲学层面上讲，"从当时的现实生活关系中引出它的天国形式"是历史唯物主义的研究方法，相对于从精神领域分析宗教根源的历史唯心主义方法，它当然是惟一科学的方法。如果这样理解，马克思的提法是可以成立的。

二　对基督教与商品经济发展的关系的论述

马克思在《资本论》及其准备著作中对基督教与商品经济发展的关系的论述是运用研究宗教的这一科学方法的典范

马克思指出：古亚细亚和古希腊罗马信奉的古代宗教之所以灭亡，是由于商品生产的发展逐步代替古亚细亚和古希腊罗马的生产方式。在"古亚细亚的，古希腊罗马的生产方式下，产品转化为商品。从而人作为商品生产者而存在的现象，处于从属地位。但是共同体越是走向没落阶段，这种现象就越是重要"。② 古希腊是欧洲文化的源头，地处欧、亚两州交界的爱琴海地区，岛屿众多，商品贸易发达。希腊人在向文明过渡中，不是把土地作为自己的基础，建立以血缘为纽带的地域性国家，而是把城市作为自己的基础，建立了城邦国家，瓦解和消灭了原始公社和氏族制度，创造了崭新的、以私有财产为基础的社会。③ 在这种推动力的作用下，古希腊的商品交换迅速发展，并产生了货币。商品交换和货币的发展，使私有财产的存在成为社会普遍承认的存在形式。形成了新兴的进步阶级——工商业奴隶主。奥林帕斯教是希腊整个古典时期一直占统治地位的宗教，是多数城邦共同的宗教信仰。但是，伴随着商品交换和货币的发展以及工商奴隶主的崛起，希腊的宗教信仰也悄悄地发生着变化。工商奴隶主和自由民不喜欢奥林帕斯天神的高高在上，也不喜欢德尔斐神谕的冷漠说教，他们需要一种比奥林帕斯教和民间宗教更加贴近社会现实，更能满足他们发展

① 《爱因斯坦文集》第 1 卷，商务印书馆 1977 年版，第 519 页。
② 《马克思恩格斯全集》第 44 卷，人民出版社 2001 年版，第 97 页。
③ 《马克思恩格斯选集》第 4 卷，人民出版社 1995 年版，第 177 页。

自由贸易和创造力的崇拜对象。于是，他们在狄奥尼索斯崇拜中找到了挣脱正统宗教精神枷锁的场合。"同奥林帕斯教相比，狄奥尼索斯教的崇拜是自由的"①，它很快成为各城邦尊奉的宗教，并且深刻地影响了希腊哲学，包括苏格拉底、柏拉图和普罗提诺的哲学，为不久以后新兴的基督教提供了哲学理论根据。

基督教的诞生虽以希腊化运动和犹太传统为历史背景，但它不是两者的混合，而是两者的结晶。作为一种新的世界性宗教，它超越了两种文化传统而有了新的重要内容，这就是基督信仰。罗马大帝国建立后，商品贸易进一步发展，统一的罗马大帝国的建立、统一的市场的逐步发展需要有共同的价值观和宗教信仰。罗马皇帝曾经企图建立一种以罗马皇帝为最高神的宗教，"这就清楚地表明了有以一种世界宗教来充实世界帝国的需要"，②但是并非任何一种宗教都可以成为世界宗教，新的世界宗教也不是用皇帝的一道敕令就能创造出来的。宗教有它自身发展的规律，"新的世界宗教，即基督教，已经从普遍化了的东方神学，特别是犹太神学同庸俗化了的希腊哲学，特别是斯多亚派哲学的混合中悄悄地产生了"，③ 它为统一的市场和统一的罗马帝国提供了共同的价值观和宗教信仰。基督教之所以能在众多的民族宗教和国家宗教的竞争中脱颖而出，成为世界宗教，根本原因在于基督教本身的素质，它是随着古代商品生产代替古亚细亚和古希腊罗马的生产方式而发展起来的崇拜抽象神灵的一神教，用恩格斯的话说，基督教"是适应时势的宗教"。④ 适应什么时势？最重要的是基督教吸取古希腊的自由精神，适应了罗马帝国商品贸易发展的需要。马克思指出："在商品生产者的社会里，一般的社会生产关系是这样的：生产者把他们的产品当作商品，从而当作价值来看待，而且通过这种物的形式，把他们的私人劳动当作等同的人类劳动来互相发生关系，对于这种社会来说，崇拜抽象人的基督教……是最适当的宗教形式"，⑤ 这是马克思从哲学——经济学相结合的层面上，对基督教和"商品生产者社会"关系的最

---

① 王晓朝：《希腊宗教概念》，上海人民出版社 1997 年版，第 201 页。
② 《马克思恩格斯选集》第 4 卷，人民出版社 1995 年版，第 255 页。
③ 同上。
④ 同上。
⑤ 《马克思恩格斯全集》第 44 卷，人民出版社 2001 年版，第 97 页。

集中、最概括、最本质的论述。基督教崇拜的上帝是长期的抽象过程的产物，是以前的许多部落神和民族神集中起来的精华，它所反映的人，是许多现实的人的精华，是一个抽象的人，这种崇拜抽象人的基督教同商品生产者社会把人类劳动作为抽象劳动来交换的原则是一致的。正如在上帝面前人人平等一样，在一般等价物——货币面前人人平等，在市场形成的价值尺度面前人人平等，崇拜基督教的上帝，在某种意义上就是崇拜商品经济的基本规律——价值规律。所以恩格斯指出：基督教"毫无差别地对待一切民族，它本身就成了第一个可行的世界宗教"。[①]

马克斯·韦伯在《宗教社会学》等著作中，更加具体地阐述基督教同发展商品经济的关系，其观点在一定意义上可以说是对马克思上述论断的进一步阐释。韦伯指出：基督教特具理性的发展从一开始就是"以一种手艺人的宗教为特征"，[②]其教主是位半农村的工匠，其第一代传道人是些四处闯荡的学徒，其最早的社团绝大多数在城市。英国宗教学家弗格森指出："在许多细节上，现代学术已经充分证明了韦伯关于早期基督教和城市手艺人之间的亲和性的精辟洞见……这一阶层——受过良好的教育，举止城市化——力求用希腊术语表达全新的拯救希望"，[③]基督教的产生和发展在很大程度上借着城市手艺人和商人的拥护，他们的生活方式和经济生活同基督教信仰具有亲和性。首先，由于市场的不稳定性，使城市手艺人和商人无法掌握自己的命运，他们渴望秩序和保护，"具有朝向理性的伦理宗教的明确倾向"。[④]其次，"他们的生活也把他们更直接、更贴近地引入商品的新社会现实"，[⑤]基督教的上帝是宇宙的创造者，而不是律法的颁布者，他从"无"中创造了整个世界，给手艺人以创造天赋，使他们从"无"中不断创造出商品和价值。他们不靠纳贡，不靠继承权力，不靠丰厚的俸禄，而只依靠自己的创造和出售产品维持生活，他们的产品只有被消费，才能获得交换价值。因此，对他们来说，消费的愿望比他们的任何简单身体性和自然性的欲望更深一层，他们渴望灵性重新与自身的合一，

---

① 《马克思恩格斯全集》第 19 卷，人民出版社 1963 年版，第 334 页。
② ［德］马克斯·韦伯：《宗教社会学》，伦敦 1965 年版，第 95 页。
③ ［英］弗格森：《幸福的终结》，中国人民大学出版社 2003 年版，第 76 页。
④ ［德］马克斯·韦伯：《宗教社会学》，伦敦 1965 年版，第 97 页。
⑤ ［英］弗格森：《幸福的终结》，中国人民大学 2003 年版，第 98 页。

渴望重新发现他们失落于客体世界的内心。第三，"基督教是一种消费的宗教"，①对于商人和手工业者来说，商品是典型的终极价值之源，基督教在消费终极价值的应许中实现了社会的公正，"基督教是人与上帝之间的中保，作为宇宙本源，他代表上帝已创造的一切事物，而作为救赎者，他代表人所能消费的一切事物"。②

在漫长的中世纪，基督教一直是占统治地位的意识形态，是维护封建统治的精神工具，但是另一方面，基督教也促进了中世纪商品交换的发展，并且成为新兴的资产阶级反封建的"宗教外衣"，促进了资本主义制度的确立。

在中世纪初期，我们在天主教和东正教中还可以看到基督教以前的思维方式的残余，表现为保存那些人们在交易中已经摒弃的"宗教圣物"，固守某些陈旧的"宗教原则"而不为金钱所动摇。但是，商品经济的发展，使货币越来越成为一般等价物。"凭借货币"可以"得到人心所渴望的一切东西"，③ 这样，货币就"一跃而成为商品世界中的统治者和上帝"。"货币代表商品的天上的存在，而商品代表货币的人间的存在"，④ 这使基督教会也卷入对货币的追求中，基督教的古代教会是禁止收取利息的，中世纪信贷经济的产生使贯彻利息禁令产生困难，罗马教皇适应社会的需要，在 1543 年教会新法典中，认可了合法的利息要求，并最终取消了利息禁令，推动了货币经济的发展，教会"用赚到的钱创造了神奇的文艺复兴罗马"。⑤ 所以，马克思说："中世纪的罗马教会本身就是货币的主要推崇者。"⑥

在中世纪末，基督教成为新生资产阶级利益的意识形态外衣，先是路德的宗教改革，后是加尔文的宗教改革，为资本主义的发展提供了强大的精神动力。马克斯·韦伯是当代西方有影响的社会学家，也是现代文化比较研究的先驱人物，他一生致力于从世界文明比较的角度，去探讨世界诸主要民族的精神文化气质与该民族的社会经济发展之间的内在关系。韦伯

---

① 同上书，第 99 页。
② ［英］弗格森：《幸福的终结》，中国人民大学 2003 年版，第 146 页。
③ 《马克思恩格斯全集》第 46 卷下册，人民出版社 1980 年版，第 171 页。
④ ［德］席林：《天主教经济伦理》，中国人民大学出版社 2003 年版，第 57 页。
⑤ 《马克思恩格斯全集》46 卷上册，人民出版社 1979 年版，第 358 页。
⑥ 《马克思格斯全集》第 44 卷，人民出版社 2001 年版，第 97 页。

因提出新教伦理与"资本主义精神"而名噪一时，他从经济生活的表象入手。论述了为什么新教伦理诱导出了西方的经济理性主义，造就了资本主义精神，促进了现代资本主义的发展。但人们忽视了，早在韦伯的书出版前几十年，马克思、恩格斯就肯定了新教对资本主义发展的推动作用。如果说，韦伯是从经济生活的表象入手发现新教伦理与资本主义精神的关系，那么，马克思和恩格斯则以其深邃的思维，从经济学—哲学的高度，揭示了新教与资本主义商品经济的内在联系。

马克思的深刻性在于，他从哲学和经济学相结合的高度，揭示了对抽象的货币的信仰和对崇拜抽象人的基督教的信仰之间的关系，马克思在论述马丁·路德的"信仰使人得救"的经济学意义时指出："货币主义本质上是天主教的，信用主义本质上是基督教……。作为纸币，商品的货币存在只是一种社会存在。信仰使人得救。这是对作为商品内在精神的货币价值的信仰，对生产方式及其预定秩序的信仰，对只是作为自行增殖的资本的人格化的生产当事人个人的信仰。"[①]《新约全书·马可福音》宣称"信仰使人得救"，只要信仰作为抽象人的耶稣基督，就可以获救，它同对万能的货币的信仰，对资本主义生产方式及其秩序的信仰是一致的。所以，马克思早在1867年出版的《资本论》中，就从哲学与经济学相结合的高度，揭示了基督教，特别是新教对现代资本主义发展的作用，他说："对于这种社会（指商品社会——引者）来说，崇拜抽象人的基督教，特别是资本主义发展阶段的基督教，如新教、自然神教等，是最适当的宗教形式。"[②]

虽然我们尚没有材料证明马克斯·韦伯的论著是受了马克思上述论述的影响，但是从思想史的角度而言，可以说韦伯的学说是创造性地论证和发挥了马克思和恩格斯提出而来不及完成的事业。马克思曾强调："从当时的现实生活关系中引出它的王国形式"，"是唯一科学的方法"。[③]在《资本论》及其手稿中我们可以看到马克思常常把资本主义经济现象同基督教类比，正是这种科学方法的体现，这种类比既有社会批判和宗教批判的一面，也有肯定基督教适应与促进商品经济发展和资本主义确立的正面价值

---

① 《马克思恩格斯全集》第25卷，人民出版社1974年版，第669—670页。
② 《马克思恩格斯全集》第44卷，人民出版社2001年版，第97页。
③ 同上书，第429页（注89）。

的一面。

三 对"商品拜物教"和"货币拜物教"的分析

马克思在《资本论》及其手稿中对商品拜物教和货币拜物教的论述是运用这种科学方法的又一生动体现，它是马克思主义政治经济学的重要内容，也是马克思主义宗教观的重要内容。

马克思揭示了商品拜物教和货币拜物教的形成机制和特征。所谓商品拜物教，就是在商品生产的社会中，人们把本是劳动产品的商品视为神秘的、超感觉的、人们无法驾驭的独立存在的力量，以为正是这种神秘的力量在不断变动的市场价格的背后操纵着人们的命运，使一些人发财，使另外一些人破产，人们唯有听其摆布。从而盲目地拜倒在这种社会异己力量面前，就像原始人膜拜自然神一样。

马克思认为，商品的神秘性来源于商品的价值形式。劳动产品一旦采取商品的价值形式，生产者之间人与人的社会关系就颠倒为物与物关系的虚幻形式。

人们不知道价值的实体是劳动，而把它幻想成商品"天然的社会属性"，从而把"人手的产物"幻想为一种神秘的、超感觉的、异己的力量，人们受它的控制而无法驾驭它，这就产生了商品拜物教。

随着商品流通的发展，货币成为"财富的随时可用的绝对社会形式"，① 具有神奇的魔力。一切东西，不论是不是商品（例如人格、肉体并非商品）都可以转化为货币，一切东西都可以买卖。谁有了货币，谁就可以成为他想要的一切东西的主人，甚至可以使灵魂升天。货币既是财富本身，又是财富的一般物质代表。似乎货币天生就具有成为一切人类劳动的直接化身的魔力。因此，货币就成为商品世界中的统治者和上帝，成为人们崇拜和疯狂追求的对象，所以货币拜物教是商品拜物教发展的必然结果。

马克思认为商品拜物教和货币拜物教是商品生产的生产关系所特有的现象。在劳动的原始形式中，在自给自足的自然经济中，在未来社会的自

---

① 《马克思恩格斯全集》第 44 卷，人民出版社 2001 年版，第 90 页。

由人的联合体即共产主义社会中，劳动产品都不是作为商品来生产的，因此不存在商品货币拜物教。但是，"劳动产品一旦作为商品来生产，就带上拜物教性质，因此拜物教是同商品生产分不开的"。① 又指出："一切已经有商品生产和货币流通的社会形式，都有这种颠倒"，② 这就是说，商品拜物教不仅存在于资本主义市场经济中，也存在于社会主义市场经济中。商品拜物教源于"市场经济一般"而不是源于"市场经济特殊"，只要实行市场经济，就必然要产生商品拜物教和货币拜物教，它们是商品货币经济关系的必然反映。马克思科学劳动价值论的发现虽然可以揭穿这种拜物教，但是对拜物教的理论把握，仍然不能消除引起这种拜物教意识的客观存在本身，从而也就不能消除人们心中的拜物教观念。认识这一点很重要，它有助于我们正确认识社会主义市场经济，正确认识社会主义市场经济条件下的商品拜物教和货币拜物教，正确认识社会主义市场经济条件下宗教存在的根源。

马克思把拜物教同宗教信仰作比喻，这不同于一般的外在形式上的比喻，而是揭示了两者的内在联系：其一，商品拜物教和货币拜物教充满超越性，它本身具有宗教信仰的基本特征，或者说它本身就是一种特殊的现代宗教信仰观念，它把人的劳动产品对象化为超感觉的、异己的力量，使人们拜倒在它的面前，所以，马克思把商品货币拜物教称为"日常生活中的宗教"。③ 其二，商品拜物教和货币拜物教同崇拜抽象人的基督教有某种适应性。货币的极端抽象性的特点，使它成为"有形的神明"，至少可以成为连接世俗世界和天国的中间环节。其三，商品货币拜物教是现代社会宗教继续存在的重要社会根源。宗教存在的最主要的社会根源是异己的自然力量和异己的社会力量的压迫。商品货币拜物教以及资本的统治就是这种异己的社会力量，它是现代社会产生宗教观念的现实的"世俗"机制。

马克思认为，应当用历史观和价值观统一的方法论正确评价商品货币拜物教。

《资本论》一方面站在价值观和道德伦理的立场上批判货币拜物教。指出，货币拜物教使货币成为"有形的神明"，它可以使一切人的和自然

---

① 同上书，第 92 页。
② 《马克思恩格斯全集》第 46 卷，人民出版社 2003 年版，第 936 页。
③ 《马克思恩格斯全集》第 46 卷，人民出版社 2003 年版，第 940 页。

的性质混淆和颠倒，货币的"神力"可以把坚贞变成背叛，把爱变成恨，把恨变成爱，把德行变成恶行，把恶行变成德行，把奴隶变成主人，把主人变成奴隶，把愚蠢变成明智，把明智变成愚蠢。正因为货币有这种神力，才使人们为追求货币而不择手段。

但是，马克思并没有停留在以人为本位的道德伦理评价上，他不以伦理价值评判取代科学研究，反对把历史科学道德化，他从科学的历史观上肯定了商品拜物教和货币拜物教的进步意义。

首先，商品拜物教和货币拜物教比原始拜物教进步。原始拜物教把物神视为人类各种福祉灾祸的来源，把自己的全部安危和幸福都寄托在自己守护神的圣像里，因此，原始拜物教徒的欲望是一种"粗野欲望"。商品货币拜物教崇拜的是人们自己的创造物，是对作为商品内在精神的货币价值的信仰，也是对物化的生产关系的信仰，人们相信货币能使自己得救。

其次，商品货币拜物教的发展促进了人类社会由自给自足的自然经济向社会化的商品经济的转化，促进了人类社会由人的依赖关系向物的依赖关系转化。从历史科学角度看，这是社会的巨大进步。马克思说："毫无疑问，这种物的联系比单个人之间没有联系要好，或者比只是以自然血缘关系和统治服从关系为基础的地方性联系要好。"① 商品货币关系扫除了自然经济和封建社会造成的"门第观念"、"等级观念"、"身份观念"、"资历观念"等，代之以平等、自由观念，这不能说不是时代的进步。

次外，商品拜物教和货币拜物教刺激起无止境的"致富欲望"，极大地促进了生产力的发展。马克思指出，致富欲望是一定的社会发展的产物，而不是与历史产物相对立的自然产品。在自然经济中，生产的目的只是为了使用价值，为了奢侈品的消费，而不是为了生产价值，因此致富的欲望是有限的，不能形成"普遍的求金欲"，不能生产出"普遍的产业"，② 不能造成巨大的生产力。在发达的商品经济条件下，"货币是商品中的上帝"，谁有了货币，谁就有了对世界的普遍支配权，这就使"致富欲望"成为"所有人的欲望，这种欲望创造了一般财富。……成了普遍勤劳的手段"。从而"打开了""真正的财富源泉"，③ 创造了巨大的生产力。资本的

---

① 《马克思恩格斯全集》第30卷，人民出版社1995年版，第111页。
② 同上书，第174—184页。
③ 同上书，第176页。

本性使资本所有者不同于"货币贮藏家"，他不断把货币重新投入流通，以获取更多的货币。所以正是对货币的疯狂追求，使资本创造文化，执行一定的历史的社会的职能，这样就形成了社会的普遍勤劳，驱使劳动生产力向前发展，[①] 正是在这个意义上，马克思一再肯定"资本的伟大文明作用"，[②] 同样，我们对商品拜物教和货币拜物教的社会功能也应作如是观，从价值观上批判商品拜物教和货币拜物教（拜金主义），并不能否定它们推动人身依附关系和自然经济解体的作用，也不能否定它们推动商品经济和生产力巨大的增长的作用。在社会主义市场经济条件下，同样存在商品拜物教和货币拜物教，存在普遍的求金欲，它一方面会侵蚀我们的干部，使他们成为金钱的奴隶和工具，也会驱使一些人不择手段，发财致富。另一方面，它也会造成社会的普遍勤劳，促进生产力发展。对于前者，我们要运用精神的手段、行政的手段和法律的手段加以防范，对于后者，要充分加以利用，继续深入改革，解放和发展生产力。同时，社会主义市场经济条件下的商品拜物教和货币拜物教同样是宗教信念的一种特殊形式，至少是世俗世界通向美好天国的中介，它也是社会主义社会仍然存在宗教信仰的重要社会根源。

四　对宗教消亡的哲学—经济学论证

马克思在《1844 年经济学哲学手稿》中曾从人的本质的肯定——人的本质的否定（异化）——人的本质的复归（异化的扬弃），论述了宗教的消亡问题。认为宗教异化的根源是私有制和异化劳动，共产主义是异化劳动和私有制的积极的扬弃，是人的本质在更高阶段的复归，是历史之谜的解答。因此，共产主义社会是无神论社会的光辉日出。这种论证包含着极为深刻的历史洞见，但带有浓烈的哲学思辨色彩。

在《德意志意识形态》中，马克思、恩格斯从已经形成的唯物主义历史观的高度，对宗教消亡的必然性和途径作了更深入的论证，但当时马克思恩格斯的经济学知识还很不够，其论证仍然主要是哲学论证，缺乏坚实的"社会生理的解剖学"——经济学的支撑。列宁曾经认为马克思主义经

----

① 同上。
② 同上书，第 390 页。

济学是马克思主义的主要内容，是马克思理论最全面、最深刻、最详细的证明和运用，因此，缺乏经济学支撑的论证不能说是完善的。

《资本论》及其手稿对唯物史观作了最详尽、最具体、最深刻的阐述，《资本论》中蕴涵的历史观的本质特征，是它具有内在的完整性、丰富性、成熟性和超前性。《资本论》决不是一部单纯的经济学著作，而是融历史唯物主义、政治经济学和科学社会主义于一身的宏篇巨著，是马克思主义完整世界观的综合阐述。因此，《资本论》及其手稿对宗教消亡的必然性和途径的论证是建立在整个马克思主义理论基础之上的，是马克思的共产主义理论的必然结论。

马克思在 1847 年以前，主要从哲学的层面上认识到宗教产生的原因主要：（1）异己的自然力量的压迫；（2）异己的社会力量的压迫；（3）人本身的局限性。因此，逻辑的结论必然是，要消灭宗教，就必须消灭宗教存在的上述根源。

在《资本论》中马克思从哲学—经济学层面上提出了宗教消亡的三个条件：（1）人和自然之间的关系极明白而合理；（2）人和人之间的关系极明白而合理；（3）人本身获得全面而自由的发展。恩格斯把赞同马克思的观点，把宗教消亡的条件概括为人"成为自然界的主人"、"社会结合的主人"和"自身的主人—自由的人"。《资本论》及手稿通过分析三大社会形态的发展，论述了人怎样成为自然的主人，社会的主人和自身的主人。

首先，马克思通过考察社会技术形态的发展，论述了人类社会必然要从农业社会经过工业社会发展为全面自动化社会即共产主义社会，成为自然的主人。社会技术形态是社会发展的最深刻的基础，它反映的是生产力，主要是生产工具的发展水平，是人使用什么生产工具同自然发生物质变换关系。在农业社会，人使用的是手工工具，即以人本身为工具，人是自然的奴隶；工业社会是使用大机器，即物化劳动占统治地位的社会，人已经从繁重的体力劳动中解放出来。（3）全面自动化社会，即人使用智能机或机器人使用机器人的时代，即共产主义社会。这时，人已经从直接生产劳动中解放出来，而主要从事全面发展自身的创造性劳动，异化劳动已经消失，劳动成为人的第一需要。①

---

① 马克思关于社会技术形态的划分，可以参见《马克思恩格斯全集》第 3 卷第 1 版第 73—74 页；《马克思恩格斯全集》第 2 版第 44 卷，第 207—216 页，第 427—443 页。

　　如果说在农业社会，人是自然的奴隶；在工业社会，人是自然的征服者，那么，在共产主义社会，人将是自然的主人，人和自然之间的关系将"极明白而合理"，①"社会化的人，联合起来的生产者，将合理地调节他们和自然之间的物质变换，把它置于他们的共同控制之下，而不让它作为一种盲目的力量来统治自己；靠消耗最小的力量，在最无愧于和最适合于他们的人类本性的条件下来进行这种物质变换"。② 这样，自然不再作为异己的力量统治人民，宗教存在的自然异己力量根源就会逐步消失。

　　社会交换形态是以交换方式为尺度对人类历史所作的划分。马克思认为，人类历史存在三种交换方式，由此形成三种社会交换形态：（1）自给自足的自然经济形态。这是"人和自然之间的交换，即以人的劳动换取自然的产品"的阶段。③（2）社会化的商品经济形态，这是"一切劳动产品、能力和活动进行私人交换"④ 的阶段。（3）社会化的产品经济状态。即"在共同占有和共同控制生产资料的基础上联合起来的个人所进行的自由交换"⑤ 阶段，也就是共产主义社会。

　　在共产主义社会，"每个人的自由发展是一切人的自由发展的条件"。⑥人们的能力和对象化活动不再使人相隔绝、相对立，而是相互创造、相互补充，彼此生产着对方和自己的存在与丰富性，人与人之间的关系同样变得"极明白而合理"。于是，商品货币拜物教成为历史，社会不再作为异己力量与人相对立。马克思指出：

　　　　只有当实际日常生活的关系，在人们面前表现为人与人之间和人与自然之间极明白而合理的关系的时候，现实世界的宗教反映才会消失。只有当社会生活过程即物质生产过程的形态，作为自由联合的人的产物，处于人的有意识有计划的控制之下的时候，它才会把自己的神秘的纱幕揭掉。⑦

①　《马克思恩格斯全集》第 44 卷，人民出版社 2001 年版，第 97 页。
②　《马克思恩格斯全集》第 46 卷，人民出版社 2003 年版，第 928—929 页。
③　《马克思恩格斯全集》第 3 卷，人民出版社 1960 年版，第 73 页。
④　《马克思恩格斯全集》第 30 卷，人民出版社 1995 年版，第 108 页。
⑤　同上书，109 页。
⑥　《马克思恩格斯选集》第 1 卷，人民出版社 1995 年版，第 294 页。
⑦　《马克思恩格斯全集》第 44 卷，人民出版社 2001 年版，第 97 页。

这样，产生宗教的自然异己力量和社会异己力量都已经消除，人不仅成为自然的主人，而且成为了社会的主人。

社会主体形态是指作为社会主体的人的发展状态，它是衡量和理解人类历史进步的关键和主体尺度。马克思认为，社会主体形态可以划分为"人的依赖"关系、（农业社会和自给自足的自然经济形态下人的发展状况）；"物的依赖"关系（工业社会和市场经济形态下人的发展状况），和"自由个性"（共产主义社会）三大发展阶段。传统形态的劳动具有谋生性、固定性、片面性、利益对抗性等特点；自由劳动是具有社会性、科学性和主体性的劳动，是完整的普遍的具有自主性的劳动。这是劳动本身的升华，是人对自身本质的真正占有。劳动作为人和自然之间的物质变换，仍然是社会存在和发展的基础，但自由劳动的本质在于：人和自然之间的物质变换已不再作为盲目的力量来统治自己，人也不是以主宰者的身份来任意地支配自然、掠夺自然，人既摆脱了自然异己力量的统治，又摆脱了社会异己力量的统治。人和自然、人和社会的矛盾得到了合理的解决。人的劳动成为自主活动即同物质生活一致的劳动，它不再是为了谋生的需要，也不是屈从于某一阶级的意志和政治权力的支配，而完全出于人们的兴趣爱好，出于人们发展自己多方面能力和自我实现的需要。这时，人的创造性活动的各种形式本质上都是完善自由个性，使自己获得全面发展的劳动，这种劳动已经成为人的第一需要。人无须像以往一样，通过把自己的本质异化为万能的神，然后通过神来克服个体能力的有限与渴望无限的矛盾，而是通过"类财富"，通过"自由人的联合体"来克服这个矛盾，神本是人对自身全面发展的理想化（即"想像的全面性"），而今，人已经在现实中成为全面发展的人，真正成了自身的主人，宗教的神自然就没有存在的土壤了。

这是一个漫长的充满矛盾的历史过程，在这个过程中宗教还有存在的深厚土壤，事实上关于宗教将在现代社会死亡或者消亡的预言，是社会学的老祖宗孔德提出来的，而不是马克思、恩格斯提出来的。

对于宗教的消亡问题，马克思、恩格斯则持更加谨慎的态度。阶级的消亡、共产主义的实现还不一定具备宗教消亡的条件。人永远无法主宰自己难免一死的命运，人和自然的矛盾，人与人之间的矛盾是永远存在的，要达到"极其明白而合理"是一个极其漫长的无限趋近的历史过程，很难设想有一个绝对的终点。

　　在这个漫长的历史过程中，宗教的根源并没有铲除，宗教仍将长期存在，宗教总的发展趋势是不断弱化，但在某些特殊的社会条件下，例如发生全球性的自然灾害、政治斗争的尖锐化乃至世界大战的发生，都可能诱发一次又一次的宗教复兴。这在马克思主义宗教观看来是很正常的，合乎历史发展的逻辑的。

［原载《马克思主义宗教观研究（2011）》，

社会科学文献出版社 2013 年版］

中国特色宗教社会作用"两重性"略论[①]

沈桂萍

中国特色宗教社会作用"两重性"论是中国特色社会主义宗教理论的组成部分，其主要内容是：宗教社会作用是宗教功能的动态表现，由于宗教自身的复杂性、社会条件（包括制度环境和主导宗教的社会力量）不同，宗教的社会作用也不同，具有积极或消极两重性。社会主义时期，宗教的社会作用仍然具有"两重性"，关键在引导。引导宗教发挥积极因素，抑制消极因素，与社会主义社会相适应，与社会文明进步相适应是宗教工作的重要任务。

中国共产党三代领导集体和以胡锦涛同志为总书记的党中央，以马克思主义宗教观为指导，结合中国国情、尤其是社会主义初级阶段中国宗教现状，提出了引导宗教发挥积极因素，抑制消极因素，积极引导宗教与社会主义社会相适应，促进宗教关系和谐的中国特色宗教社会作用"两重性"论。

"两重性"论的主要内容

概括而言，中国特色宗教社会作用"两重性"论的主要内容有以下几点：

不同社会条件下，宗教社会作用不同。宗教的社会作用是宗教功能在社会中的动态表现，宗教是在与一定社会的经济、政治、文化、民族等因素的互动中，对社会发展和稳定产生影响。宗教自身是很复杂的，作为一

[①] 作者沈桂萍，中央社会主义学院民族宗教教研室教授、主任。

种意识形态，宗教为社会提供一种认识世界的方式、一套评判社会行为的价值观念和道德体系；作为一种社会实体，宗教为社会提供一种组织社会的形式、一套调适和整合、凝聚社会的机制和体系。无论是作为道德教化的工具，还是社会整合的工具，宗教在具体发挥作用时，既可以成为推动社会稳定和谐、推动社会变革的积极力量，也可以成为导致分离族群、愚化民智、妨碍革新的消极力量。因此，由于宗教自身的复杂性，以及不同历史时期社会需求的不同，宗教的社会作用呈现出复杂的表现，具有积极与消极的"两重性"。

社会主义时期宗教的社会作用仍然具有"两重性"

第一，宗教在社会主义时期可以发挥积极作用。表现在两方面：一方面，社会主义时期宗教自身面貌总体上是健康的、积极的。广大信教群众（包括宗教界人士）是建设有中国特色社会主义社会的积极力量；宗教团体是党和政府联系信教群众的桥梁和纽带；宗教教义和宗教道德中的积极因素对鼓励广大信教群众追求良好的道德目标有积极作用。另一方面，社会主义社会为宗教发挥积极因素、抑制消极因素创造了有利条件。社会主义现代化建设的目标整体上符合包括信教群众在内的全体中国人的意志，为凝聚信教群众提供了条件，客观上为宗教发挥积极作用提供了社会环境。

第二，社会主义时期宗教社会作用具有消极性，这主要是由宗教自身的消极性特别是宗教的工具性功能衍生出来的。在 2001 年全国宗教工作会议上，江泽民用了较大篇幅论述了宗教作为工具或手段，被各种社会政治力量利用，产生不同社会影响的特点。他指出：从宗教产生之日起，各种政治势力就把宗教当作一种重要手段，或者以宗教的名义来推行自己的政治意图和战略，宗教往往成为社会各种势力争取和利用的对象，在当今世界上，宗教更是为各派政治和社会力量所加紧利用；宗教可以成为强大民族推行扩张的精神手段，也可以成为弱小民族反抗强权的精神旗帜，当狭隘民族主义与宗教极端主义相结合时，就有可能产生很大破坏力；国际敌对势力一直把民族宗教问题作为对社会主义国家、对他们不喜欢的国家进行遏制和颠覆的重要手段。

宗教发挥积极作用还是消极作用，关键在引导

在 2001 年全国宗教工作会议上，江泽民指出，在新世纪新阶段，我国的社会正处在深刻变革时期，社会结构和社会利益格局复杂变化，人们的思想观念日趋多样，一些人从宗教中寻求心理慰藉，宗教在部分群众生活中的影响有所增强；新世纪新阶段，境外利用宗教对我国进行的渗透不断加剧，这在一定程度上使我国宗教问题的复杂性突出起来；我国宗教社会作用的"两重性"也呈现出许多新特点和新情况，处理得好，就会对社会发展和稳定产生积极的作用，宗教的积极因素就会得到更大的发挥，处理得不好，就会产生消极作用，甚至会产生很大的破坏作用。宗教发挥积极作用或消极作用，关键在国家和社会对宗教的引导。

"两重性"论的时代价值

中国共产党人关于宗教社会作用"两重性"的认识，反映了执政党在宗教理论认识上的深化和发展，对于正确认识和处理宗教问题，具有重要的指导意义。

第一，拓宽了考察宗教现象的理论视野，具有方法论意义。宗教主要起积极作用还是消极作用？对这个问题的回答见仁见智。马克思主义认为，不要抽象地谈论宗教的本质和作用，因为"宗教本身既无本质也无王国……只有到宗教的每个发展阶段的现成物质世界中去寻找这个本质"。也就是说，必须了解宗教在特定社会环境中的精神追求、价值判断、道德标准和政治意向等方面，把握宗教适应特定社会的态度和方式，只有这样才能准确评估宗教的社会作用及影响。

第二，明确了宗教工作主要是引导宗教发挥积极因素。自从 2001 年全国宗教工作会议明确提出宗教有积极因素以后，宗教工作重心就越来越倾向于引导宗教发挥积极因素，抑制消极因素，服务经济发展和社会和谐。2006 年，中共十六届六中全会明确提出"发挥宗教在促进社会和谐方面的积极作用"。2007 年，党的十七大进一步提出"全面贯彻党的宗教工作基本方针，发挥宗教界人士和信教群众在促进经济社会发展中的积极作用"。胡锦涛总书记在 2007 年的中央政治局第二次集中学习时又强调指出：全面贯彻党的宗教工作基本方针，发挥宗教界人士和信教群众在促进经济社会发展中的积极作用是做好新形势下宗教工作的根本要求。

第三，有利于最大限度地团结信教群众。中国特色宗教社会作用"两重性"论的探索历程和主要内容表明，随着我国各宗教自身面貌变化和与社会的不断适应，我们党已从过去那种较多强调宗教的消极作用，转变为更多地着眼于宗教的积极面，着眼于如何最大限度地调动宗教界人士和信教群众的积极性，推动信教群众和不信教群众、信仰不同宗教群众和谐相处。这种对宗教的肯定性认识得到宗教界的高度赞誉，对团结信教群众共同建设中国特色社会主义社会有重大意义。

第四，为我们全面认识敌对势力利用宗教因素进行政治活动提供了依据。

宗教具有工具性功能，它在与政治、经济、文化等因素交织互动中发挥社会作用。国内外一些势力利用宗教因素进行的活动实质上是披着宗教外衣的政治活动。所谓敌对势力利用宗教因素进行政治活动，是指境内外团体、组织和个人利用宗教从事各种违反我国宪法、法律、法规和政策的活动。具体可以划分为两方面的情况：一是境内外敌对势力利用宗教作为渗透的工具，打着宗教旗号，企图颠覆我国政权和社会主义制度，破坏我国国家统一和民族团结的不法活动；二是境内外宗教团体或各种不同类型的宗教信仰者以违反中国法律、法规的手段，在中国广泛传教，进而企图控制我国的宗教团体和干涉我国的宗教事务。敌对势力利用宗教的目的不仅在于扩大某种宗教的影响，更在于在意识形态领域同我们争夺群众，从根本上动摇我们党的执政基础，本质上是政治活动，对此，我们应给予充分认识。

总之，社会主义时期宗教社会作用的"两重性"是客观存在的，必须客观地加以认识，积极地加以引导。正因为如此，党和政府把宗教工作目标确定为引导宗教发挥积极因素，抑制消极因素，使宗教成为社会和谐因素，使信众成为国家建设的积极力量，使宗教朝着符合时代发展和社会进步的方向健康发展。

［原载《马克思主义宗教观研究（2011）》，

社会科学文献出版社 2013 年版］

全面理解马克思主义宗教观及其中国化①

王 珍

马克思主义宗教观中国化是一个不断深化的过程

在中国，就理论传承脉络而言，一般认为，马克思主义宗教观由马克思、恩格斯创立，为列宁所发展，又为中国共产党人进一步丰富。狭义的马克思主义宗教观指马克思、恩格斯（有时也包括列宁）等马克思主义经典作家创立的关于宗教和宗教问题的科学认识和处理原则，广义的马克思主义宗教观包括了对它的继承和发展。它在俄国的列宁阶段，表现为列宁主义，上承马克思、恩格斯，下启中国共产党人，具有重要的历史地位，有时我们也称之为马克思列宁主义宗教观；它在中国表现为中国化的马克思主义宗教观。

时至今日，马克思主义宗教观的中国化历程大体上可以分为三个阶段：第一阶段是上世纪初至 1949 年新中国成立，这一时期是社会革命时期，国难当头，以救亡图存、夺取政权为目标；第二阶段是新中国成立初期至改革开放，这一时期可以称作社会革命向社会建设的过渡时期，虽已夺取政权，但围绕政权仍不时有激烈的阶级斗争；第三阶段是改革开放至今，真正进入社会建设时期。

以马克思主义为指导，中国共产党丰富和发展了马克思主义宗教观。1982 年中共中央印发的《关于我国社会主义时期宗教问题的基本观点和基本政策》，阐述了中国共产党人关于宗教问题的基本观点和基本政策，为

---

① 作者王珍，中央社会主义学院副教授。

新时期宗教工作的健康发展奠定了基础、指明了方向。它把马克思主义宗教观提高到了一个新水平，开启了中国特色社会主义宗教理论的新阶段。

然而，实践之树常青，马克思主义及其宗教观的中国化也是个不断深化的过程。当前马克思主义宗教观进一步中国化，既有民族关怀，更有世界关怀；既有家国情愫，更兼天下情愫。特别是当前全球化浪潮打破了每个民族单一独立的生活方式，正以其不可阻挡的力量席卷着世界上的一切国家和文化，撼动着世界的每个角落，把世界越来越紧密地联系为一个"地球村"。与此同时，中国正处于社会的深刻变动期。"经济体制深刻变革，社会结构深刻变动，利益格局深刻调整，思想观念深刻变化"，正经历着世界历史上规模最大的深刻的社会转型。在这一转型过程中，传统文化的脆弱、外来文化的强入、多元文化的竞锋，都为马克思主义的指导地位提出了新课题，也为马克思主义宗教观的进一步中国化提出了挑战。就马克思主义宗教观中国化而言，存在两个问题：一是对马克思主义宗教观自身的全面理解问题；二是对它的重要对象——宗教的全面理解问题。

马克思主义宗教观中国化要求全面理解马克思主义宗教观自身

我们应从三个方面谈马克思主义宗教观。马克思主义宗教观不是玄想的、抽象的理论，它是马克思主义的有机组成部分，不能离开马克思主义谈论马克思主义宗教观；它与实践一体，来源于实践并以实践为目的，也不能离开具体的实践谈论马克思主义宗教观；它服从、服务于中国共产党的目标任务。

首先，马克思主义宗教观是马克思主义的有机组成部分，不能与马克思主义相割裂。马克思主义宗教观的实质就是用马克思主义的立场、观点、方法观察宗教现象，处理宗教问题。马克思主义宗教观并不独立于马克思主义之外，它既体现出宗教观层面上的马克思主义，也体现出马克思主义指导下的宗教观。

马克思主义宗教观体现着马克思主义的理论、方法、内容和宗旨。从现实生活出发说明宗教可谓是马克思主义宗教观的总原则。马克思主义宗教观把宗教从虚幻的天国降到现实的人间，指出现实生活乃是基础，人的根本在于人本身，是人创造了神、创造了宗教，而不是相反。正如马克思所说："通过分析来寻找宗教幻象的世俗核心，比反过来从当时的现实生活关系中引出它的天国形式要容易得多。后面这种方法是唯一的唯物主义的方法，因而也是唯一科学的方法。"在此基础上，阐明了宗教的存在、本质，发展变化图景。

其一，在社会存在的决定作用中理解宗教的存在及其本质。马克思主义揭示了宗教意识形态虚幻的本质，受社会存在支配。人类社会归根结底受物质生产方式的支配，因此宗教的本质"应该用一向存在的生产和交往的方式来解释的……应该既不在'人的本质'中也不应该在上帝的宾词中去寻找这种本质，而只有到宗教的每个发展阶段的现成的物质世界中去寻找这种本质"。社会存在的决定作用，并不妨碍社会意识的反作用，宗教作为社会意识的一种形式，对社会存在的型塑不可低估。这种观点的意义在于它指出了"神圣"宗教的世俗根源，宗教为世俗世界戴上神圣的灵光圈，但世俗世界并不因此而神圣，世俗世界仍然是苦难的世界，人仍然是被奴役、被压迫的人。

其二，用社会的发展变化说明宗教的发展变化。宗教问题随着社会的变迁而变迁，随着社会问题的改变而改变，要用社会的发展说明宗教的发展。历史唯物主义认为，人类社会的发展受一定规律支配；宗教具有相对独立的发展规律，但这种规律服从于人类社会发展的一般规律。生产力和生产关系、经济基础和上层建筑之间的矛盾运动是社会发展和社会变革的动力。随着社会经济基础的变更，社会的上层建筑也或快或慢地发生变化。宗教作为上层建筑中意识形态的一种形式，它的存在和发展由经济基础决定并具有反作用。由于人民群众是社会历史的创造者，因此马克思主义宗教观的意义还在于把社会变动、宗教变动的最终力量归结为人自身，从而唤醒并揭示了人创造历史、创造社会、创造自身的主体意识。

其三，在工人阶级和人类解放的视域中理解宗教的演变。马克思主义是人的自我解放的学说，是无产阶级与人类解放的理论。无产阶级和人类解放、人的全面自由发展是马克思主义的归旨，是其特有的宏伟目标和价值取向，宗教只是人类自我发展、自我完善的一个历史性环节。因此马克思主义宗教观决不是停留于宗教，也不是仅仅限于宗教，而是通过分析宗教产生与存在的根源和基础，揭示宗教的本质与社会功能，确立起人类解放的路径、方法与目标，实现人的真正自由与全面解放。马克思主义的宗教批判也因此获得积极的意义。在马克思主义宗教观中，宗教是人的异化，是人的本质的丧失，只有异化的扬弃才意味着人的丰富和发展，意味着人的本质的真正实现。因此，对宗教的任何肯定，都意味着是历史性的，而决不是针对人最终的彻底解放而言的。在这样的目标和追求中，才能穿过宗教的历史和迷雾，给人以在现实根基上光明自由的未来。马克思主义对待宗教的方法、立场、观点，尤其是宗教演变的过程，只能从这样的理论高度和视野中才能得到全面准确的理解和把握。只有放在人的自由和解放的理论视域中，才能把握马克思主义宗教观真正的精神要义。

其次，马克思主义宗教观不能与实践相脱离。实践是马克思主义首要的、基本的特征，马克思主义经典作家看到了实践——这个永远立于不败之地的"理论审判官"，对宗教问题的最终解决、审视与批判诉诸于物质生活实践，从而引发了近代宗教批判运动的历史性转向和框架性革命。马克思主义宗教观把人从神那里解放出来，并指出了一条现实的道路，从而使人的全面自由解放成为可能。它确认了实践的力量，指出"自从在世俗家庭中发现了神圣家族的秘密之后，世俗家庭本身就应当在理论上受到批判，并在实践中受到革命改造"（《关于费尔巴哈的提纲》第四条）。人必须首先着手改变"世俗的"、现实的人及其社会关系，对产生宗教的现实进行批判，才能从狭隘的生存状态逐步走向全面自由发展的广阔天地。

实践总是包含着"时间、地域、人"三个因素。也就是说，实践总是具体的，它是特定的人在一定的时空中进行的活动。在中国现实语境下，是指马克思主义宗教观不是教条，不是对实践一劳永逸的总结，而是与时俱进的。它作为无产阶级及其政党理论的一部分，来源于鲜活的实践，在实践中形成；服务于实践，指导实践，在实践中得到逐步确证，并在实践中得到丰富和发展。

再次，马克思主义宗教观不能与共产党的目标任务相脱离。共产党坚持马克思主义，马克思主义最终指向人的自由全面发展——共产主义。共产党的最终目标是实现共产主义，但每个历史阶段，共产党也有具体的奋斗目标，即所谓长远目标和当前目标，或谓最高纲领和最低纲领。马克思主义宗教观是马克思主义的有机组成部分，始终服从、服务于共产党的总目标总任务，也服从、服务于各个不同历史时期的目标任务。例如，抗战时期，对宗教问题的处理服从、服务于最广泛的抗战联盟的形成；当前社会主义建设时期，要服从、服务于中国特色社会主义的建设。总之马克思主义对宗教的认识和宗教问题的处理，要始终服从、服务于党的目标和任务。

马克思主义宗教观中国化要求全面理解宗教

在中国，只有中国化的马克思主义宗教观才是具有生命力的。而马克思主义宗教观的进一步中国化，离不开对宗教的认识。马克思主义宗教观的进一步中国化将推进对宗教的认识，而对宗教的认识也将进一步推进马克思主义宗教观在中国的丰富和发展。对宗教这个传统资源的认识、吸收、利用，在中国当前形势下，体现着马克思主义宗教观的方法论基础，甚至价值取向。在如何理解"宗教"这个问题上，笔者认为，至少有三个方面的问题需要重视。

一是中西分开。中西有着很不相同的宗教传统。其中一个最大的不同，乃在于中国传统中的儒释道乃是人类（中国、古希腊、古印度）发生在公元前 5 世纪左右的那场文化大变革之后的传承，它反对了其前文化中人格化的至高者、主宰者，具有强烈的人文特征。它的最高表现乃是取消了至上者之后的平等、剔除了恐惧之后的安宁，例如儒家往往推崇无忧无惧的德行和智慧，佛教也推崇清凉无畏，明确提出"我本无神，无神所有"。然而，西方传统文化恰恰和人格化的至高无上的创始者、主宰者相连，它所拥有的智慧和德行几乎都是从畏惧、从对原罪的认识开始。

西方诸多思想家也注意到了中西宗教的不同。马克思主义及其宗教观是西方先进文化发展的必然结果，它一反西方宗教（尤其是基督教）传统，继承了科学人文理性的一脉。虽然有学者认为西方人文精神与宗教精神有通有融，但作为不同的思想派别，人文精神毕竟不同于宗教精神。马克思主义是启蒙运动的产儿。中世纪之后，西方近代宗教批判最力者莫过于法国启蒙思想家（尤其是百科全书派）、尼采、马克思等。事实上，总体而言，马克思对待宗教比前二者要温和理性得多，至少在唯物史观中，赋予了宗教以历史的客观性甚至进步性。他们都把矛头直指传统基督教则殆无异议，与此同时，却指出了基督教与中国（东方）宗教相区别。尼采在其著作《快乐的科学》中曾说："佛教是文明结束的宗教，基督教却尚未发现文明。"至于法国启蒙思想家，由于"孔子成了 18 世纪启蒙运动的守护神"，尤其是百科全书派，在对以基督教为典型的西方宗教的批判中，几乎无一不表现出对中国传统文化的肯定态度。就连当前如火如荼的欧美新无神论运动的领军人物道金斯也明确指出：犹太教和基督教大同小异，但"除非另有说明，我将主要论述基督教，但那只是因为我正好最熟悉基督教。……我将完全撇开其他宗教，如佛教或孔教。确实，有理由认为，这些体系根本就不是宗教，而只是有关生活的伦理体系或哲学而已"。另一位领军人物哈里斯在其著作《反基督》中也说："在我谴责基督教时，我确实希望不要伤害拥有更多信徒的相关宗教。"这种不同，在中国，清末以来梁启超、冯友兰、梁漱溟、章太炎等思想家已多有著说，此不再赘述。

当前，汉语把英文 religion 翻译为宗教，但我们的确应该重新审视它们之间的关系。西方对宗教的认识几乎是从 religion 开始，也终于 religion；中国有"宗教"，但它在多大程度上是"religion"，仍值得探讨。鉴于此，西方学者谈论宗教，说宗教好，我们大可不必往我们的宗教上贴金；说宗教坏，我们也不必拿着我们的传统宗教进行陪绑，和基督教的历史相绑定。中国有中国的文化积淀和境况。如果不假思索地以为西方的 religion 就是我们历史上的"宗教"，或者在马克思主义宗教观中国化的过程中，认为马克思视野中的 religion 就是中国传统中的宗教，不假思索地移植过来，在笔者看来，那几乎是不可饶恕的轻信和怠思。当然，笔者并不否认中西宗教的相似之处，但这是另一个层面的问题，它们之间的关系，仍值得研究。事实上，也只有了解差别才能更好地谈论共同性，因此笔者仍然认为，在理解马克思主义宗教观，进行马克思主义宗教观中国化，以及中国传统宗教文化现代化，西方先进文化中国化的过程中，在一些重要问题上把中西宗教分开讨论而不是抽象地讨论具有首要的意义。

二是欧美分开。近来一些学者在谈论宗教时，常常把欧美并谈，例如常有人说：宗教是欧美文明的支柱。欧美一些知识分子认为宗教在西方败坏了人的正常认知，于西方文明有害无益，这类观点暂且不论。这里要指出的是，欧美宗教诚然有同，但更有异。

在考察宗教的演变状况时，比起美国、欧洲、尤其是西欧、北欧，似乎更有资格构成一个完整的样本。基督宗教在欧洲有 2000 年的发展历史，从产生、发展，直至以后经过人文运动、启蒙运动等一系列演变风化，整个发展脉络也比较清楚。2000 年前，基督宗教诞生；之后约一千多年，在欧洲几乎居于绝对统治地位；约五百年前，欧洲人文运动展开，之后泛神论、自然神论等隐蔽的或羞答答的无神论者陆续出现；约两百年前，启蒙运动风起云涌，霍尔巴赫等公开的无神论者第一次出现；约 150 年前，施蒂纳、布·鲍威尔、马克思等英法德先进资本主义一批批公开的无神论者出现，并指出了基督宗教的终结；今天，BBC 报道，一项调查表明，宗教（religion）不久将在奥地利、芬兰、瑞士、澳大利亚、加拿大等 9 个国家和地区消失。

美国的情况却大有不同。基督教在当今欧洲日益衰落之时，在美国却表现出生命力。美国有两百多年的短暂历史，且是一个移民国家——如果一个事物历史过短，或外来因素过多，会影响其发展趋势或对其发展趋势的判断，这是毋庸置疑的事实。美国基督教一方面显示出欧洲基督教发展的余绪，另一方面在很多时候却表现出其移民所拥有的本民族先进文化的排头兵姿态。当前，美国虽有相当一批智慧卓越之士如道金斯、劳福特斯等人如同他们的一些欧洲前辈那样剑指基督教及其终结，但也有更多的学者或护教者反其道极力维护之。

三是古今分开。时间在单向度行进，具体的事物在特定的时空中都有一个演进变化的过程，宗教同样如此。中外宗教都有一个发生发展的历史阶段性问题。例如基督宗教在中世纪欧洲占统治地位，但文艺复兴、宗教改革之后，基督宗教的统治地位和影响渐小渐弱，而当今又是另一番景象。

由上可以看出，中西宗教、欧美宗教，在特定的历史阶段有不同的发展轨迹和表现形式，主要内容和社会作用方面也多有不同，不可一概而论，我们应尽量避免谈论宗教时把宗教泛化。尤其是，当前我国进行的以马克思主义为指导的社会主义新文化建设，是关涉到宗教文化在内的全方位建设，它理应汲取人类一切先进成果。但是，如何吸收它的积极成分，做到古为今用、外为中用，是当前必须面对的一项紧迫性工作。对宗教文化之间差异性的认识，是进行社会主义新文化建设的前提和基础。甚至可以说，缺少这一点，清醒的、积极稳妥的、有中国特色的社会主义文化建设将无从谈起。

（原载《中国民族报》2012 年 8 月 21 日）

与中国本土文化的关系：马克思主义和佛教的一种比较①

姚洪越

作为两个来自异域而又成功实现和中国本土文化融合、成功实现中国化的两大文化体系，马克思主义和佛教表现出适应、改造中国本土文化的强大能力。本文试图通过两者和中国本土文化冲突与融合过程的考察，得出促进全球化时代下马克思主义中国化发展的若干建议。

一　佛教与中国本土文化的历史考察

与佛教相对的中国本土文化主要是指儒道两家。在本文中，佛教与中国本土文化的关系，就是佛教与儒道两家的关系。佛教就这一问题的处理过程大致可以分为如下几个阶段：

第一，东汉三国时期。这一时期，为了在中国站住脚跟，更快地为中国人所理解和接受，佛教基本上采取了格义的方法，就是用儒道两家的词语、言说、道理来翻译、传播、发展佛理，甚至不惜改变佛经中的原意，以适应中土人士的思维、伦理观念。这一时期，佛教与中国本土文化冲突的同时，也出现了融合的态势，《牟子理惑论》成为三教合流的早期代表作。

第二，两晋南北朝时期。这一时期，佛教在中国具有了一定的社会基础。随着鸠摩罗什大师来华，中国僧众开始西行求法，僧肇、道生等一批佛教学者开始逐渐放弃格义佛教的方式，更多地突出佛教自身的教义和特点。佛教和儒家的冲突、特别是和道家的冲突逐渐展开，关于是否给皇帝

---

① 作者姚洪越，北京工商大学马克思主义学院副教授。

下跪（礼仪之争），关于是否有灵魂（神灭与神不灭之争），关于夷夏之争（白黑之争），关于《老子化胡经》的真伪，各种争论和斗争延绵不绝。佛教势力开始膨胀，佛教过度发展引起了政治、经济等方面的严重问题，出现了北魏太武帝、北周武帝灭佛事件。

第三，隋唐时期。隋唐时代，佛教逐渐进入了鼎盛时期，唐代八帝六次迎奉佛骨，声势浩大：佛教大德多次宫中讲经，贵为国师。上有统治者的大力提倡，中有文人学士的阐释弘扬，下有普通百姓的皈依信仰，寺院经济繁荣昌盛，传播方式丰富多彩，高僧辈出，大德如林，流派纷呈，激荡交融。佛教的发展引起了儒家的激烈反对，进而发展到唐武宗灭佛，佛教受到重大打击，佛教更加深入地走向山林，走入民间，走出国门，走向海外。

第四，宋明清时期。佛教在学术上的创建不再辉煌，佛教和中国本土文化大体上已经相互适应。一方面，佛教本身具有的思辨深刻、关怀远大、慈悲为怀等特点为中国文人学士、统治上层所接受，具有了稳定的合法性。另一方面，佛教在克服自己和儒道两家矛盾方面也逐渐成熟，儒家的忠孝观念深入佛教内部，等级观念、家族意识也在佛教内部有所映现。丛林寺庙解决了佛教僧侣不事产业、虚耗资财的弊端。为皇帝祈福，宣扬忠君报国以及抬高地藏等经，宣扬佛教的大孝，寺院内部等级制度的建立，寺院传承的家族化等都降低了佛教和中国本土文化的冲突。与此相对应，宋明理学也从佛教经典中汲取了大量的营养，深化了佛儒融合。到了清代，皇室对佛教极为推崇，对佛教的利用和限制更为成熟。

纵观长达两千余年的佛教与中国本土文化冲突和融合的发展历程，可以看出具有如下几个特点：

第一，冲突不断，融合为主，影响巨大，地位从属。佛教是一种和中国本土文化差异性很大的外来文化体系，从传入中国开始，就和儒家、道家发生持续的冲突：儒家礼仪要求的忠君孝亲与佛教辞亲离家、不拜君王之间的冲突：儒家强调的从事产业、发展经济与佛教不事生产、靠别人供养之间的经济冲突：佛教强调佛、菩萨甚至高僧地位与儒家维护统治者的神圣性之间的矛盾等。就最终结果而言，佛教都做出了或多或少的让步，不断调整自己的立场，向中国本土文化妥协，努力在不改变自身根本教义、不排斥儒家伦理的前提下融通二者。佛教对中国人的思维心理、生活日用、文化生活乃至政治经济的影响，总体上讲是出于从属地位的。以儒家为代表的中国本土文化始终是中国官方的正统学说，参加科举、求取功名始终是中国人心理的最高追求。

第二，区别对待，差异处理。对待作为官方正统意识形态的儒家，佛教更多强调的是佛儒同源，强调的是佛教戒律和儒家仁义的一致性，强调儒家学说为佛教的传播作出的重要的教育铺垫作用。而对于中国本土文化的另一支脉道家，佛教在吸收道家因素发展自己、推动佛道交融的同时，较多地采取了反击的态度，直到宋代以后三教合流逐渐成为主流，这种差异化处理仍然不时出现。这种区别对待、差异处理的做法，在很大程度上减少了佛教传播的阻力，最大限度地维护了佛教的地位。

第三，保持个性，延续传承。虽然佛教重视与中国本土文化的融合、贯通，突出佛教和中国本土文化特别是和儒家的相同之处，但佛教也注意保持自己的个性，维护自己的独特传承。佛教学者即使在论证佛儒同源，佛儒一致的同时，从不会忘记或明或暗地说自己比儒家的高明深刻之处，总是把自己放在一个高于儒道两家的地位来论述，总是坚持自己的独立性和超越性。"儒道九流，皆糠秕耳"[1]，即使到了三教合流之后，佛教依然坚持自身的优越地位："三教则诚一家也，一家之中，宁无长幼尊卑亲疏耶？佛明空劫以前，最长也，而儒、道言其近：佛者天中天、圣中圣，最尊，而儒、道位在凡：佛证一切众生本来自己，最亲也，而儒、道事乎外。是知理无二致，而深浅历然，深浅虽殊，而同归一理。"①

二　马克思主义与中国本土文化的历史考察

马克思主义在中国传播、发展之时，佛教已经成为内在于中国本土文化的一部分。此时的中国本土文化是包括儒释道的具有内在同一性的整体。马克思主义与中国本土文化的关系大致经过了四个时期。

第一，毛泽东时期。马克思主义作为官方意识形态，在处理自身与中国本土文化的关系中处于主动的、主导的一方。该时期马克思主义在对待中国本土文化上具有如下特点：首先，整体否认中国本土文化的科学性，基本上把中国本土文化同封建文化相等同，同中国的落后、愚昧、挨打相

---

①　福建莆田广化寺印行《莲池大师全集》，第 4094 页。

联系。其次，用中国本土文化的词语、例子来说明、论证和传播马克思主义。如毛泽东对实事求是的改造，用中国的词语典故来讲解、阐释革命道理；刘少奇引用孔孟儒家经典来论证共产党人修养等。再次，在基本否定中国本土文化的同时，认为"不应当割断历史"，应当总结、承继"这一份珍贵的遗产"[2]p.534。需要使马克思主义具有中国特色、中国作风和中国气派，承认从文化、文物等角度来保护中国本土文化的一些典籍、器物和建筑艺术。在该时期的晚期（文革时期），扭曲的马克思主义掀起了对中国本土文化的疯狂扫荡，给中国本土文化、中国文化带来了空前的灾难。

第二，邓小平时期。进入全面建设社会主义的新时期后，中国传统文化的因素开始逐渐凸显，从大学哲学院系、文学院系中对中国传统文化的研究逐渐升温，到小康社会的提出，再到提出要振兴民族精神、提升民族自尊心和自信心，都对中国本土文化的传播、研究提供了动力。伴随着全面落实宗教政策，佛教和道教得到保护和发展。伴随着对本土文化研究的深入，对外交流的增强，以及东亚文化圈内台湾地区、韩国和新加坡等的崛起，儒家文化也呈上升态势。同时，面临着打开国门后与发达国家之间巨大的差距，也由于西方国家的恶意干预、对中国本土文化的攻击，甚至全面否定也在一定范围、一定程度上成发展态势，传统虚无主义、反传统达到了一个新的水平。

第三，江泽民时期。中国共产党代表大会政治报告中出现了继承弘扬传统文化、民族精神、历史文化等内容，如"要继承和发扬中华民族优良的思想文化传统"（十四大报告）："继承历史文化优秀传统"，"中国文化有着辉煌的历史"（十五大报告）："继承民族文化优秀传统"，"弘扬中华文化的优秀传统"（十六大报告）。2001年全国宗教工作会议明确提出："宗教走向最终消亡可能比阶级、国家的消亡还要久远"[3]p.380，信教群众"也是建设有中国特色社会主义的积极力量"[3]p.381，要"调动宗教中的积极因素为社会发展和稳定服务"[3]p.389，这为中国本土文化的复兴提供了较好的条件。随着中国综合国力的发展，"东亚模式"理论的盛行，中国本土文化呈现继续上升的态势，各种官方祭祀活动开始活跃起来，背诵经典特别是儒家经典成为热点，开始出现国学热。

第四，胡锦涛时期。对于中国本土文化的研究和传播热潮继续发展，十七大报告指出：要赋予当代中国马克思主义鲜明的"民族特色"，"中华民族伟大复兴必然伴随着中华文化繁荣兴盛"。中国知名学府纷纷建立国学机构,《儒藏》编辑活动如火如荼:孔子学院遍布全球,佛教也开始走入更多公众的视野,各种寺院在保护文物、发展经济的名目下得以恢复并不断发展,各种宗教活动开始兴盛:大学中佛教研究所、研究中心渐次出现:首届国际道德经论坛,第一届世界佛教论坛,第二届世界佛教论坛纷纷召开,官方祭祀孔子、黄帝、炎帝等中国本土圣人成为新中国的重要风景。马克思主义理论本身也加快了和中国本土文化融合的进程,和谐社会的提出、和谐世界的建设、"和"文化的传播和弘扬成为此一时期中国马克思主义的重要内容。

世纪之交,以新儒家为主要代表的文化保守主义试图重新树立中国本土文化的主导地位,有些学者甚至攻击马克思主义,要求把儒教定为国教[4],引起了一些马克思主义者的疑虑和反击,成为二者关系中的重要方面。应该指出的是,虽然各种反映中国本土文化复兴的活动不断,声势浩大,但马克思主义理论体系还没有实现与中国本土文化关系上的突破性的论述,理论落后于实际,成为二者关系上的重要特征。

马克思主义与中国本土文化关系的发展具有如下几个特点:

第一,王者之尊,主导之势。马克思主义作为夺取政权、建立新中国的理论和意识形态,担负着实现民族独立和国家富强、人民当家作主和生活幸福的历史使命。在新中国成立以后,作为官方意识形态,马克思主义的科学性、伟大性毋庸置疑,一切其他理论和文化形态都需要按照马克思主义的标准、立场和方法来进行裁剪,并通过各种宣传教育渠道向全国人民灌输,通过与每个人的切身利益相联系而迅速普及。

第二,为我所用,逐步吸收。马克思主义者认识到马克思主义要想在中国取得长期统治地位,必须实现马克思主义中国化的历史任务。把马克思主义中国化作为研究生培养的二级学科进行建设,对中国本土文化的批判继承成为这一工作的重要原则,"剔除其封建性的糟粕,吸收其民主性的精华。"[2]p.707 "将古代封建统治阶级的一切腐朽的东西和古代优秀的人民文化即多少带有民主性和革命性的东西区别开来。"[2]p.708 在不同时期,批判和继承各有侧重,并取得了巨大的成果。中国的马克思主义越来越具有中国的特色,而中国的本土文化也越来越具有马克思主义的色彩,在某种程度上马克思主义已经成为中国文化的重要部分。

第三,政局变动,跌宕起伏。马克思主义在处理同中国本土文化的关系问题上受到国家政权特别是国家领导人思想的左右。从批判继承到反儒尊法，再到弘扬优秀传统文化、弘扬中华文化，都体现了国家政权在此问题上的主导作用。改革开放以后，学术自由、文化繁荣大背景下此一问题有了更多的民间色彩，但整体上受国家政权、国家领导层影响的性质没有改变。

三　二者与中国本土文化关系的若干比较

纵观佛教和马克思主义对待中国本土文化的实际进程和各自特点，可以得出二者与中国本土文化关系存在以下不同：

第一，地位不同，气势不同。就整体而言，佛教在中国文化体系中处于从属的地位，在处理和中国本土文化关系时，只能主要采取迎合、融合的态度，通过改变自身来缩小和中国本土文化特别是和儒家学说之间的矛盾、对立和差距，在气势上始终处于守势。强调自身和中国本土文化的一致性、相通性成为佛教处理自身和中国本土文化关系上的重要方面。只是到了宋代以后，随着三教融合的不断深入，这一问题才有所缓和。

马克思主义从传入中国开始就是为夺取政权、建设政权提供理论依据，新中国成立后，成为官方主导意识形态。在处理与中国本土文化的关系上，逐渐采取批判继承的立场，注意把马克思主义和中国本土文化相结合，但立足点还是马克思主义理论本身，结合的基础是马克思主义基本理论。强调马克思主义的唯一科学性、突出马克思主义与中国本土文化之间质的差异和用马克思主义的立场、观点、方法来分析、批判、继承中国本土文化是马克思主义处理和中国本土文化关系时的基本点。

第二，发展过程不同。佛教是在谦卑中走向独立，在独立中逐渐和中国本土文化相融合，在融合中又竭力保持自己的个性，保持自身的发展。在发展的时间长度上，佛教和中国本土文化的关系史长达两千余年，在宋代以后，才基本形成三教合流的基本态势、佛教和中国本土文化关系的基本稳定。

马克思主义和中国本土文化关系的历史进程大致从对中国本土文化几乎是全盘批判，把中国本土文化视为封建的、地主阶级的、落后的、专制的文化[5]，到对中国本土文化持批判继承的态度，承认中国本土文化中有优秀的成分，提出了马克思主义中国化的命题，再到文化大革命中教条化、粗暴化、简单化地对待中国本土文化，再到改革开放之后逐渐纠正了上阶段的错误，在宽松的学术环境中，随着中国文化自信的逐渐恢复，马克思主义开始逐渐正视中国本土文化的影响和正面作用。马克思主义处理与中国本土文化的关系时间不长，只有八十多年时间，这一过程还没有结束，有待未来的进一步发展。

第三，时代背景不同，国际环境各异。佛教处理与中国本土文化关系主要在封建时代，中国文化的繁荣发达、社会的相对稳定、儒家学说的高度成熟，成为佛教处理与中国本土文化关系的重要时代背景。就国际环境而言，虽然佛教是从公元前后传入中国，但到佛教在中国形成气候、发展成熟的南北朝、隋唐时期，印度的佛教开始逐渐衰落，随着佛教在印度和中亚的衰落，大批高僧来到中国弘法，促进了中国佛教的发展。隋唐以后，中国佛教基本依靠自身的力量生存和发展，并把中国佛教传到海外。

马克思主义在中国传播、发展的时代是中国国家危机不断的时代。马克思主义指导实现了中国的民族独立和国家强大，成为处理自身和中国本土文化关系时的重要背景，这增加了马克思主义的说服力和对待中国本土文化时的气势和自由度。就国际环境而言，马克思主义在中国传播和发展面临的主要是资本主义占主导地位的全球化的环境。苏联和社会主义阵营曾经为马克思主义在中国的发展提供了一定的良好环境。1978 年之后，面对西方国家主导的国际秩序，处在社会主义初级阶段的中国与西方发达国家在许多领域都存在较大差距的情况下，马克思主义不仅需要处理和中国本土文化的关系，还要处理和当代非马克思主义的各意识形态的关系，这影响了马克思主义在此问题上的精力投入和效果。国际环境成为马克思主义处理与中国本土文化关系的重要影响因素。

第四，性质差异不同，处理手法各异。印度佛教强调出世，主张通过个人修行实现个人解脱，这与中国本土文化强调等级秩序、忠君孝亲等伦理存在较大的差异。而马克思主义作为一种改造、建设国家、社会的思想体系，拥有自身的哲学体系、经济思想和社会政治安排，这就和传统中儒家社会政治发生直接冲突，而马克思主义对无神论的坚持、对宗教的批判，也涉及了和中国本土文化中的佛道两家之间的根本不同。可以说，马克思主义作为一种范围广阔的思想体系，和中国本土文化形成了较全面的冲突。

面对差异，佛教突出强调中国本土文化也是伟大的理论学说，甚至不惜创作伪经《清净法行经》，认为孔子、老子都是菩萨化身，中国本土文化是为了佛教更好地传入中国而预作铺陈，突出强调儒佛同源，通过对自身的修正来缓和差异，实现和中国本土文化的相融互通。而马克思主义认为中国本土文化有精华和糟粕，应该受到不同程度的批判，特别是对儒家学说不能实现国家政治、经济社会的发展，佛道坚持神灵信仰等进行了批判。在相融领域关注有限，更多的是批判，较为全面地批判，以及促使中国本土文化在马克思主义指导下发展、转型成为马克思主义处理与中国本土文化问题上的突出特点。

四 促进马克思主义与中国本土文化关系的思考

纵观佛教、马克思主义与中国本土文化关系的发展史，结合当前时代和国情，就如何更好地推进马克思主义与中国本土文化之间的互动，笔者有如下思考：

第一，全面认识中国本土文化的存在和价值。要在把中国本土文化划分为精华和糟粕的基础上，深入研究划分的原则和方法，推动对中国本土文化的认识和研究。进一步确定弘扬中华文化的依据、弘扬的内容、弘扬的程度、弘扬的条件，使弘扬中华文化成为一个不仅有口号而且有内容，不仅有要求而且能落实、能推进、能发展的系统工程。

第二，要深入开展和支持对中国本土文化的全方位自由研究和讨论。中国本土文化的各个流派都博大精深，源远流长，影响深远。对中国本土文化的研究，特别是对新时代中国本土文化的复杂影响和发展状况研究还有待进一步深入。要支持各领域的专家学者进行自由地研究和讨论，不设禁区，不预定结论，这样才有可能更为全面深入地了解中国本土文化的各个领域、各个层面、各个角度，从而为处理马克思主义与中国本土文化的关系创造条件。

第三，要发挥中国本土文化的积极作用，限制中国本土文化的消极作用。在自由研究、自由讨论的基础上，在现有研究成果的基础上，结合中国的国情和时代特征，明确中国本土文化各流派、各观点的性质、作用和影响，最大限度地发挥中国本土文化的积极作用、最大限度地限制中国本土文化的消极作用。当然，这种积极作用和消极作用地划分也仅仅具有此时此地的涵义，不排除此时此地的作用性质在另一时空发生变化的可能性。

第四，要促进马克思主义和中国本土文化之间的交融和整合，打造全球化新时代的中国思想文化体系，为民族精神培育和民族价值的塑造奠定坚实基础。马克思主义要实现中国化，中国本土文化要与时俱进，处理这二者关系的最终目的是实现马克思主义的中国化，使马克思主义成为新时代中国本土文化的重要组成部分，使中国本土文化在马克思主义的指导下实现发展繁荣，"真正将马克思主义融入中国文明体系"[6]。为此，首先要按照满足人民实际需要的要求和促进中华文化深入发展的角度统一审视马克思主义和中国本土文化，推动二者的深入发展和融合。其次，马克思主义和中国本土文化在具体内容上包括三类：要突出双方都涉及且观点相同或相似的内容，融合（调和）双方都涉及但观点冲突的内容，承认一方涉及，另一方没有涉及的内容。再次，在此基础上，结合时代特征、结合新时期人民的实际需要，充分吸收其他思想体系的优秀成果，塑造全球化时代下中国新文化体系，最终解决马克思主义与中国本土文化关系的问题。

参考文献

[1]《释慧皎》，《高僧传》，汤用彤校注，中华书局 1992 年版，第 211 页。

[2]《毛泽东选集》第 2 卷，人民出版社 1991 年版。

[3]《江泽民文选》第 3 卷，人民出版社 2006 年版。

[4] 康晓光：《"文化民族主义"随想》，http：// www. confucius2000. com / confucius / wh—mzzysx. htm。

[5] 李方祥：《中国共产党的传统文化观研究》，中共党史出版社 2008 年版，第 343 页。

[6] 姚洪越：《佛教中国化对马克思主义中国化的启示》，《深圳大学学报（人文社会科学版)》2008 年第 5 期，第 41 页。

[原载《重庆理工大学学报（社会科学)》2012 年第 1 期]

人物思想

论恩格斯《路德维希·费尔巴哈和德国古典哲学的终结》的宗教观①

卓新平

恩格斯的《路德维希·费尔巴哈和德国古典哲学的终结》写于 1886 年初，是马克思主义理论体系得以系统、标志性表述的代表性著作，也是马克思主义宗教观成熟时期的重要著作。恩格斯在这部著作中对宗教问题多有论及，其基本观点在一定意义上反映了当时宗教学研究的理论学说和思想成果，因为当时正是西方宗教学刚创立不久的时期。1873 年，英籍德国人麦克斯·缪勒发表了其名著《宗教学导论》，人们开始用"宗教学"（英文：Science of religion，德文：Religionswissenschaft）来表达这一新兴学科。尽管后来的西方学者认为"宗教学"还没有成熟，尚不能用"科学"（Science，Wissenschaft）这样极为规范化的术语来表述这门方兴未艾的学科，却也从此使人们认识到这一新的、跨学科性质的宗教研究之学科的诞生。为此，探究恩格斯在这部马克思主义经典著作中对宗教的看法就有着独特意义。根据研究马克思主义经典作家应认真阅读其原著的精神，并借鉴当今学术界所倡导的"经文辨析"方法，本文对应这部著作的四大部分来加以探析、梳理，以便能集中勾勒出恩格斯对宗教的专门论述。

一

恩格斯从实践性的角度切入宗教问题，论及"反宗教斗争"的时代背景。他指出，当时理论性的德国有"实践"意义的首先为：宗教和政治。但政治在当时是一个荆棘丛生的领域，有其复杂性和难以把握性，故其社

---

① 作者卓新平，中国社会科学院世界宗教研究所研究员，中国社会科学院学部委员。

会主要的斗争遂转为"反宗教的斗争",而这一斗争并非要专门对付宗教,在回归其斗争的实质时就开始(特别是从 1840 年起)间接地为"政治斗争"!正是当时社会对现存宗教进行斗争的"实践"需要,使青年黑格尔派回到了"英国和法国的唯物主义"。所以说,当时对现存宗教的斗争是当时的实践需要,间接反映出对当时政治体制的斗争,乃基于当时的现实而所为,故此是以唯物主义为实践指导,而且也符合唯物主义的基本理论及原则。

其回归唯物主义的标志,即费尔巴哈的《基督教的本质》著作出版。恩格斯宣称这部著作乃直截了当地代表着唯物主义重新成为其理论统帅("重新登上王座")。

费尔巴哈对宗教的唯物主义基本理解,是指出宗教幻想只是对"我们自己的本质"的虚幻反映。这是一种人本主义的宗教观,它说明宗教虽虚幻,却是对人的本质的一种反映,其结果是从宗教回到了人,从其"彼岸"返回"人间"。此即一种"人本"唯物主义,从宗教回到了人本,同时也说明宗教不离人本,与人有着直接关联。

恩格斯指出,马克思此时就受到费尔巴哈的影响,并在《神圣家族》中有所表达。恩格斯对费尔巴哈的理论进行了点评,批判其弱点在于各种论说只是一种"美文学"、"泛爱"之空谈,而不走经济上改革生产之路,从而脱离了社会革命之根本。

二

恩格斯在本部分论及哲学的基本问题,即思维与存在的关系问题。这是我们打开了解并定位宗教之门极为关键的钥匙。

恩格斯对神灵观念的起源与发展有着进化论意义上的认识论描述,这与当时宗教学初创阶段宗教起源探究上宗教进化论的观点相似。例如,英国人类学家、宗教进化论的主要倡导者泰勒(E. B. Tylor)在 1871 年出版的《原始文化》一书中曾指出,人类早期"灵魂"观念的起源即原始人对睡眠、做梦和生病等现象的不解而认为人有生命和幻影,由此构成可与肉体分开的灵魂。泰勒从人的灵魂推出物的灵魂,形成其"万物有灵论"之说。但恩格斯将之上升到思维与存在的关系这一哲学认识高度:"思维和感觉"为可以脱离身体的"灵魂"的活动,这种"离开肉体"之存活即为

"灵魂不死"，它不是一种安慰，而乃不可抗拒的命运：不死灵魂"通过自然力的人格化"即早期宗教学所言"物活论"及"万物有灵论"而"产生了最初的神"：这些起初"或多或少有限"和"互相限制"的"多神"，即宗教学曾描述的"多神论"、"轮换主神论"、"唯一主神论"等，又"通过智力发展中自然发生的抽象化过程"而逐渐使这些神"具有了超世界的形象"，从而从多神教走向了一神教，产生出"唯一的神的观念"①。

由此可见，哲学的最高问题与宗教的出发点一样，其根源在于人类原初"愚昧无知的观念"，以此形成"思维对存在"、"精神对自然界"的关系之问。此问的核心或关键在于谁为"本原"，是精神还是自然（物质）！其哲学之答形成唯物、唯心之分：以自然为本质即唯物主义，而以精神为本原即唯心主义；其宗教之答则形成有神、无神之别：以神为本原即神创自然论或神创世界论，此乃有神论，而认为自然或世界"从来就有"则为无神论。

恩格斯在此亦认为唯心论与有神论（创世说）是一路的。但问题在于能否将世界加以精神与自然（物质）的二元分割？在一个一元或一体（整体）的世界中，应该如何来看待、解说精神与物质的关系？其实，这里也有一个精神与物质的"同一性"问题，它与哲学中"思维和存在的同一性问题"相似且相关联。在今天科学对精神与物质的穷根究底之论说中，其情况已极为复杂，人们既论及物质的"质"变及其"消失"，也谈到对精神的"物"性捕捉和描述。在此，从世界（宇宙）层面谈精神与物质已经失语，精神和物质同为"存在"。于是，恩格斯的侧重点则回到了"人"的思维，以及这种思维与世界本身（存在）的"同一性"问题，从而将问题从认识论转向反映论，即人的思想（思维）能否对世界（存在）加以正确的认识和反映，由此而实现二者的"同一"。这亦涉及世界究竟可知与否的认识论问题。

对这一问题有"肯定"和"否定"两种回答，其中"肯定"回答既有唯心主义的，亦有唯物主义的：以黑格尔为代表的唯心论回答是以世界的可知乃源于绝对观念的实现，人的思维亦来自这种"自有永有"的绝对观念；而以费尔巴哈为代表的唯物论回答则基于"实践"，即人可以通过"实验和

---

① 《马克思恩格斯文集》第 4 卷，人民出版社 2009 年版，第 277—278 页。

工业""制造"出其"自然过程",人对"自然"之物的"科学生产"说明了世界的可知性:因此,"自在之物"可以变成"为我之物"。而"否定"回答则包括休谟和康德的"不可知论",即"否认彻底认识世界的可能性"。不过康德所言的"自在之物"与科技达到的"为我之物"似难完全等同,二者之间也可能存在差异。人对世界的认识只能是相对的,因为不可能有对"无限世界""绝对"、"彻底"的认识,以"绝对"、"彻底"来认识"无限"是一种悖论、一种逻辑矛盾。

例如,人们曾谈论到哥白尼的"日心说"即"太阳中心论",恩格斯在此非常聪明地用"太阳系学说"来表达。哥白尼的理论在太阳系范围内是基本正确的,但其面对无限宇宙时则仅具相对性。而且,哥白尼本人也并没有穷尽对太阳系的探索,这种努力今人仍在继续,并且是"无止境地"、"无穷发展"的"不断过程"。

精神与物质的关系还涉及对"精神"的基本定位问题。如果将精神仅视为"人"这一物质的"思维",即物质的思想活动,那当然物质是第一性的、本原的,精神是物质的产物,而且是物质发展到"人"这一阶段后的产物。不过,当前人们论及的"世界精神"已触及对"自然规律"或"宇宙秩序"的体悟及认识,这种理解则已将"精神"的涵义扩大,超出了"人"这种物质形态。有无"世界精神"?怎样理解"宇宙规律"?至少这种认识或见解值得我们思考和关注。在恩格斯的时代,类似的看法也有所显现,为此方有唯心主义与唯物主义的复杂交织,如恩格斯所论及的"泛神论"就曾被用来"调和精神和物质的对立",即"神"乃"自然","精神"存在并体现在整个自然世界、宇宙万物之中。

为了从"人"自身来说明精神、思维这类问题,恩格斯集中阐述了"意识"的产生、意义和作用。他强调"意识"是"人脑的产物",是对人所存在、所属于的物质世界的思考和反映,在这一层面上"物质不是精神的产物,而精神本身只是物质的最高产物",即"人脑的产物"[①]。从"意识"的这种意义上,精神乃"人"之专属。这基本上是对费尔巴哈观点的概括、总结,并有所升华。在人的发展进程中,"人脑"创造出了"电脑"技术,"虚拟世界"以高科技的方式重新活跃,并对人的生存产生影响和

---

① 《马克思恩格斯文集》第 4 卷,人民出版社 2009 年版,第 281 页。

反作用。如果不以"人的意识"来界定或限定"精神",我们可以对这种"精神"的人之专属性作绝对肯定之答吗?在科技进步中,人对"自然规律"、"宇宙奥秘"只是不断"发现"、还是对之突破而真有"发明"、"创造"?在此,唯物主义与唯心主义及有神论的根本区别和重要分歧,即是把"精神"视为"人脑的产物"还是"人"之外的存在。这里,"泛神论"被视为从唯心主义走向唯物主义的一种过渡或形式,但"泛神论"归根结底仍然是有神论。

三

恩格斯认为费尔巴哈的宗教观仍然是唯心主义的,费尔巴哈仍然是有神论者,其"新宗教"只不过是从"人与人之间的感情的关系、心灵的关系"来看待宗教,以"我和你之间的爱"来实现其宗教追求,以"宗教名义"来使"性爱、友谊、同情、舍己精神"得以"神圣化",获得其"完整的意义"[①]。

费尔巴哈仍按照传统有神论、唯心主义的思想来理解宗教,即"宗教一词是从 religare 一词来的,本来是联系的意思。因此,两个人之间的任何联系都是宗教"[②]。这种表述导致了一种"泛宗教论",一切联系或关系都可以构成宗教,甚至可以包括"无神的宗教"!恩格斯为此对费尔巴哈的宗教观及其反映的社会历史观进行了批评:"费尔巴哈想以一种本质上是唯物主义的自然观为基础建立真正的宗教,这就等于把现代化学当做真正的炼金术。如果无神的宗教可以存在,那么没有哲人之石的炼金术也可以存在了。况且,炼金术和宗教之间是有很紧密的联系的。哲人之石有许多类似神的特性,公元头两世纪埃及和希腊的炼金术士在基督教学说的形成上也出了一份力量。"[③]宗教与有神论关联密切,有人曾把佛教等说成"无神的宗教",这其实是忽视了宗教中最核心的观念即神明观念。但是,何为"无神"、"有神",这在认识论意义上其实仍然是值得认真推敲和进一步深究的。

---

① 《马克思恩格斯文集》第 4 卷,人民出版社 2009 年版,第 288 页。
② 同上。
③ 同上。

此外，恩格斯也指出了费尔巴哈以"宗教的变迁"来区分人类各个时期的错误，强调宗教变迁只是表象，乃有其深刻的社会经济发展变化之历史原因。宗教的形态反映出相应的社会历史存在及其经济结构，也就是说，宗教必须与其生存的社会相适应。本土宗教和民族宗教与其特定的地域、民族存在相关联。"古老的自发产生的部落宗教和民族宗教是不传布的"，它们反映出其部落、民族的生存状况和历史处境。"一旦部落或民族的独立遭到破坏，它们便失掉任何抵抗力：拿日耳曼人来说，甚至他们一接触正在崩溃的罗马世界帝国以及它刚刚采用的、适应于它的经济、政治、精神状态的世界基督教，这种情形就发生了。"①与此不同的是，人为宗教、尤其是世界性宗教的社会适应、自我变化的能力要更强一些，"原生性"宗教与"创生性"宗教在此形成了明显区别。因此，"重大的历史转折点有宗教变迁相伴随，只是就迄今存在的三种世界宗教———佛教、基督教和伊斯兰教而言"。"仅仅在这些多少是人工造成的世界宗教，特别是基督教和伊斯兰教那里，我们才发现比较一般的历史运动带有宗教的色彩，甚至在基督教传播的范围内，具有真正普遍意义的革命也只有在资产阶级解放斗争的最初阶段即从 13 世纪到 17 世纪，才带有这种宗教色彩。"对此，恩格斯认为要用宗教影响强大的整个欧洲中世纪社会历史来解释，而不是费尔巴哈所想像的"用人的心灵和人的宗教需要来解释"②。恩格斯并没有像指责中世纪"千年黑暗"的近代欧洲人文主义者那样完全否定中世纪，而是从正面肯定了"中世纪的巨大进步———欧洲文化领域的扩大，在那里一个挨着一个形成的富有生命力的大民族，以及 14 世纪和 15 世纪的巨大的技术进步"③。当然，恩格斯承认并明确指出"中世纪的历史只知道一种形式的意识形态，即宗教和神学"④。这才是中世纪至近代民众解放运动带有宗教色彩的重要原因。而到了 18 世纪，已经足够强大的资产阶级则不再需要宗教作为其政治运动的外衣，但他们也没有"想到要用某种新的宗教来代替旧的宗教"，以保持其历史传统的延续性。事实上，法国大革命时曾试图以"革命宗教"来取代天主教，却因缺乏群众及文化基础

---

① 《马克思恩格斯文集》第 4 卷，人民出版社 2009 年版，第 289 页。
② 同上。
③ 同上书，第 283 页。
④ 同上书，第 289 页。

而以失败告终。

从总体来看，费尔巴哈的宗教观基于他对基督教的理解，因此而有这种以一神教为基础的世界宗教之印象。这里，恩格斯概括了费尔巴哈对神明的解释："基督教的神只是人的虚幻的反映、映象。但是，这个神本身是长期的抽象过程的产物，是以前的许多部落神和民族神集中起来的精华。与此相应，被反映为这个神的人也不是一个现实的人，而同样是许多现实的人的精华，是抽象的人，因而本身又是一个思想上的形象。"[1] 恩格斯阐述了费尔巴哈宗教观的弱点和局限，指出他的人本主义宗教观中之"人"仍然是抽象的、空洞的。费尔巴哈对宗教之"神"作了"人"本还原的解说，但"这个人不是从娘胎里生出来的，他是从一神教的神羽化而来的，所以他也不是生活在现实的、历史地发生和历史地确定了的世界里面"[2]。在恩格斯看来，人的真实性和根本特质就在于人的社会性、人的历史性：所以，"要从费尔巴哈的抽象的人转到现实的、活生生的人，就必须把这些人作为在历史中行动的人去考察"。[3] 但费尔巴哈却根本不从社会的角度来理解人，从而表现出其在社会学、政治学上的无知。与之不同，马克思主义宗教观则要走进社会、现实及历史来观察人、分析人。"对抽象的人的崇拜，即费尔巴哈的新宗教的核心，必定会由关于现实的人及其历史发展的科学来代替。"[4]

四

从经济基础与意识形态的关系上来分析宗教，恩格斯强调了二者之间的必然关联。在他看来，尽管"更高的即更远离物质经济基础的意识形态，采取了哲学和宗教的形式"，其联系亦被弄模糊和复杂化，"但是这一联系是存在着的"[5]。这里，恩格斯进而重点谈到了宗教，"因为宗教离开物质生活最远，而且好像是同物质生活最不相干"[6]。恩格斯认为，认识宗教最

---

[1] 《马克思恩格斯文集》第 4 卷，人民出版社 2009 年版，第 290 页。
[2] 同上。
[3] 同上书，第 294 页。
[4] 同上书，第 295 页。
[5] 同上书，第 308 页。
[6] 同上书，第 309 页。

为根本、最为关键之处，就是要看到宗教的产生与发展都不离其社会经济基础，都是由人的物质生活条件所决定的。

从宗教的起源来看，恩格斯指出："宗教是在最原始的时代从人们关于他们自身的自然和周围的外部自然的错误的、最原始的观念中产生的。"① 宗教作为意识形态的产生，自然会结合"现有的观念材料"来发展，并进而对这些材料加工、消化。这是宗教现象的普遍表现形式，并会给人留下这样的外在印象。然而，"人们头脑中发生的这一思想过程，归根到底是由人们的物质生活条件决定的"。② 这是人们必须认识到的基本事实，也是把握宗教本质的基准。恩格斯还具体分析了原始宗教观念与其相关民族集团的密切联系以及对之的依属性。那些"有亲属关系的民族集团所共有的"原始宗教观念在其集团分裂之后，"便在每个民族那里依各自遇到的生活条件而独特地发展起来"，"这样在每一个民族中形成的神，都是民族的神，这些神的王国不越出它们所守护的民族领域，……只要这些民族存在，这些神也就继续活在人们的观念中：这些民族没落了，这些神也就随着灭亡"。③ 所以说，民族神实质上反映了其民族的社会生存状况。宗教社会学家杜尔凯姆（Emile Durkheim）也曾指出民族神是其民族社团的集中反映，故多为其民族图腾的表述或象征：实际上，民族之神，即作为图腾崇拜的标志就是象征着其整个民族本身，因此宗教乃是人类社会的结构性因素，宗教的神圣也就是其社会统一体的象征。

恩格斯进而专门探究了古罗马帝国时期社会转型而带来的从古老民族之神明崇拜到基督教作为新的世界宗教的发展变迁，以及基督教在西欧历史进程中的演进变革。"罗马世界帝国使得古老的民族没落了……，古老的民族的神就灭亡了，甚至罗马的那些仅仅适合于罗马城这个狭小圈子的神也灭亡了：罗马曾企图除本地的神以外还承认和供奉一切多少受崇敬的异族的神"，此即罗马之万神庙的形成，"这就清楚地表明了有以一种世界宗教来充实世界帝国的需要"。④ 各民族神只能相应于其民族而存在，但当时地跨欧、亚、非三洲的罗马帝国有其社会结构和物质生活条件的巨变，

---

① 同上。
② 《马克思恩格斯文集》第 4 卷，人民出版社 2009 年版，第 309 页。
③ 同上。
④ 同上。

而并不是一个多民族国家的拼盘式存在。罗马皇帝试图以万神庙的形式来满足这种新型帝国的精神需要，"但是一种新的世界宗教是不能这样用皇帝的敕令创造出来的"①。这种新宗教必须适应其帝国社会的"普遍化"需求，必须体现出其综合性、普世性。其实，在这种社会整合过程中，"新的世界宗教，即基督教，已经从普遍化了的东方神学，特别是犹太神学同庸俗化了的希腊哲学，特别是斯多亚派哲学的混合中悄悄地产生了"②。也就是说，面对多元共构的大帝国，新的世界性宗教则应体现出其混合性、综合性、整合性，消解并扬弃古老宗教曾依存的民族性、地域性、单一性。

恩格斯对基督教有过系统研究，在批评基督教的同时，他对之亦有较为客观、积极、肯定的评价。其特点就在于恩格斯将基督教称为一种"适应时势"的宗教，有其随着时代、历史的积极变化或变革的特点。恩格斯说："我们必须重新进行艰苦的研究，才能够知道基督教最初是什么样子，因为它那流传到我们今天的官方形式仅仅是尼西亚宗教会议为了使它成为国教而赋予它的那种形式。它在 250 年后已经变成国教这一事实，足以证明它是适应时势的宗教。"③ 为此，恩格斯曾深入、系统地研究过"原始基督教"及其经典《圣经新约》，有过许多精辟的见解和评价，并且指明早期基督教本是下层被压迫民众的宗教，只是后来被剥削阶级、统治阶级所利用、掌控才发生了性质上的嬗变。

对于欧洲中世纪时期的基督教，恩格斯评价说："在中世纪，随着封建制度的发展，基督教成为一种同它相适应的、具有相应的封建等级制的宗教。当市民阶级兴起的时候，新教异端首先在法国南部的阿尔比派中间，在那里的城市最繁荣的时代，同封建的天主教相对抗而发展起来。中世纪把意识形态的其他一切形式——哲学、政治、法学，都合并到神学中，使它们成为神学中的科目。因此，当时任何社会运动和政治运动都不得不采取神学的形式：对于完全由宗教培育起来的群众感情说来，要掀起巨大的风暴，就必须让群众的切身利益披上宗教的外衣出现。"④ 与近代之后西方

---

① 同上。
② 《马克思恩格斯文集》第 4 卷，人民出版社 2009 年版，第 310 页。
③ 同上。
④ 同上。

社会外延式发展不同，西欧中世纪社会及其向近代的转型，主要是一种内涵式发展，即以天主教这一宗教形式来表达其思想革新和社会变迁：除了神学思想的变革之外，改革派还习用"宗教的外衣"或形成"宗教异端"。西欧社会传统的宗教性，由此也可见一斑。从历史唯物主义的立场及角度来看，恩格斯对西欧基督教内部的变革发展及其所反映、代表的西方社会进步，基本上是持肯定态度的。恩格斯对基督教的批评既具体又客观：因此，我们应该对恩格斯关于基督教的研究及其评价有整体、全面的把握。

西欧近代发展及其资产阶级革命，同样与基督教有着密切关联。在此，恩格斯从"宗教异端"的两派发展及二者的分道扬镳，看到了近代西方资产阶级和无产阶级的诞生："市民阶级从最初起就给自己制造了一种由无财产的、不属于任何公认的等级的城市平民、短工和各种仆役所组成的附属品，即后来的无产阶级的前身，同样，宗教异端也早就分成了两派：市民温和派和甚至也为市民异教徒所憎恶的平民革命派。"① 欧洲近代社会变革和资产阶级的兴起以"宗教改革"为标志。这样一来，宗教就以其社会表层的革命而在社会结构深层次上反映出西方社会经济生产的发展和巨变。而且，新教异端实质上也是社会转型过程中新兴社会阶级产生及发展的典型表达。这里，恩格斯系统、透彻地说明了"宗教改革的资产阶级性质"：

首先，德国的宗教改革拉开了西欧从封建社会挺进到资本主义社会的序幕。新教的产生及其发展揭示了新兴市民阶级的活力及潜能。"新教异端的不可根绝是同正在兴起的市民阶级的不可战胜相适应的：当这个市民阶级已经充分强大的时候，他们从前同封建贵族进行的主要是地方性的斗争便开始具有全国性的规模了。第一次大规模的行动发生在德国，这就是所谓的宗教改革。"② 由于新兴市民阶级尚不成熟，其软弱和革命的不彻底性使第一次西欧资产阶级的革命没有取得真正成功或达到其理想之境，并一度使德国近代发展变得更为曲折、复杂，从而在资本主义的早期进程中处于落后的状况。"那时市民阶级既不够强大又不够发展，不足以把其他的反叛等级——城市平民、下层贵族和乡村农民——联合在自己的旗帜之下。贵族首先被击败：农民举行了起义，形成了这次整个革命运动的顶点：

---

① 《马克思恩格斯文集》第 4 卷，人民出版社 2009 年版，第 310 页。
② 同上。

城市背弃了农民，革命被各邦君主的军队镇压下去了，这些君主攫取了革命的全部果实。从那时起，德国有整整三个世纪从那些能独立地干预历史的国家的行列中消失了。"①在分析德国宗教改革运动中，恩格斯以其渊博的学识和犀利的眼光指明了新兴资产阶级的先天不足及其软弱性，但也强调了从封建主义到资本主义的历史发展已不可阻挡、不可逆转。

恩格斯还深入、全面地研究了这一时期的农民起义，撰写了极有历史厚重感的巨著《德国农民战争》（1850 年夏写于伦敦，同年发表在马克思主编、在汉堡出版的《新莱茵报。政治经济评论》杂志第 5—6 两期合刊上），并且在对农民起义领袖闵采尔（Thomas Münzer）的高度评价中预测了资产阶级的掘墓人——无产阶级的产生，以及人类历史由资本主义向社会主义、共产主义发展的光明前景。闵采尔当时的身份是天主教的下层神父，其神学思想有着泛神论的倾向，并且在不少观点上已经接近无神论的见解，他以理性的权威来对抗《圣经》的权威，提出了一种彻底革命的主张。恩格斯对之评价说："闵采尔的政治理论是同他的革命的宗教观紧密相连的：正如他的神学远远超出了当时流行的看法一样，他的政治理论也远远超出了当时的社会政治条件。正如他的宗教哲学接近无神论一样，他的政治纲领也接近共产主义。……闵采尔的纲领，与其说是当时平民要求的总汇，不如说是对当时平民中刚刚开始发展的无产阶级因素的解放条件的天才预见。"闵采尔的方式虽然仍以基督教"早已预言的千年王国"为口号，却"要求立即在人间建立天国"。其实，"闵采尔所理解的天国不是别的，只不过是这样一种社会状态，在那里不再有阶级差别，不再有私人财产，不再有对社会成员而言是独立的和异己的国家政权"②。不过，恩格斯对闵采尔的思想及其领导的德国农民战争也有着非常清醒的分析。一方面，闵采尔的思想具有空想性质，当时的经济生产仍处于中古向近代的过渡，其社会发展尚未达到其期盼的程度。"不仅当时的运动，就连他所生活的整个世纪，也都没有达到实现他自己刚刚开始隐约意识到的那些思想的成熟地步。他所代表的阶级刚刚处于形成阶段，还远远没有得到充分的发展，也远远没有具备征服和改造整个社会的能力。他所幻想的那种社会变革，在当时的物质条件下还缺乏基础，这些物质条件甚至正在孕育产生

---

① 同上书，第 310—311 页。
② 《马克思恩格斯文集》第 2 卷，人民出版社 2009 年版，第 248 页。

一种同他所梦想的社会制度恰恰相反的社会制度。"①闵采尔的思想远远超出了他所生活的时代，因而根本就没有将之实现的任何可能性。另一方面，闵采尔仍受到其神学思想之限，"他仍然不得不恪守自己一向宣讲的关于基督教平等以及按照新教精神实现财产公有的教义：他不能不为实现他的教义至少作一番尝试"。而且他不是基于一种客观冷静的分析，面对文化水平不高、尚无新兴阶级较高觉悟的德国农民，"他在信件和传教中流露出一种革命的狂热情绪，……他不断激起群众对统治阶级的仇恨，激发狂放不羁的热情，所用的完全是旧约中的先知表达宗教狂热和民族狂热的那种激烈的语调"②，因此不可能找到无产阶级革命的正确道路及方法，只能成为一种宗教狂热的宣泄。对此，马克思也早在其 1843 年撰写的《〈黑格尔法哲学批判〉导言》中深刻指出："当时，农民战争，这个德国历史上最彻底的事件，因碰到神学而失败了。"③历史有其发展规律，当时能够推翻封建主义的只可能是资产阶级，而此阶段的宗教改革也势必是资产阶级的革命运动。闵采尔不能超越其时代，但欧洲的资产阶级革命在当时却水到渠成、有着成功的希望及可能。正是这种历史条件，使农民战争不可能走得太远，而宗教改革则在欧洲使其社会获得了质的飞跃。

其次，加尔文的宗教改革显示出欧洲资产阶级革命的真正成功。"除德国人路德外，还出现了法国人加尔文，他以真正法国式的尖锐性突出了宗教改革的资产阶级性质，使教会共和化和民主化。当路德的宗教改革在德国已经蜕化并把德国引向灭亡的时候，加尔文的宗教改革却成了日内瓦、荷兰和苏格兰共和党人的旗帜，使荷兰摆脱了西班牙和德意志帝国的统治，并为英国发生的资产阶级革命的第二幕提供了意识形态的外衣。在这里，加尔文教派显示出它是当时资产阶级利益的真正的宗教外衣。因此，在 1689 年革命由于一部分贵族同资产阶级间的妥协而结束以后，它也没有得到完全的承认。"④ 恩格斯肯定了路德宗教改革在德国语言文化发展上的贡献，指出"路德不但扫清了教会这个奥吉亚斯的牛圈，而且也扫清了德国语言这个奥吉亚斯的牛圈，创造了现代德国散文，并且撰作了成

---

① 同上书，第 304—305 页。

② 《马克思恩格斯文集》第 2 卷，人民出版社 2009 年版，第 305 页。

③ 《马克思恩格斯文集》第 1 卷，人民出版社 2009 年版，第 12 页。

④ 《马克思恩格斯文集》第 4 卷，人民出版社 2009 年版，第 311 页。

为十六世纪《马赛曲》的充满胜利信心的赞美诗的词和曲"①。不过,虽然恩格斯也谈到"路德通过翻译圣经给平民运动提供了一种强有力的武器","他在圣经译本中使公元最初几个世纪的纯朴基督教同当时已经封建化了的基督教形成鲜明的对照,提供了一幅没有层层叠叠的、人为的封建等级制度的社会图景,同正在崩溃的封建社会形成鲜明的对照"②,对其政治、社会意义却评价不高。与此相反,恩格斯则高度评价了加尔文宗教改革的社会、政治意义,认为它真正代表了西欧从封建社会过渡到资本主义社会的变革。的确,加尔文宗教改革除了在瑞士的成功之外,还是荷兰、英国等资产阶级革命所打出的旗帜,故而在这场席卷西欧的政治革命中有着重大意义。此外,加尔文宗教改革的思想精神也是深刻、深远的。西方社会学家马克斯·韦伯(Max Weber)在其《新教伦理与资本主义精神》等名著中也认为加尔文有关"预定论"的教义诠释和推进"廉价教会"的实践主张实际上是以其独特的"清教伦理"而孕育了近代"资本主义精神",提供了其社会可持续发展所需要的"潜在的精神力量",而其生产观和财富观也被认为给西方近代资本主义的"原始积累"提供了精神理念和现实可能。当然,对于韦伯等后人关于新教伦理的这种评价,我们理应持一种批评性审视的态度。

第三,英国宗教改革以其改良性、不彻底性而影响到当今英国的政体。这与英王亨利八世(Henry VIII)自上而下推动的宗教改革性质相关。但在实际发展中,加尔文的宗教改革在英国与英王亨利八世的宗教改革形成了明显区别和张力,在随之而有的英国国情中则出现了复杂交织。对此,恩格斯总结说:"英国的国教会恢复了,但不是恢复到它以前的形式,即由国王充任教皇的天主教,而是强烈地加尔文教派化了。旧的国教会庆祝欢乐的天主教礼拜日,反对枯燥的加尔文教派礼拜日。新的资产阶级化的国教会,则采用后一种礼拜日,这种礼拜日至今还在装饰着英国。"③

因其所处时代之限,恩格斯对西欧基督教的发展只能追溯到法国大革命时期。这里,恩格斯注意到西方资产阶级的成熟及其独立意识形态的形成。一方面,资产阶级此时已经可以用"纯粹政治的形式"来推动革命,

---

① 恩格斯:《自然辩证法》,《马克思恩格斯全集》第20卷,人民出版社1971年版,第362页。

② 《马克思恩格斯文集》第2卷,人民出版社2009年版,第244页。

③ 《马克思恩格斯文集》第4卷,人民出版社2009年版,第311页。

不再需要"宗教的外衣"。另一方面，统治阶级开始把宗教作为其"专有"的"统治手段"。于是，"基督教进入了它的最后阶段"。恩格斯在此认为基督教"已不能成为任何进步阶级的意向的意识形态外衣了：它越来越变成统治阶级专有的东西，统治阶级只把它当做使下层阶级就范的统治手段"。① 在这些论述中，恩格斯有两个方面的思想值得我们注意和体悟。一是现代社会"世俗化"的发展。当"加尔文教的少数派"在法国"遭到镇压"、"被迫皈依天主教或者被驱逐出境"等情况发生之后，资产阶级自由思想家已在相继诞生：封建王权的暴力措施只是使逐渐成熟的资产阶级"更便于以唯一同已经发展起来的资产阶级相适应的、非宗教的、纯粹政治的形式进行自己的革命。出席国民议会的不是新教徒，而是自由思想家了"。二是"不同的阶级"会"利用它自己认为适合的宗教"："占有土地的容克利用天主教的耶稣会派或新教的正统派，自由的和激进的资产者则利用理性主义，至于这些先生们自己相信还是不相信他们各自的宗教，这是完全无关紧要的。"② 尽管恩格斯很难预见宗教此后的发展，但其提示的社会"世俗化"及宗教在"世俗化"处境中的生存与发展、"统治阶级"与宗教的关系及各阶级对其"合适宗教"的"利用"、宗教作为"统治手段"的意义与作用等思考，仍对我们社会发生巨变、革命政党成为执政党的今天处理宗教问题有着重要警示和独特启迪。恩格斯在总结其对宗教的论述时，再次强调了其历史唯物主义的基本观点和对宗教的根本理解："我们看到，宗教一旦形成，总要包含某些传统的材料，因为在一切意识形态领域内传统都是一种巨大的保守力量。但是，这些材料所发生的变化是由造成这种变化的人们的阶级关系即经济关系引起的。"③ 恩格斯的结语意义深远、语重心长。诚然，宗教的表现形式有着明显的"传统的材料"，此乃其历史传承和文化积淀，表现出宗教的外形特色，但宗教的本质却体现在其对现存经济关系、社会依属的反映。古代如此，当代亦然。这是马克思主义认识宗教的最根本的方法及原则。我们看待今天中国社会的宗教，也不能离开这一社会存在决定社会意识，上层建筑乃是其经济基础的反映之原则和方法。时代变了，社会制度变了，宗教依存的社会前提和条件变了，

---

① 《马克思恩格斯文集》第 4 卷，第 311 页。
② 同上书，第 311—312 页。
③ 同上书，第 312 页。

关于宗教的结论也必须有相应、相关的变动。这是尊重人类历史逻辑及社会发展规律的科学态度。我们不能把马克思主义根据其经典作家所处社会时代背景所得出的有关宗教的某些具体结论作为教义或教条来信守，而必须牢记并适用其科学方法来理论联系实际，根据今天的社会现实作出对当下宗教的客观、正确判断，处理好我们今天执政者与当代宗教的关系。这才是恩格斯《路德维希·费尔巴哈和德国古典哲学的终结》一书关于宗教理解的真谛。

（原载《世界宗教研究》2012 年第 6 期）

论毛泽东的宗教思想及其启示①

魏志军　刘雄业

宗教作为一种客观存在的社会现象，在我国普遍存在，对社会具有巨大的影响。毛泽东作为伟大的马克思主义者和无产阶级革命家，用唯物史观对宗教进行了深刻的分析，把马克思主义宗教观的基本原理同中国具体实际相结合，提出了许多创造性的宗教观点，形成了独具特色的毛泽东宗教思想。

一　毛泽东宗教思想形成的缘由

（一）少年时期毛泽东对宗教的信仰

毛泽东 1893 年出生在半殖民地半封建中国的山村。毛泽东的母亲文氏信佛，并虔诚地吃"观音斋"。小时候母亲向他灌输宗教信仰，带他一起求过神拜过佛。毛泽东回忆："我的父亲是一个不信神佛的人，但母亲则笃信菩萨。她对自己的孩子们施以宗教教育，所以我们都因父亲是一个没有信仰的人，而感觉难过。九岁的时候，我便认真地和母亲讨论父亲没有信仰的问题了。"周恩来在他写的《学习毛泽东》一文中说："一般地说，在那样的封建社会里，不管农民家庭出身的也好，工人家庭出生的也好，一下打破迷信是不可能的。毛主席生长在十九世纪末的农村里，不可能没有一点迷信。"

（二）青年时期毛泽东对宗教的反叛和揭露

1919 年，毛泽东在《湘江评论》上发表的《创刊宣言》和《民众的大

---

① 作者魏志军，娄底市社会主义学院副院长；刘雄业，娄底市社会主义学院教师。

联合》等文章写到，世界上什么力量最强，民众联合的力量最强，什么不要怕，天不要怕，鬼不要怕，死人不要怕，官僚不要怕，军阀不要怕，资本家不要怕。其中，"天"、"鬼"、"死人"，就是指宗教长期以来对人民群众进步和革命思想的禁锢和束缚，只有冲破这些思想，人民群众才能走上革命的康庄大道。毛泽东在 1927 年写的《湖南农民运动考察报告》中说，中国的男子，普遍要受三种有系统的权力的支配，即政权、族权、神权。至于女子，除了上述三种权力的支配以外，还受男子的支配（夫权）。这四种权力——政权、族权、神权、夫权，代表了全部封建宗法的思想和制度，是束缚中国人民特别是农民的四条极大的绳索。

（三）毛泽东思想对宗教存在的认同

1940 年，毛泽东在《新民主主义论》中指出："共产党员可以和某些唯心论者甚至宗教徒建立在政治行动上的反帝反封建的统一战线，但是决不能赞同他们的唯心论或宗教教义。"1945 年，他在《论联合政府》中强调："人民的言论出版、集会、结社、思想、信仰和身体这几项自由，是最重要的自由，在中国境内，只有解放区是彻底地实现了。"1952 年，毛泽东对宗教人士指出："共产党对宗教采取保护政策，信教的和不信教的，信这种教或信别种教的，一律加以保护，尊重其宗教信仰。"

二　毛泽东宗教思想的主要内容

（一）坚持用唯物主义观点认识宗教的本质

宗教是人类社会在长期的生产过程中对自然力、社会力和灵魂缺乏正确认识而产生的对超自然力、超社会力的崇拜和对万物有灵论的信仰。马克思主义经典作家描述"一切宗教都不过是支配着人们日常生活的外部力量在人们头脑中的幻想的反映"。毛泽东在《读李达著〈社会学大纲〉一书的批注》中说："宗教的本质是崇拜超自然力，认为超自然力支配个人、社会及世界。这完全是由于不理解自然力及社会力这个事实而发生的。"他认为："自然支配，社会支配，万物有灵论，是原始宗教的三个来源。"可见，在毛泽东看来，宗教的本质是客观世界歪曲的反映。同时，毛泽东还认为，由于现实价值的需要和历史局限性，促成了宗教的产生和存在。他认为，"科学不发达、不普及，敬神在他们是完全需要的"。因此，他说："生产发达，对自然力逐渐理解得多，宗教发生的第一个根源渐渐失去。"又说"要老百姓不敬神，就要有科学的发展和普及"，"有了科学知识，迷信自然就可以打破，没有这一着，他还是要迷信的"。从毛泽东对宗教本质的论述，我们可以得知，毛泽东始终是站在唯物主义认识论的高度来理解宗教的产生和本质，这是毛泽东宗教思想的总指导思想。

（二）宗教要通过改革与经济社会发展相适应

宗教作为上层建筑中的社会意识形态，它的存在与经济基础密不可分，必须与经济社会发展相适应，在发展进程中要以改革的精神面对宗教发展的各种条件的变化。对这一问题，毛泽东在 1959 年 4 月第十六次最高国务会议上说："西藏地方大，现在人口太少了，要发展起来。这个事情，我跟达赖讲过。我说，你们要发展人口。我还说，你们的佛教，就是喇嘛教，我是不信的，我赞成你们信，但是有些规矩可不可以稍微改一下子？你们一百二十万人里头，有八万喇嘛，这八万喇嘛是不生产的，一不生产物质，二不生产人。你看，就神职人员来说，基督教是允许结婚的，回教是允许结婚的，天主教是不允许结婚的。西藏的喇嘛也不能结婚，不生产人。同时，喇嘛要从事生产，搞农业，搞工业，这样才可以维持长久。"1961 年 1 月，毛泽东在同班禅谈话时又说："宗教方面，你的意见是保留一部分脱产喇嘛。我同意你的意见，留那么几千人。过去一百一十多万人口中间有十一万多喇嘛，太多了，养活不了，对发展生产和人口不利。"在毛泽东看来，宗教要服务于经济和社会，宗教的发展要通过改革与经济社会的发展相适应，这也是宗教自身存在和发展的基础。

（三）信教自由是尊重人的价值的重要内容

人的价值可以分为自我价值和社会价值，两者是统一的。人的自我价值既表现为个体存在的意义（个体对社会的重要性、责任和贡献）和个体需求的满足，也表现为社会对个体的尊重和满足。人的社会价值则表现为个体对社会需求的满足和对社会进步的贡献。马克思说："在选择职业时，我们应该遵循的主要指针是人类的幸福和我们自身的完美。不应认为这两种利益是敌对的，互相冲突的。"宗教作为一种社会意识，对信仰其理论和教义的人而言，尊重其宗教信仰价值也是尊重人的精神价值。在对待个人的宗教信仰价值问题上，毛泽东在 1945 年 4 月中国共产党第七次全国代表大会上说："信教和不信教的各有他们的自由，不许加以强迫或歧视。"1952 年 10 月，他在接见西藏致敬代表团谈话时又说："共产党对宗教采取保护政策，信教的和不信教的，信这种教的或信别种教的，一律加以保护，尊重其信仰。今天对宗教采取保护政策，将来也仍然采取保护政策。"这一政策精神写入了中华人民共和国宪法，又明确写入了中共中央《关于我国社会主义时期宗教问题的基本观点和基本政策》（1982年3月）这一重要文件中。1956年2月，他在同藏族人士谈话时再次强调："人们的宗教感情是不能伤害的，稍微伤害一点也不好。除非他自己不信教，别人强迫他不信教是很危险的。这事不可随便对待。""信不信宗教，只能各人自己决定"。这些论述表明，宗教信仰是人的价值的重要组成部分，必须尊重人的宗教信仰选择，这是毛泽东宗教思想的核心内容。

（四）要遵循宗教发展的历史规律

宗教是一种客观存在的复杂的社会现象，它的产生有社会、心理等因素，是社会发展的产物；它的消亡也必须遵循宗教发展的规律，任何人为地消灭宗教都是有违历史唯物主义观的。在宗教消亡的问题上，毛泽东特别强调历史唯物主义的这一基本观点。他认为，宗教的存在是长期的，"就是到了共产主义社会也还会有信仰宗教的"。他还谈道："企图用行政命令的方法，用强制的方法解决思想认识问题，是非问题，不但没有效力，而且是有害的。我们不能用行政命令去消灭宗教，不能强制人们不信教。"宗教的最终消亡必须依靠人民群众的力量，要相信群众自己能从精神上解放自己。毛泽东在《湖南农民运动考察报告》中谈到破除农民的宗教观念时指出："菩萨是农民自己立起来的，到了一定时期农民会用他们自己的双手丢开这些菩萨，无须旁人过早地代庖丢菩萨。"在1944年10月陕甘宁边区文教工作者会议上作讲演时说："我们反对群众脑子里的敌人，常常比反对日本帝国主义还要困难些。我们必须告诉群众，自己起来同自己的文盲、迷信和不卫生的习惯作斗争。"毛泽东在对待宗教消亡问题上，始终坚持用历史唯物主义看待和分析宗教，这是毛泽东宗教思想科学性，也体现了毛泽东宗教思想的先进性，对于我们现今面对的国际国内新形势，正确处理好宗教问题具有很好的指导性意义。

三 毛泽东宗教思想的主要特征

（一）科学性与现实性

毛泽东宗教思想的科学性包含两个层面：一是毛泽东自身对待宗教经历了信仰、怀疑与批判、认同三个阶段，其自身的认识历程符合否定之否定规律，是认识规律的科学体现；二是毛泽东坚持用唯物史观对宗教的产生、本质、消亡进行了充分的分析，提出了许多具有开创性、针对性的观点，为我国制定宗教政策提供了宝贵的科学依据。

毛泽东宗教思想的现实性指宗教要服务和服从于中国革命和建设的需要，形成了具有中国特色的马克思主义宗教观。他在《湖南农民运动考察报告》中指出："由阎罗天子、城隍庙王以至土地菩萨的阴间系统以及由玉皇大帝以至各种神怪的神仙系统"所构成的"神权"与"政权"、"族权"和"夫权"一起，代表了全部封建宗法的思想和制度，是束缚中国人民特别是农民的四条绳索。这种宗法性宗教思想成为封建统治的工具，毛泽东认为要推翻封建统治必须推翻封建神权，把人民从封建神权中解放出来。在建设时期，毛泽东非常注重宗教研究，倡导共产党人要注重宗教研究，自己也身体力行，他对儒教、佛教、基督教和伊斯兰教都有所涉猎。

（二）阶级性与民主性

阶级性就要求我们在对待宗教问题时要用阶级分析的方法正确处理宗教中的敌我矛盾和人民内部矛盾。毛泽东提出："宗教中的反动势力……是我们的敌人。"即凡是利用宗教进行反共反人民的反革命活动的反动势力，他们同人民群众之间的矛盾属于敌我矛盾，对这类矛盾要采取斗争的方法求得解决。对于宗教界爱国人士和信教群众，由于宗教信仰而引发的同其他劳动群众的矛盾，属于宗教领域内的人民内部矛盾，毛泽东主张用民主的方法，即用讨论、批评、说服教育的方法加以解决。

建立人民民主国家是我党的建国宗旨，是赢得群众的基础。其基本体现就是人民最基本的权利能够得到保障。在信教问题上，毛泽东创造性提出了宗教信仰自由，他 1945 年在《论联合政府》报告中就明确指出：宗教信仰自由是人民群众的一个基本权利，"根据信教自由的原则，中国解放区容许各派宗教存在。不论是基督教、天主教、回教、佛教及其他宗教，只要教徒遵守人民政府的法律，人民政府就给以保护。信教和不信教的各有他们的自由，不许加以强迫和歧视"。宗教信仰自由写入了宪法，这也是毛泽东宗教思想的核心。

（三）统战性与艺术性

统战性是毛泽东宗教思想对马克思主义宗教观的发展，毛泽东创造性地把宗教问题纳入了中国革命的统一战线范畴，提出争取、团结、教育宗教界爱国人士和广大信教群众，组成爱国统一战线。1940 年，毛泽东在论及新民主主义文化时说："共产党员可以和某些唯心论者甚至宗教徒建立在政治行动上的反帝反封建的统一战线。"1951 年，他在《中共中央政治局扩大会议决议要点》中指出："知识分子、工商业家、宗教家、民主党派、民主人士、必须在反帝反封建的基础上将他们团结起来，并加以教育。"毛泽东所倡导的党同各民族宗教界的爱国政治联盟，把宗教界的爱国人士和广大的信教群众吸收进统一战线之内，最大限度地团结一切可以团结的力量，使宗教界的爱国人士能够行使参与国家管理的权利，在与新民主主义和社会主义相适应方面获得了共识，维护了民族的团结和社会的稳定，有利于我们的革命和建设。

宗教与其他社会意识形态如哲学、文学、艺术、道德等都有着密切的关系，在文学艺术方面表现为宗教文学、宗教音乐、宗教美术、宗教建筑等，作为各民族历史文化的一部分，已经成为人类文化史的财富。特别是其中宗教文化的载体如寺庙、诗文、典籍等更是应予以重视。毛泽东曾说："不批判神学就不能写好哲学史，也不能写好文学史和世界史。"

四 毛泽东宗教思想的启示

（一）要坚持宗教信仰自由和"三自"原则，坚决打击宗教分裂势力

我国是一个多民族国家，五大宗教都在我国存在，信教人员在一亿左右，涉及全国各地，做好宗教工作不仅关乎保障公民权利与社会稳定，更关乎民族的团结与国家的统一。如何做好宗教工作至关重要，保障公民的宗教信仰自由的基本权利是一条基本原则，在对待宗教发展问题，我们要严格落实"自治、自养、自传"的原则，防止别有用心的国家利用宗教影响我国社会主义事业建设。宗教分裂活动还在一定范围存在，给宗教工作带来巨大的挑战，特别是西藏"3·14"事件和新疆"7·5"事件这两起典型的由宗教分裂势力主导的悲剧，不仅给人民群众带来严重的生命财产损失，也给民族和谐带来巨大冲击，影响了国家社会的稳定，影响了国家形象。这些事件的本质是西方国家利用宗教极端势力对我国的冲击，借此破坏我国发展的良好形势。对于这种极端宗教活动和宗教势力，我国政府应坚决予以防范和打击。

（二）充分认识宗教工作在统战工作中的地位，加强领导

统一战线是我国夺取革命和建设胜利的三大法宝之一，面对众多的信

教群体，在复杂当今国际国内形势下，做好宗教工作对经济社会平稳发展具有不可忽视的作用。

1. 坚持宗教工作中的正确方针、政策，加强对宗教界的领导。我们要根据新的实际全面贯彻执行中央最新的党的宗教政策，保障公民宗教信仰自由，依法管理宗教事务，坚持积极引导宗教与社会主义社会相适应的基本方针，坚持独立自主自办原则及我国宗教团体和宗教事务不受外国势力支配的宪法规定，坚持党同宗教界政治上团结合作、信仰上互相尊重的基本原则，正确处理宗教领域两类不同性质的矛盾，坚持宗教界要遵守法律、维护法律尊严、维护人民利益、维护民族团结、维护国家统一的行为准则，建立和发展党同宗教界的爱国统一战线。

2. 改善宗教管理工作方式，团结宗教界人士。现今我国处在社会主义建设时期，宗教已属于人民内部的思想认识的问题，不能对宗教事务采取简单的行政手段进行干预，要充分尊重宗教人士，转变指导思想上对宗教工作问题的片面看法，这是搞好新时期统战工作的关键之所在，只有认清宗教工作问题的实质，把握宗教发展的规律性，按照宗教的规律去做宗教工作，才能避免用简单的方法去处理复杂的宗教问题。

3. 积极解决宗教领域的现实困难。我国信教群众量很大，分布很广。我国的西北、西南、东北、华北边疆都是少数民族聚居区，他们几乎都是全民信教的民族，这就使我国宗教的民族性也十分突出，这些边疆地区政治是否安定、经济能否发展，很大程度上取决于党的宗教政策的贯彻落实。我们就是要通过贯彻落实党的宗教方针政策，把广大信教群众团结在党和政府周围，把信教群众和不信教群众的力量凝聚到建设中国特色社会主义事业上来。

（三）要加强宗教文化研究与开发，发挥其在发展社会主义文化中的作用

宗教大都主张止恶扬善，中国的宗教在发展过程中不断与中国的传统道德观念和世俗社会心理相融合，我国宗教各派恪守仁慈、宽容、乐善好施、济世利人、普度众生的信条与严于律己、宽以待人、爱人如己、谦虚诚恳、买卖公道、助人为乐、孝敬父母的教义具有明显的凝聚功能和调适功能，这对促进社会主义精神文明建设是有益的。我国正在着力建设社会主义核心价值体系和发展和繁荣社会主义文化，宗教文化也是人民群众在生产生活中智慧的结晶，特别是宗教经典文籍、宗教建筑、宗教绘画雕刻

与音乐等，我们要加强宗教文化的研究与开发，将宗教中的积极因素运用到社会主义核心价值体系的建设当中，充分发挥其在发展社会主义文化中的作用。

参考文献

［1］《毛泽东选集》第 1 卷，人民出版社 1991 年版。

［2］《毛泽东选集》第 2 卷，人民出版社 1991 年版。

［3］《毛泽东选集》第 4 卷，人民出版社 1991 年版。

［4］《毛泽东选集》第 5 卷，人民出版社 1991 年版。

［5］《毛泽东文集》第 8 卷，人民出版社 1999 年版。

［6］江泽民：《新时期统一战线文献选编（续编）》，中央文献出版社 2001 年版。

［7］杜玉芳：《毛泽东宗教思想的若干特征》，《理论学刊》第 1 期。

［8］朱令名：《毛泽东与宗教》，《新注大学学报（哲学社会科学版）》1993 年第 21 卷第 4 期。

［9］向文梅：《毛泽东宗教观探析》，《青海师范大学学报（哲学社会科学版）》第 33 卷第 1 期。

（原载《湖南省社会主义学院学报》2012 年第 4 期）

论佛教文化对毛泽东的多重影响[①]

唐魏娜　朱方长

毛泽东从小就是一个热爱读书的人，从追求革命真理的青年时代，到战火硝烟的革命战争年代，再到建设社会主义新中国，即使是重病缠身、生命弥留之际，阅读书籍也从未间断。毛泽东读书，涉及的领域极其广泛，文、史、哲、军事、自然科学，古今中外，无所不至。毛泽东对于佛教的相关经典和知识也是涉猎广泛。在他漫长的人生路途中，佛教文化对他也有着多重的影响，并形成了自己独特的观点。

一　佛教文化对青年毛泽东世界观的影响

和普通的中国农村妇女一样，毛泽东的母亲文七妹虽然是一个文盲，对佛教理论并不是很清楚，但是因为佛教信仰在中国广大农村的普及，佛教的慈悲为怀，严于律己，宽于待人道德准则也成为了毛泽东母亲文七妹行为处事、待人接物的标准，母亲的精神品质深受毛泽东的敬仰，对他也产生了很多深刻的影响。

毛泽东的母亲于 1919 年农历 8 月因病去世，临终之时毛泽东没有在其身边，"二弟毛泽民告诉他：母亲临终时还在呼唤他的名字。那几天，面对暗淡的油灯，毛泽东一直守在灵前"。[1]虽然母亲去世了，但慈母的往事还历历在目。悲痛之余，毛泽东于 10 月 8 日写下了一篇四言体长诗《祭母文》，高度赞扬了母亲的精神品质。该诗虽然简单通俗却又催人泪

---

①　作者唐魏娜，湖南农业大学人文社会科学学院硕士研究生；朱方长，湖南农业大学人文社会科学学院教授。

下，情真意切，重在叙事和抒情：既是毛泽东对母亲逝世的缅怀，更是对母亲世界观的传承。主要从三个方面体现出来。

一是慈悲观。祭文里说"吾母高风，首推博爱。远近亲疏，一皆覆载"。毛泽东的母亲是信奉佛教里的观世音菩萨，而在佛教里观世音菩萨的全称是"大慈大悲救苦救难广大灵感观世音菩萨"，在佛教四大菩萨里，观音菩萨就是大慈大悲的代表。从祭文可以看出，慈悲是毛泽东母亲最大的特点，体现在不管是远近亲疏，贫富贵贱，她都一视同仁的对待，总是不计回报的帮助别人。1936 年毛泽东对埃德加·斯诺谈起母亲时，他曾这样说："我母亲是个心地善良的妇女，为人慷慨厚道，随时愿意接济别人，在荒年前来讨饭的穷人，她常常给他们饭吃。"[2]作为道德启蒙老师，母亲普济众生的襟怀和高风亮节对毛泽东的影响至为深刻。[3]在毛泽东 1917 念致黎锦熙的信中，写道："若以慈悲为心，则此小人者，吾同胞也，吾宇宙一体也"，因此"吾人存慈悲之心以救小人也"。可见，青年时期毛泽东认为对小人也应该以慈悲心来救助他们，应把他们也视为一体，这种博爱慈悲的精神无疑也是他从小就从母亲耳濡目染那里得来的。正因为如此，毛泽东从小对弱者就极具有同情心，并与母亲一样经常帮助别人，接济穷人，一直到他成为伟人之后，仍旧继承和发扬这些美德。跟随毛泽东十五年的卫士李银桥说他见毛泽东第一次落泪，是看到一名病重的孩子，那孩子母亲哭，他也跟着落泪，命令医生全力去抢救。[4]解放后，毛泽东经常给父老乡亲和师友，尤其是生活困难者多次寄钱，还邀请他们到北京叙旧，设宴款待，送许多礼物。而他自己则节衣缩食，吃、穿很普通，生活相当俭朴。可见毛泽东即使身经百战仍不失悲悯情怀。

二是戒律观，祭文"不作诳言，不存欺心"，"洁净之风，传遍戚里。不染一尘，身心表里"。还有"但呼儿辈，各务为良"。清净戒律是佛教的基础，戒律主要是从人的"身、口、意"三个方面进行规范，从而起到止恶防非的作用。作为一个在家佛教徒，守五戒是其最基本的要求，另外更高的要求可以受八关斋戒，菩萨戒：而出家比丘要受 250 条戒，比丘尼要受 384 条戒。"不妄语"，即不说假话，是所有佛教徒都必须要遵守的。它要求佛教徒应该不能为了自己的私利而说欺骗他人的话，应该说实话、说真话，保持身口意的一致。佛教认为只有守戒，才能起到"由戒生定，由定发慧"。文中"不作诳言，不存欺心"就是不妄语戒的表现。而毛泽东母亲的伟大，不仅在其自身做到，即使在临终之际，她依旧不忘拿佛教的戒律要求自己的孩子要做个仁慈守信的人。毛泽东的母亲正是严守了佛教的戒律思想，在身口意上都从好的、善的、真的方面出发，才会表里如一，有着高尚的人格，深受子女和周围人们的爱戴。母亲的这些高尚品质不仅在毛泽东心里留下深刻的印象，也影响着他的一生。在抗日战争时期，毛泽东在教导共产党人时说："共产党员在和友党友军发生关系的时候，应该坚持团结抗日的立场，坚持统一战线的纲领，应该言必信，行必果，诚心诚意地和他们商量问题，协同工作，成为统一战线中各党相互关系的模范。"只有这样，"才能动员全民族一切生动的力量，为克服困难，战胜敌人"[5]。正是毛泽东"言必信，行必果"的态度，才换得了广大人民群众对共产党的信任，建立了新中国。

三是性灵观。祭文"呜呼吾母，母终未死。躯壳虽殒，灵则万古"。在青年毛泽东的眼中，母亲虽然离自己而去，但是她的灵性（即本体）却万古长存。佛教认为任何众生的性灵即佛性都是不生不灭的，在众生临终时随着其前世的因果业力去了六道中的另外一道，它在圣不增，在凡不减，根本上来讲性灵是长存的。早在1916年毛泽东在写给黎锦熙的信中就说道："世界之外有本体，血肉虽死，心灵不死。"[6]由此可见，毛泽东当时是承认性灵不灭的。青年毛泽东还深受谭嗣同"灵魂说"的影响，谭嗣同在《仁学》中说人的灵魂"可以住水，可以住火，可以住风，可以住空气，可以风行往来诸星诸日，虽地球全毁，无所损害，复何不能容之"。可见谭嗣同不仅认为人的灵魂不死，而且几乎无所不能。同时毛泽东的老师杨昌济也非常推崇谭嗣同和他的《仁学》，甚至在谭嗣同牺牲后还说过："谭浏阳英灵充塞宇宙之间，不复可以死灭。"可见毛泽东在《祭母文》中说道"躯壳虽殒，灵则万古"也是受到谭嗣同思想的影响。但是青年毛泽东也曾受康德二元论的影响，这种影响又往往与某些佛教观点掺杂在一起。他的"世界之外有本体"来自康德，因此他又不完全像谭嗣同那样完全承认灵魂的作用，相反他一方面认为灵魂不死，另一方面又说："苟身之不全，则先已不足自乐于心，本实先拨矣。反观世事，何者可欣？"因此他也承认现实的物质条件是不可缺少的。他并不将物质和精神看作"空"，而是看成两个独立的实体，这也为他以后向马克思主义唯物论转化创造了条件。

二 佛教文化对毛泽东宗教观的影响

毛泽东作为一个马克思主义者，不信仰佛教，但他出生于一个深受佛教影响并且虔诚信仰佛教的家庭之中，自然知道宗教在中国所具有的群众性、长期性、复杂性。毛泽东曾经高度评价佛教文化在中国文化史上的作用和地位，说"古人灿烂的文化，都是和宗教紧密相连的"，佛教在哲学、建筑、美术、音乐等上取得的成就是全人类也是中华民族文明和灿烂文化的重要部分。[7]佛教虽然是一种宗教信仰，但同时也作为一种文化，一种思想，一种认识，在中国土地上深深地扎下了根。虽然毛泽东后来转变为马克思主义者，但他仍然深刻地认识到对宗教只能采取说服教育的方法而不是采取打压的方式，更不许采取行政手段来强行"消灭"宗教。因而在现实的政治生活实践以及制定宗教政策时，毛泽东都十分重视制定和认真执行对包括佛教在内的各种宗教的宗教政策。这些政策的制定，既具有唯物史观的科学依据，又考虑到我国的历史和现实的情况，符合马克思实事求是的原则，又具有高度的灵活性，因此十分适应我国民主革命和社会主义建设时期的需要。

按照唯物辩证法的观点，宗教是在一定历史条件下产生的，那么只有当一定的历史条件成熟之时，宗教才会归于消失，因此并不是任何外在人为的干预所能改变的。早在 1927 年毛泽东写《湖南农民运动考察报告》中就写道："菩萨是农民立起来的，到了一定时期农民会用自己的双手丢开这些菩萨，无须旁人过早地代庖丢菩萨。共产党的宣传政策应当是'引而不发，跃如也'。"[8]在这时他就看到了当农民的觉悟还没有达到自己愿意丢菩萨的时候，就应该尊重他们，否则他们就会有情绪，认为共产党人连佛菩萨这么有慈悲精神的代表都要摧毁，那还相信什么。共产党人不应该去干涉，因为到一定的时候农民自己会去丢。而后来的历史证明，毛泽东及中国共产党一直也是遵循着保护人民的宗教信仰政策这一基本原则的。1931 年，在江西苏区瑞金召开的中华苏维埃第一次全国代表大会上，就明确规定了"中国苏维埃政权以保障劳苦民众有真正的信教自由的实际为目的，绝对实行政教分离的原则"。后来在红军二万五千里长征的途中，以毛泽东为代表的工农红军也正是执行了党的民族政策和宗教政策，因而顺利通过了少数民族聚居区。

我国是一个多民族的国家，除汉族外，其他 55 个少数民族同宗教都有密切的联系，因此制定正确的宗教政策，对于团结各少数民族就具有重要的战略意义。在抗日战争时期，为了团结广大少数民族参加抗日，在毛泽东和中共中央的指导下，拟定了《关于回回民族问题的提纲》（1940 年 4 月）和《关于抗战中蒙古民族问题的提纲》（1940 年 7 月）分别列入了尊重少数民族人民的宗教信仰自由，尊重他们的风俗习惯，保护他们的宗教场所清真寺和喇嘛庙，发扬各宗教的美德，反对和禁止任何侮蔑和轻视他们宗教活动的行为。1945 年 4 月，毛泽东在中国共产党的第七次全国代表大会所作的《论联合政府》中也对宗教信仰自由政策作了完整的阐述，并把宗教信仰自由列为人民群众的基本权利之一，还指出了在解放区不论是哪个宗教的教徒，"只要教徒遵守人民政府法律，人民政府就给以保护，信教和不信教各有他们的自由，不许加以强迫和歧视"[9]。毛泽东不仅是这样的说的，而且为了团结少数民族，更是亲自去做一些与民族团结有关的宗教工作。例如，1940 年 3 月，在延安成立了成吉思汗纪念堂和设立蒙古文化陈列室，毛泽东不仅亲笔题写了"成吉思汗纪念堂"的名字，还与朱德一道，于当年夏天发起公祭成吉思汗。[10]

中华人民共和国成立之后，毛泽东和中央人民政府也还是一贯的重视和保护人民的宗教信仰自由政策，并将其作为一种政策长期坚持下去。在1949 年 9 月中国人民政治协商会议第一次会议通过的《中国人民政治协商会议共同纲领》和 1954 年 9 月召开的第一届全国人民代表大会过的《中华人民共和国宪法》都规定了"中华人民共和国的公民具有宗教信仰自由"。1952 年 10 月毛泽东在接见西藏致敬团时就指出共产党对于不管是信教的或不信教的，信什么教的，都会予以保护，尊重其自由，现在和将来都会采取宗教保护政策。[11]这就清楚地表明了，只要宗教存在一日，共产党就要对宗教采取保护政策和坚持宗教信仰自由政策，从而表明了党的宗教政策的长期性和稳定性。

世界上流传广泛的宗教都是历史悠久，对普通大众影响深远，信徒众多，几乎在每一个地区都有信仰宗教的传统。而共产党的群众路线要求共产党员一切为了群众，一切依靠群众，从群众中来，到群众中去，其中的群众当然也包括广大的宗教信徒，这就需要共产党员深入到宗教信徒中去。对于共产党员为了联系群众去拜佛教的菩萨，毛泽东也是十分支持的。1942 年 11 月 2 日毛泽东在西北局高干会议上就以彭湃为例说："彭湃同志是农民运动大王，是留学生，是中共中央委员。老百姓二月十九日去拜观音菩萨，那天他也去，如果不去人们就会认为他这个人不大正派，连菩萨都不信。"[12]因为在群众的眼中，观音菩萨就是慈悲和正义的化身，如果连观音菩萨都不信仰那会被老百姓误会为不大正派。可见，为了联系群众，为了群众，就必须接近群众。1961年在接见当时西藏的班禅喇嘛时，他就对班禅说他很赞同共产主义者研究和学习各个民族和地区的宗教经典，特别是佛教的经典。因为宗教问题是群众问题，在中国信仰宗教的群众数量相当多，为了做好群众工作共产党员必须也能懂得宗教，这样才能把工作做好。关于共产党员如何面对宗教问题，毛泽东经常发表自己的看法，并不是因为谈话对象是宗教界人士才这样说，而是他一贯坚持的观点。在会见外国一些共产党人时，他也经常谈到宗教问题，1964年5月25日接见秘鲁等拉美国家两个共产党学习代表团时，毛泽东同客人谈到秘鲁农民信多神教的问题说："一开始就叫群众去反对宗教，宣传什么'我们是无神论者，你们信神我们不信'，那不行，群众就会和我们闹翻了。群众觉悟是逐渐提高的，要群众丢掉宗教需要很长过程，信宗教不等于不反对帝国主义、封建主义、官僚资本主义。"因此毛泽东对宗教的关注、尊重和学习，是从作为无产阶级革命家关于党的统一战线和群众路线的战略高度来认真看待这一问题的，实践证明毛泽东的这些做法时正确的，不遵循这些做法就会伤害群众的宗教感情，破坏群众之间的团结，是不符合共产党群众路线的观点。

三　佛教文化对毛泽东政治观的影响

在毛泽东的母亲去世不久，他在给好友邹蕴真的信中写道："世界共有三种人——损人利己的人；损己不利人的人；可以损己而利人的人，而我的母亲就属于第三种人。"而毛泽东母亲这种"可以损己而利人的人"，体现的也正是佛家先人后己的菩萨道精神。在革命生涯中，毛泽东把佛家的怜悯弱者、普度众生、平等博爱等主张运用马克思主义的方法批判地加以改造和吸收，融入于他的人格理想之中。

共产党的宗旨是"全心全意为人民服务"，其思想源于马克思《共产党宣言》中的一句名言"无产阶级只有解放全人类，才能最后解放自己"，其意即是说无产阶级要解放自己，必须先解放全人类，这决定了无产阶级必须大公无私，以解放全人类为己任。在大乘佛教的菩萨行中，这种先人后己的宏愿也随处可觅，如《佛说无量清净平等觉经》中就有"我国中人民住止尽般泥洹，不尔者我不作佛。"[13]观音菩萨"即使一人无法得除如斯烦恼，我亦誓不成佛道"；[14]地藏菩萨"我当为十方人作桥，令悉蹈我上度去"，"地狱不空，誓不成佛"[15]等誓愿，都表达了此种境界。可见毛泽东所提倡的"全心全意为人民服务"，"毫不利己，专门利人"等等，实际上与佛教文化所提倡的理念是有相类似的精神源头，可以说是毛泽东借鉴了佛教文化的思想。尽管毛泽东后来提倡的共产党的人生哲学同佛教教理在理论形态上有本质区别，但就实践者所拥有的美好信念和情怀而言，两者在精神境界上所具有的相通之处又是非常明显的。

在佛教文化与共产主义信仰的共同之处这一点上，毛泽东虽然放弃了少年时代的佛教信仰，但是凭他对佛教典籍的学习和研究及运用马克思主义指导中国革命取得胜利，这两者之间的共同之处他早就了然于胸。1948年毛泽东与周恩来、任弼时及五台山寺院的出家人等在五台山时，就和任弼时就佛教文化的思想和共产主义的思想异同进行了一番讨论。任弼时认为佛教是一种为了拯救民众而甘愿自己牺牲的宗教。释迦牟尼佛虽然是一位王子，但他仍旧觉悟到了世间有太多的苦难，为了解决这一问题，他才决心放弃一切出家修道寻找答案的，这也是一种舍生取义。毛泽东在听到这番话后也认为"马列主义"的出现就是为了拯救无产阶级，挽救所有的穷人，这也是"佛"。因为马列主义能指导所有的穷困民众团结起来闹革命，当家作主了，这才能够解决守压迫的痛苦。因此从共产党员的献身精神来看，和佛教的献身精神是有一定的相似之处的。1955年3月8日，毛泽东在同达赖喇嘛谈话时说："我们再把眼光放大，要把中国、把世界搞好。佛教教义就有这个思想。佛教的创始人释迦牟尼主张普度众生，是代表当时在印度受压迫的人讲话。为了免除众生的痛苦，他不当王子，出家创立佛教。因此，信佛教的人和我们共产党人合作，在为众生即人民群众解除压迫的痛苦这一点上是共同的。"[16]1959年10月22日，在同第十世班禅大师谈话时，毛泽东又指出："从前释迦牟尼是个王子，他王子不做，就去出家，和老百姓混在一块，作了群众领袖。"站在受压迫的劳动人民的立场上，毛泽东和释迦牟尼是一样的，都是对待老百姓没有阶级差别，一律平等的对待受压迫的老百姓，为大众谋幸福的事业而甘愿牺牲奉献。

在中国佛教历史上，毛泽东最欣赏禅宗六祖慧能的创新精神。建国以后，毛泽东曾多次索看《六祖坛经》，有时外出观察工作时也带着。毛泽东也曾对班禅大师提到《六祖坛经》，认为它虽然不是佛陀亲口宣说的佛经，却是唯一一部被佛教徒尊称为"经"的书。可见，毛泽东非常看重《六祖坛经》在中国文化史上的地位。毛泽东认为，六祖慧能主张人人皆有佛性，开禅宗南宗顿悟法门，一方面破除了普通老百姓想象中认为佛法高深莫测的误解，证明了"诸佛妙理，不关文字"，一字不识之人也能成佛；一方面使从印度传入的佛教在形式上和内容上更能为大众所接受，实现了佛教的中国化。虽然毛泽东和六祖慧能涉及的领域完全不同，但是慧能使印度佛教中国化与毛泽东使马克思主义中国化两者又具有异曲同工之妙，慧能的创新精神对毛泽东在政治领域的创新也具有深刻影响。佛教不是共产主义，共产党也并非菩萨，他们之间是有很大区别的，这里只是说他们在思想境界和道德实践上有许多相通之处。正是在这个意义上，马克思主义不但能够能同中国社会相适应，而且能够在今天的社会还发挥着特殊的作用。

四　佛教文化对毛泽东语言运用的影响

毛泽东因为出生在佛教氛围浓厚的韶山地区，在他的家乡附近就有很多佛教寺庙，少年时期的他到寺庙里去借书看。后来到长沙读书，他还念念想读佛教的书。在 1920 年 6 月，在致黎锦熙的信中又提到了他想研究佛学的愿望。根据毛泽东生前负责图书的秘书逄先知回忆，他也认为毛泽东非常重视对佛经的研读。因为在中国佛教徒最重视的《金刚经》、《华严经》、《六祖坛经》等书及相关著述及解释，毛泽东都读过，还曾多次向身边人员索要《金刚经》。1959 年 10 月毛泽东有一次外出前除指名要带马列著作、欧洲著名哲学著作以及中国古代经典论著外，还特别提出要带《大涅槃经》、《法华经》、《六祖坛经》等佛经。正是因为对佛教经典广泛且深入的阅读和学习，毛泽东在论述自己的政治观点时，常常旁征博引古今中外的许多典故，其中不乏很多与佛教有关的。对于读过的佛教典籍和佛教有关的历史人物、故事、文学作品、戏剧也是信手拈来的运用到自己的文章和讲话中。

毛泽东对《西游记》中的人物和故事情节都很熟悉，所以在不同的场合总是根据当时的需要做不同的解释。如 1957 年 3 月，毛泽东和文艺界人士谈话，在谈到一个人在世界上挨点整也是必要的时说，玉皇大帝对孙悟空也不公平。孙悟空的个人主义英雄主义也蛮厉害，他对自己的评价是"齐天大圣"，而玉皇大帝只封他"弼马温"，所以他大闹天宫，反官僚主义。在 1957 年 7 月，毛泽东在一次会议上谈到对地主、富人、反革命摘了帽子的，要调皮再要戴上时说，唐僧这个集团，猪八戒简单可以原谅，孙悟空没有紧箍咒不行。1958 年 4 月毛泽东又在会议上说，孙行者是无法无天的，他是反教条主义的；猪八戒一辈子是个自由主义者，有修正主义，想脱党；唐僧是伯恩斯坦。1959 年在一个批示中，在谈到对还没有充分暴露的敌对分子的活动应注意观察时说，我们是如来佛掌，跳不出去的。毛泽东还曾以猪八戒为例，说明必要的清规戒律和波浪式发展的必要性和重要性。1957 年3 月，在一次干部会议上讲话时，毛泽东在谈到"百花齐放，百家争鸣"的方针时，说到封建时代遗留下来的艺术化的意识形态，可以搞那么一点点，让大家见见世面。这跟神话不同，比如《大闹天宫》，是大家赞成的，还有《劈山救母》、《水漫金山》、《断桥》之类，不要因为出了一些妖魔鬼怪的东西就着急，不要用行政命令来禁止。除了《劈山救母》，其他三个都是与佛教有关的故事。毛泽东对《西厢记》及由其改编的一些戏剧也很感兴趣，在他的多次谈话中，还以《西厢记》中的故事为例，说明某些政治道理。毛泽东在谈到工作要抓重点时，曾引戏剧《香山记》中的开头两句唱词："不唱天来不唱地，单唱一本《香山记》。"《香山记》就是讲的观世音菩萨成道的故事，毛泽东在青少年的时候就曾看过这出戏。

　　《毛泽东选集》中记载了他使用的佛教语言有："觉悟"、"自觉觉他"、"单兵独马"、"在劫难逃"、"口头禅"、"引玉之砖"、"对牛弹琴"、"五体投地"、"三灾八难"、"大慈大悲"、"敲骨吸髓"、"拖泥带水"、"回头是岸"、"空中楼阁"、"同床异梦"、"救苦救难"、"一厢情愿"、"隔靴抓痒"、"牛鬼蛇神"等的出处都是来自于佛教的经典，仅此就可看出毛泽东对佛教语言的运用是多么自如了。据胡乔木回忆，毛泽东晚年对于当时迟迟结束不了"文化大革命"时，心情非常的忧虑，还引用了成都宝光寺的一副对联："世外人法无定法然后非法法也；天下事了犹未了何不不了了之。"[17]以表达他对时局的无奈。

参考文献

［1］［2］傅德岷、邓洪平：《毛泽东诗词鉴赏》，四川人民出版社 2001 年版，第 20 页。

［3］何显明：《超越与回归——毛泽东的心路历程》，学林出版社 2002 年版，第 39 页。

［4］权延赤：《走下神坛的毛泽东》，中外文化出版公司 1989 年版，第 41 页。

［5］《毛泽东选集》第二卷，人民出版社出版 1952 年版，第 78 页。

［6］《毛泽东早期文稿》，湖南出版社 1990 年版，第 60 页。

［7］牛崇辉：《毛泽东与五台山僧同人》，《纵横》2000 第 9 期。

［8］《毛泽东选集》第一卷，人民出版社出版 1952 年版，第 33 页。

［9］《毛泽东选集》第三卷，人民出版社出版 1952 年版，第 1063—1092 页。

［10］李维汉：《回忆与研究》下，中共党史资料出版社 1986 年版，第 463 页。

［11］《人民日报》1952 年 11 月 22 日。

［12］《毛泽东选集》第五卷，人民出版社 1952 年版，第 368 页。

［13］《无量清净平等觉经》卷 1。

［14］《道行般若经·贡高品》。

［15］《优婆塞戒经》卷五，《杂品之余》。

［16］《毛泽东同西藏达赖喇嘛的谈话》，1955 年 3 月 8 日。

［17］常家树：《毛泽东与佛教文化》，《党史纵横》2008 第 3 期。

（原载《船山学刊》2012 年第 2 期）

五四时期陈独秀基督教观探析[①]

许艳民

"五四"时期，陈独秀与基督教的关系十分复杂，有人称他为"无宗派的基督徒"[1]。检视"五四"时期陈独秀的基督教观，对于梳理我国知识分子与基督教的复杂关系，审视中西文化间的碰撞与交流，无疑均有着十分重要的意义。

一 "以科学代替宗教"

辛亥革命推翻了中国两千多年的封建专制统治，但它没能从根本上废除封建伦理道德。辛亥革命后，先是袁世凯称帝，后又出现张勋复辟的丑剧，康有为甚至主张立孔教为国教。民初的这些复辟浪潮使陈独秀认识到，要真正实现民主共和，就必须反孔，"孔教与共和乃绝对两不相容之物，存其一必废其一"。[2]p.336反对孔教因之成为陈独秀发动新文化运动的直接诱因。"孔子的学说思想在中国已根深蒂固，深入社会人心。故（陈）攻击孔子最力，成为空前的大论战。终结笼罩两千余年的孔子学说，根本动摇，威信扫地。"[3]围绕孔教的论争必然涉及宗教问题，那么，陈独秀是如何看待基督教的呢？

（一）宗教信仰不合乎进化法则

19世纪末叶，进化论学说传入中国，成为人们认识自然和社会绝对唯一的科学真理。陈独秀对进化思想十分崇信，它成为陈独秀批判封建伦理道德并非难一切宗教强有力的武器。

---

① 作者许艳民，汕头大学社科部讲师。

在陈独秀看来，新陈代谢、进化发展是宇宙的根本法则，争存竞胜的原理不仅存在于自然界，同样也存在于人类社会中间。"我们相信世界各国政治上、道德上、经济上因袭的旧观念中，有许多阻碍进化而且不合情理的部分。我们想求社会进化，不得不打破'天经地义'、'自古如斯'的成见。"[4]pp. 40—41 他认为宗教为逝去之文明。宗教的最大弊端是阻塞人们的思想，阻碍社会的进步。"宗教之功，胜残劝善，未尝无益于人群；然其迷信神权，蔽塞人智，是所短也。"[2]p. 137 他由此认定："耶教所说，更是凭空捏造，不能证实的了。上帝能造人类，上帝是何物所造呢？上帝有无，既不能证实，那耶教的人生观，便完全不足相信了。"[2]p. 346 陈独秀相信，人类的进化是无穷的。基督教若没有阻碍人类进化这一"原罪"，是为圆满。"弟以为人类进化，犹在中途，未敢驰想未来以薄现在，亦犹之不敢厚古以非今，故于世界一切宗教，息怀尊敬之心。若非迷信一端，谓为圆满，不容置疑，窒思想之自由，阻人类之进化，则期期以为未可。"[2]p. 162

（二）宗教信仰不合乎科学理性精神

陈独秀视科学和民主为社会进步的两大动力，亦是救治中国，"削弱传统道德价值基础的腐蚀剂"[5]。在科学与宗教的参照对比中，他极力否定宗教存在之必要。"它（新文化运动）宣传科学，当然不可能承认宗教的创世之说；它主张民主，当然不可能将从基督教教义衍生出来的等级森严的教会制度视为天经地义；它否定中国自己的'孔教'，当然没有理由把19世纪以来经西方人文主义思想家严厉批判已经开始失去灵光的基督教看作神圣不可侵犯。"[6]陈独秀断定，所有宗教必言神，必论生死，此大前提未必有误，"盖宗教不离鬼神也"。[2]p. 278 他号召人们破坏这些虚幻的偶像，"天地间鬼神的存在，倘不能确实证明，一切宗教，都是一种骗人的偶像；阿弥陀佛是骗人的；耶和华上帝也是骗人的；玉皇大帝也是骗人的；一切宗教家所尊重的崇拜的神佛仙鬼，都是无用的骗人的偶像，都应该破坏"！[2]p. 391 他相信随着科学技术的发达，宇宙人生之奥秘必将逐渐解开，科学必将代替宗教。"故余主张以科学代替宗教，开拓吾人真实之信仰，虽缓终达。"[2]p. 253

陈独秀"科学代替宗教"的论断是就宗教发展的长远趋势而言的，对于现实中客观存在的宗教，他认为基督教更有价值。虽然他认为一切宗教，无神治化等诸偶像，但基督徒"宗教意识之明瞭，信徒制行之清洁，往往远胜于推崇孔教之士大夫。"[2]pp. 224—225 他进而强调宗教信仰自由之重要性。"所谓宗教信仰自由者,任人信仰何教,自由选择,皆得享受国家同等之待遇,而无所歧视。"[2]pp.224—225若国家强迫信教的话,"欧洲宗教战争,殷鉴不远。即谓吾民酷爱和平,不至激成战斗,而实际生活,必发生种种撞扰不宁之现象。"[2]p.225

这一时期陈独秀以进化论为武器,以科学理性为标准,批判基督教阻进化及非科学的成分,这与五四时期的民主与科学精神是相一致的。虽然他相信科学必将代替宗教,但又承认在社会尚需要宗教的前提下,基督教优越于孔教。

二 "用耶稣崇高的爱把我们从污浊坑中救起"

1919 年 3 月韩国爆发独立运动,广大基督徒参与并领导了这次运动,在争取民族独立过程中发挥了重要的作用。受韩国独立运动影响,中国许多教会学校的学生也参加了罢课、游行示威等活动,成为五四爱国运动的重要组成部分。陈独秀对韩国独立运动感触颇深,"这回朝鲜的独立运动,伟大、诚恳、悲壮……我们对之有赞美、哀伤、兴奋、希望、惭愧,种种感想",我们"从此不敢轻视基督教"[2]p.510。同年 6 月陈独秀因散发传单被捕入狱,入狱期间,他认识到,之前他单纯信仰科学和理性对国民性的改造是有局限的。"我近来觉得对于没有情感的人,任你如何给他爱父母、爱乡里、爱国家、爱人类的伦理知识,总没有什么力量能叫他向前行动。"[4]pp.86—87离开情感的伦理道德缺乏自律和内省的力量,这正是中国人麻木不仁的病原所在。他甚至认为中华民族腐败堕落到人类普通资格水平线以下,为此他感到"惭愧、悲愤、哀伤"[4]p.283。而基督教正好可以弥补这一缺陷,"现在要补救这个缺点,似乎应当拿美与宗教来利导我们的情感。……我主张把耶稣崇高的、伟大的人格和热烈的、深厚的情感,培养在我们的血里,就是因为这个理由"[4]p.88

陈独秀认识到,在科学尚不发达的今天,宗教仍是人们精神生活的重要内容。"新文化运动,是觉得旧的文化还有不足的地方,更加上新的科学、宗教、道德、文学、美术、音乐等运动。"[4]p.123他承认在新文化中不能没有宗教,"宗教在旧文化中占很大的一部分,在新文化中也自然不能没有他。……社会上若还需要宗教,我们的反对是无益的,只有提倡较好的宗教来供给这需要,来代替那较不好的宗教,才真是一件有益的事"。[4]p.125针对中国社会长期敌视基督教的情况，陈独秀认为有十种原因：
(1) 吃教者多，信教者少；(2) 各国政府以传教为侵略的武器，招致中国
人怨恨；(3) 中国人的尊王攘夷观念；(4) 基督徒出身卑微；(5) 媚外官
员激怒人民，尊圣官员激怒教徒；(6) 邪僻教士袒庇恶徒；(7) 基督教义
与中国人祭祖相冲突；(8) 圣经没有四书五经古雅；(9) 中国人视科学为神
奇鬼怪；(10) 天主教的神秘感。他指出，中外教案冲突实在是中国人底错
处多，外国人的错处不过一两样。[4]p.85—86如果我们仍然说它是邪教，"终究
是要被我们圣教淘汰的"[4]p.84他热情地讴歌道，"我们不用请教什么神
学，也不用依赖什么教义，也不用藉重什么宗派：我们直接去敲耶稣自己
的门，要求他崇高的、伟大的人格和热烈的、深厚的情感与我合二为
一。"[4]p.89基督教是爱的宗教，耶稣教给我们的是崇高的牺牲精神、伟大的
宽恕精神、平等的博爱精神，"这就是耶稣教我们的人格，教我们的情感，
也就是基督教底根本教义。除了耶稣的人格、情感，我们不知道别的基督
教义。这种根本教义，科学家不曾破坏，将来也不会破坏。[4]pp.90—92陈独秀
对基督教的肯定，对耶稣精神的推崇，成为五四知识分子的代表性见解，
他"不是将耶稣视为上帝之子，而是将他当成一个人，一个犯人，或者是
一个社会改革家"。[7]

　　在认可基督教义于中国有益之同时，陈独秀对基督教仍抱有清醒的理
性态度。"我向来有两种信念：一是相信进化无穷期，古往今来只有在一时
代是补偏救弊的贤哲，时间上没有'万世师表'的圣人，也没有'推诸万
世而皆准'的制度；一是相信在复杂的人类社会，只有一方面的真理，对
于社会各有一种救济的学说，空间上没有包医百病的良方。"[4]p.106他对基
督教会的罪恶进行了揭露。"在欧洲中世纪，基督教徒假信神信教的名义，
压迫科学、压迫自由思想家，他们所造的罪恶，我们自然不能否认。……
基督教底'传世说''三位一体说'和各种灵异，无不失了权威，大家都以
为基督教破产了。"[4]p.85他指出，"我们一方面固然要晓得情感底力量伟大，
一方面也要晓得他盲目的、超理性的危险。"[4]pp.88—89

　　在思考民族前途、探索救国之途中，陈独秀开始接纳并推崇基督教，
但他对于基督教义并没有深厚的学理基础。"陈独秀热衷于基督教，但并
未成为一个基督徒：只是一种情感上的接纳，还不是思想上组织上的皈依：
即便是感情接纳，但接纳中也有排拒，并未完全丧失一种鲜明的主体意识
和清醒的理性精神。"[8]这一时期他对基督教仍抱有一分为二的清醒态度。

三 "宗教在现时的世界已没有成立的必要了"

五四运动后期，中国人民反帝浪潮高涨日益，民族主义逐渐成为社会的主流思潮。在民族主义思潮之下，基督教是帝国主义侵略的急先锋、基督教会即是帝国主义的说法迅速深入社会人心，并在 1922 年后演化为轰轰烈烈的非基督教运动。与此同时，共产主义运动在中国兴起，唯物论思潮开始传播。在这一社会思潮下，陈独秀迅速朝向马克思主义的方向发展，并在中国组建了第一个共产主义小组，成为中国最早的马克思主义者。他开始以唯物史观的视角审视基督教，对基督教的批判力度也日益深刻。

批判罪恶的基督教会。他指出过去和现在基督教会的罪恶堆积如山，"我们不必对于基督教教义的缺点特别攻击：至于基督教教会自古至今所作的罪恶，真实堆积如山，说起来令人不得不悲愤而且战栗！"[4]p.330 他号召人们认清基督教会虚伪的本质，认清帝国主义利用基督教进行其侵略的罪恶。"大战杀人无数，各国的基督教会都祈祷上帝保佑他们本国的胜利：各基督教的民族都同样的压迫远东弱小民族，教会不但不帮助弱小民族来抗议，而且作为政府殖民政策底导引"[4]p.331 深刻批判基督教教义。他指出基督教义并没有科学的依据，存在着不可调和的矛盾。基督教义"最容易说明的缺点就是上帝全能与上帝全善说矛盾不能两立。依我们的日常所见的恶事和圣书中所称的恶魔和耶稣代人类所赎的罪恶，这万恶的世界是谁创造出来的？人类无罪，罪在创造者：由此可以看出上帝不是'非全善'便是'非全能'。我们终不能相信全善而又全能的上帝无端造出这样万恶的世界来"[4]p.330 他进而否定上帝存在的合理性，"上帝不但没仁慈给我们，却使我们增加罪恶，上帝于我们有什么利益呢？没有了上帝，我们人类可少做些罪恶，那又何必要赎罪呢！"[4]pp.345—346 他还运用阶级分析方法反对基督教义盲目的博爱牺牲精神，"博爱、牺牲，自然是基督教教义中至可宝贵的成分：但是在现在帝国主义、资本主义的侵略之下，我们应该为什么人牺牲，应该爱什么人，都要有点限制才对，盲目的博爱、牺牲反而要造罪孽"[4]p.330 他认为宗教的衰微是历史发展的必然趋势，"宗教在现时的世界，已没有成立的必要了"[4]p.348

1922 年非基督教运动爆发后，陈独秀大力支持非基运动。他详细列举了其反对基督教的理由：（一）基督教教义与上帝全能全善说不相应；（二）使徒虚伪；（三）诞生、复活等奇迹过于非科学；（四）天主教会仇视压迫异己；（五）以利害胁人者多，以理性教人者少；（六）新旧教都挟有国际资本帝国侵掠主义的后援，为中国之大隐患；（七）天主教会恶徒欺压良懦；（八）青年会结讬权贵富豪猎人敛钱；（九）垄断中国教育权；（十）教会学校强迫学说读经祈祷。因此我们"不得不赞成非基督教的运动"[4]pp. 369—370。

这一时期陈独秀运用唯物史观对基督教进行了前所未有的批判，但其批判是不彻底的。他认为如果没有基督教的话，"在这进化过程中，我们若不积极的发展理智性，单是消极地扫荡宗教性，是不是有使吾人生活内容趋于枯燥的缺点？"[4]pp. 368—369他警告同仁们，"我们批评基督教，应该分基督教（即基督教教义）与基督教教会两面观察"，[4]p. 330并认为基督教救国的观点是间接促成革命的动力之一。他甚至断定，"我们对于一切学说主义，信仰到极笃的时候，便多少有点宗教性"。[4]p. 368在陈独秀的眼中，信仰与宗教之间并无本质的差别。作为马克思主义者的陈独秀，其思想转变有其不彻底的方面。

纵观五四时期陈独秀的基督教观，他对于基督教的价值评判与其所处时代的发展变化密切相关，因而具有非常浓厚的政治色彩。他自己即说过："若是离开了实际运动，口头上的名词无论说得如何好听，如何彻底，试问有什么用？"[9]近代中国的主题是救亡图存，陈独秀等知识分子最为关切的即是救亡之路，其对基督教的评判也是以能否解决这一问题为标准。他对于基督教的取舍"主要都是救亡—革命—战斗的现实要求，而并非真正学理上的选择"[10]，因而其缺乏理性分析的基督教观在很大程度上过于简单化和实用化。"知识分子以其实用性来评判宗教。"[7]在审视基督教时，陈独秀在否定它的同时又肯定其价值意义；在肯定它的同时又否定其不合理的成分，这是他对基督教价值评判的特色，亦彰显了其基督教观浓郁的功利色彩，而并非其宗教观前后自相矛盾。① 陈独秀对基督教之接纳与否定，反映了近代中国救亡图存的艰巨性和复杂性。

---

① 陈辉宗：《五四前后陈独秀的宗教观述评》（《东南学术》1999 年第 2 期）；杨焕鹏：《浅论大革命前后陈独秀的基督教观》（《辽宁师范大学学报（社会科学版）》，2001 年第 4 期）等均持这种观点。

尽管陈独秀对基督教的评判缺乏理性分析的维度，他的思想无疑启迪着后人。他坚信科学必将战胜宗教，但国家不能以强力干涉宗教信仰自由：知识与理性不可或缺，但亦是有限的；宗教维系着人心，但同时也禁锢了思想；基督教义有其合理的成分，但亦存在着西方国家利用基督教侵略中国的事实。陈独秀对基督教的价值评判，代表了五四时期救亡图存时代主题下知识分子面对中西文化剧烈碰撞时的一种普遍心态，他的基督教观也因之打上了鲜明的时代烙印。时过百年，当代科学已高度发展，宗教亦在全球复兴，这说明人类社会的精神生活是十分复杂的，信仰仍是人类不可或缺的精神支柱。重新检视陈独秀的基督教观，无疑会给我们在新的时代条件下如何处理与基督教的关系，如何处理中西文化，提供着极大的启示与借鉴意义。

参考文献

［1］沈寂：《陈独秀与基督教》，《世界宗教研究》1995 年第 4 期。

［2］陈独秀：《陈独秀著作选》第 1 卷，上海人民出版社 1993 年版。

［3］郭湛波：《近五十年中国思想史》，山东人民出版社 1997 年版，第 82 页。

［4］陈独秀：《陈独秀著作选》第 2 卷，上海人民出版社 1993 年版。

［5］费正清：《剑桥中华民国史》（上卷），杨品泉等译，中国社会科学出版社 1994 年版，第 290 页。

［6］杨天宏：《基督教与民国知识分子》，人民出版社 2005 年版，第 42 页。

［7］［美］周策纵：《五四运动史》，岳麓书社 1999 年版，第 451 页。

［8］徐光寿：《陈独秀与基督教》，学术界 1994 年版，第 3 期。

［9］陈独秀：《独秀文存》，安徽人民出版社 1987 年版，第 538 页。

［10］李泽厚：《中国现代思想史论》，东方出版社 1987 年版，第 32 页。

（原载《前沿》2012 年第 2 期）

恽代英宗教思想发展轨迹探究[①]

赵秀丽

五四新文化运动中成长起来的中国共产党人如陈独秀、李大钊、恽代英等人，他们成长的经历具有共同性：自幼接受传统文化教育，学生时代又深受西方文明的影响。在五四运动的影响之下，他们最终接受了马克思主义。本文以恽代英宗教思想的发展作个案探讨，以恽代英成长经历为线索，探讨恽代英宗教思想形成的过程，揭示不同成长阶段恽代英宗教思想的特点。以个体的研究揭示早期中国共产党人这一群体宗教思想体系发展的脉络，促进中国共产党人宗教思想研究的进一步深入。

一 学生时代对宗教问题的思考
(1913 年 6 月——1918 年 6 月)

（一）理论思考

恽代英学生时代对宗教的思考集中体现在《新无神论》、《怀疑论》、《论信仰》以及《恽代英日记》中。总而言之，大致包括以下思想：

第一，无神论的世界观。受新文化运动时期科学思潮的影响，恽代英认为："宗教之所谓天神必非天神之本体，不过出于一二人之想象而已。"[1]所以天神不过人们的想象而已，是不存在的。恽代英认为学者的研究应当除了研究可思议的一面的同时，注重不可思议的一面，只有这样才能有新的发现。

---

① 作者赵秀丽，青岛农业大学人文学院讲师。

第二，宗教阻碍科学知识的发展，应该废除。恽代英认为，普通人有善的观念，不需要依赖宗教信仰达到为善的目的，而有学识的人信仰宗教，妨碍其思想进步，不容易打破旧思想的樊篱。所以宗教家所说的"无信仰则为善不力"[2]是没有根据的。在《论信仰》一文中，恽代英再次强调了道德的维系并非一定要依赖宗教信仰。他认为，"智与爱为千古不变之道德原动力"，也可以达到信仰之功效。人类不了解天下事理或是了解而不能正确的原因之一就是"信仰之蔽"[3]。

受当时科学思潮的影响，在讨论宗教问题时，恽代英等新青年无一例外地反对宗教，认为宗教阻碍社会进步、妨碍科学发展。但受资产阶级民主主义思想的局限，在谈到宗教与道德的关系时理论分析不够透彻，其无神论的宗教立场并不坚定，这反映了恽代英在宗教取舍上的矛盾心态。

（二）宗教经验

恽代英在大学期间，经常参加武汉基督教青年会的活动，曾担任青年会夜校的义务教员。1917 年 8 月，恽代英与同学梁绍文应基督教青年会的邀请到庐山牯岭参加夏令会。在夏令会期间他对基督教徒的嘉言笃行和善心非常赞赏，建议非基督教徒要以基督教徒为榜样，提高自身修养，双方互相砥砺共同进步。通过参加这次夏令会，恽代英对基督教徒有了比较深刻的理解，也借鉴了基督教徒的修身经验。恽代英参与组织成立的互助社也吸收了青年会的经验：互助社每次开会，首先是静坐，其次是诵互励文。这与青年会的诵经、祈祷非常相似。互助社的引人向善的宗旨与青年会的道德讨论也有近似之处。恽代英这一时期的"立品救国"的理念受了基督教的启发。

恽代英是较早关注并支持教会自立的知识分子之一。1917 年，还曾经帮助他的同班同学王安源筹办地方教会。恽代英对武汉基督教青年会会员寄予厚望："宗教独立亦急要事，现今宗教家颇不乏因受外人扶助而爱国心薄弱者，故不可不独立。惟独立之能力，果充分矣呼？"[4]希望基督教青年会的成员团结一致，相机行事，促成这一事业的成功。不久，他又强调"基督教独立与传教方法之改良，乃中国乃基督教之一大事"，他还鼓励青年会干事"渐结同志，勇猛审慎以进行"[5]。汪伯平深受恽代英的启发，以改革教会自任，实行宗教救国。

通过参加基督教青年会的活动，恽代英认为基督教青年会并非只是基督教徒的团体，在青年会中也有许多进步青年。他在非基督教运动中，也肯定了基督教对社会的贡献。1926 年 5 月在岭南大学演讲时，恽代英解释说："我们亦是常常被人误解的人，譬如人家知道我是反对基督教的，他们便以为我是如何不尊敬耶稣，不尊敬基督教徒与他们所办的教育慈善事业。其实这许多是误会。"对于教会中人，"我确亲眼看见有些好人，而且我要承认我自己实在受了教会中好人的若干影响。教会所办慈善事业，我相信有很多都出于外国先生们个人的好意"[6]。在《反对帝国主义文化侵略》一文中，他指出，反对文化侵略应该注意几点，不要反对一般教徒，教会学校学生和留学生，他们这些人中间，不少真诚爱国的人。对于有基督教信仰应该劝其脱离教会，或者"努力谋教会的自立……对于教会的自立运动，与其说是反对，毋宁说是提倡赞成"[7]。

（三）宗教思想中的矛盾

恽代英宗教思想还受到儒家理性主义精神的影响。在 1917 年的《恽代英日记》中多处提到基督教与孔教问题。他非常重视伍廷芳论孔道的文章，并在日记中大段摘录[8]。尽管恽代英没有对此做任何评论，但他在解释不能信仰基督教的理由时，原因之一就是有违礼俗。这反映了恽代英学生时期复杂的思想。他还认为，基督教思想也有不及墨子之处，"基督教舍己乃有升天亲帝之欲望，尚不如墨子纯以兼爱之理舍己"[9]。

总之，在这一时期，传统文化与西方资产阶级文化互相碰撞，使得恽代英的宗教思想前后不一，甚至有互相抵触，主要体现在：一方面他强调宗教信仰没有必要，宗教阻碍人类进步，宗教应该废除。另一方面他还经常参加基督教青年会的活动，并对基督教徒良好的人格和情操非常赞赏，从中还吸收了青年会在学生团体方面的经验。

二　自由知识分子时期对宗教信仰的怀疑
（1918 年 6 月——1921 年 8 月）

恽代英在中华大学读书期间，有"立志终身教育事业"的打算。毕业之后受校长陈时的邀请留校任教，开始实现教育救国的理想。在加入中国共产党以前，恽代英并不赞成阶级斗争，他鼓吹新村主义和工读互助，推行"力行救国"。他认为："热心去革命的，须知革命不是治疗百病的神方，便在破坏一方面，亦非能具备几个条件不能生一点效验。这样，便我们决不可只任我们血气之勇，不学问，无修养地闹什么革命。"[10]《我的宗教观》一文集中体现了这一时期恽代英的宗教思想。针对"少年中国学会"有宗教信仰者不得入会的决议，恽代英认为应该暂时撤销，原因是对神的存在应该持怀疑态度。"我的真意思，原不至绝对反对神的存在，原不至不承认宗教有或然的真实价值。"对于教会的现状，恽代英认为，他们之中不乏好人，"只是他们太看中了传教，太看轻了做实际的事业。一切行为，太分多了精神于引诱人信教的那方面"[11]。

恽代英曾经主张教育救国、人格救国，倡导养成善心，达到"立品救国"的目的。他对工读互助情有独钟，创办了利群书社，发扬互助精神，培养青年，促其进步。但是随着时局的变化以及教育救国实践的失败，恽代英逐渐走上马克思主义道路，开始谋求中国问题的根本解决。"少年中国学会"是一个自由知识分子的团体，李大钊、毛泽东、赵世炎、张申府、刘仁静等早期中国共产党人都曾经是该会会员。恽代英宗教思想的发展并逐渐走向成熟，与少年中国学会发起的关于宗教问题的讨论密切相关。此时，他开始用唯物主义的理论批判西方唯心哲学，改变了学生时代无神论的立场，提出了"怀疑论"。这说明恽代英还没有真正成为马克思主义者，还不能熟练运用马克思主义的理论这一宗教批判的理论武器。

恽代英"怀疑论"观点的提出反映了其宗教思想的矛盾。在宗教讨论的过程中，无论是恽代英还是陈独秀，他们受基督教徒思想的感召，甚至敬佩耶稣的伟大人格，赞同人格救国。经过"少年中国学会"举办三次关于宗教问题的演讲，参加学会的知识分子无一例外地对基督教有了更为深刻的了解，对基督教在华社会事业予以了肯定。

三 共产党员时期无神论宗教观的确立
(1921 年 8 月——1930 年 5 月)

1921 年 8 月，恽代英加入中国共产党，成为职业革命家。恽代英是青年运动的杰出领袖，积极参加学生运动。这一时期，恽代英宗教思想呈现出批判性，主要集中在几个方面：

第一，论述了基督教与帝国主义侵略的必然联系。恽代英指出基督教文化侵略以帝国主义经济实力为后盾，"耶教所仰赖的完全是外国人送来传教的金钱，耶教的生命便系在这种金钱的上面"[12]。打倒基督教的方式是谋求中国经济的独立。恽代英从经济角度论述了基督教与帝国主义不可分割的联系，抓住了基督教具有侵略性的根本因素。

第二，反对教会教育。站在民族主义的立场上反对教会教育，提倡收回教育主权，是恽代英批判基督教的主要立足点。他指出，教会教育是侵略的，妨害中国教育的统一，其学校亦是鼓吹与帝国主义亲善的，妨害反帝统一战线的建立。"外国人办的学校越发达，便会使反对帝国主义的人越少，便会使我们中国人的民族精神，越受损失。"[13]

第三，恽代英还批判了基督教会的社会事业。恽代英对基督教社会事业的批判受到了民族主义思潮的影响。他说："基督教的教育事业、社会事业，主要是在骗人做他们的教徒，他们的医院，亦每每只是个虚幌子。他们的医生，每仍然是虚应故事，不管病人的利益。"[14]恽代英还积极参加反基督教的活动并予以指导："青年团的青年们，要帮助非基督教同盟使发展于全国各地，而且预备宣布一切基督教徒，教会、教会学校、基督教青年会的罪恶。"[15]

非基督教运动时期，受革命主义思潮和民族主义思潮的影响，恽代英对基督教的批判重新回归到了无神论的宗教立场。受高涨的民族主义思潮的影响和民主革命的需要，恽代英对基督教所办的教育事业、慈善事业的批评近于苛刻。在非基督教运动中，早期中国共产党人反对宗教的一致性影响到了中国共产党早期的宗教政策。非基督教运动中关于宗教的系列论述逐渐上升到意识形态的范围，逐渐成为党的政策纲领。

综上所述，恽代英宗教思想的发展与其成长经历紧密相关，也与其所处的时代背景相连。在成为中国共产党人之前，其宗教思想是不彻底的、也是矛盾的。主要原因是传统文化和西方资产阶级改良思想的影响。学生时代和自由知识分子时期恽代英对自己的人生曾有多种选择，比如"立品救国"、"教育救国"、"工读互助"等，实践证明这些都不是彻底解决中国问题的途径。成为中国共产党员后，在马克思主义的影响和民族主义思潮的推动下，经过非基督教运动的实践，恽代英宗教思想逐渐清晰。非基督教运动中，中国共产党也吸收运动的经验和教训，逐渐制定了宗教信仰自由的政策。这一认识是早期中国共产党人在非基督教运动中集体智慧与经验的结晶，恽代英宗教思想的形成正是早期中国共产党人宗教思想形成的一个缩影。

参考文献

[1] 恽代英：《怀疑论》，《恽代英文集》上，人民出版社 1983 年版，第 16 页。

[2] 《恽代英日记》，中共中央党校出版社 1981 年版，1917—4—25。

[3] 恽代英：《论信仰》，《新青年》1917 年第 3 期，第 5 页。

[4] 《恽代英日记》，中共中央党校出版社 1981 年版，1918—7—8。

[5] 《恽代英日记》，中共中央党校出版社 1981 年版，1918—7—10。

[6]〔13〕恽代英：《耶稣孔子与革命青年——在岭南大学演说辞》，《中国青年》1926 年第 12 期第 120 页。

[7] 恽代英：《反对帝国主义的文化侵略》，《广东青年》1926 年第 4 期。

[8] 《恽代英日记》，中共中央党校出版社 1981 年版，1917—1—5。

[9] 《恽代英日记》，中共中央党校出版社 1981 年版，1918—7—9。

[10] 恽代英：《革命的价值》，《恽代英文集》上，人民出版社 1983 年版，第 226 页。

[11] 恽代英：《我的宗教观》，《少年中国》1921 年第 2 期，第 8 页。

[12] 恽代英：《基督教与社会服务——答南京民作君》，《恽代英文集》下，人民出版社 1983 年版，第 557—558 页。

[14] 恽代英：《我们为甚么反对基督教?》，《中国青年》1923 年第 8 期。

[15] 恽代英：《中国共产主义青年团》，《中国青年》1925 年第 7 期，第 63—64 页。

（原载《沧桑》2012 年第 6 期）

原则阐发

共产党人要牢固树立马克思主义
宗教观①

高勇泽

中国共产党自成立时起，就始终对保持党的纯洁性有着高度重视和清醒认识，要求共产党员不能信仰任何宗教，自觉抵制伪科学和封建迷信。对此，胡锦涛同志曾多次强调，"要坚定理想信念，坚守共产党人精神家园"。2012 年第 6 期《求是》刊发习近平同志的重要文章《扎实做好保持党的纯洁性各项工作》中着重指出："保持党的先进性和纯洁性，是我们党在改革开放和社会主义现代化建设进程中应对和经受住各种考验、化解和战胜各种危险的重要法宝。"吉炳轩同志在中国共产党黑龙江省第十一次代表大会上明确要求全省党员干部："要着眼于保持党员干部思想纯洁、队伍纯洁、作风纯洁和清正廉洁。"党的纯洁性主要体现在思想、政治、组织、作风等方面，而思想上的纯洁是根本，不能信仰宗教是根本中必须坚守、不可逾越的底线。

牢固树立马克思主义宗教观要高度自觉地秉持我们党的政治信仰，坚定马克思主义理想信念，树立高尚的政治品质品格。马克思主义宗教观要求，共产党员要做完全彻底的无神论者，不能信仰任何宗教。这源于我们党是以马克思主义武装起来的中国工人阶级、中国人民和中华民族的先锋队，是具有共产主义信念和彻底无神论精神的先锋战士。毛泽东同志早在《关于农村调查》中就指出："我们是信奉科学的，不相信神学。"中共中央《关于我国社会主义时期宗教问题的基本观点和基本政策》中明确要求："一个共产党员，不同于一般公民，而是马克思主义政党的成员，毫

---

① 作者高勇泽，中国黑龙江省委宣传部理论处干部。

无疑问地应当是无神论者，而不应当是有神论者。"毋庸置疑，马克思辩证唯物主义与宗教唯心主义是两种完全不同、尖锐对立的世界观，无法被同时拥有，否则将成为思想的混乱者。此消彼长，如果共产党员背弃政治信仰，其精神世界必然被宗教所占据，甚至被封建迷信所侵袭。正如中央统战部常务副部长朱维群同志所言："如果允许党员信教，将使我们党从思想上、组织上自我解除武装，从一个马克思主义政党蜕变为一个非马克思主义政党。"为此，共产党员要增强党的意识和信仰意识，站在党内团结统一的高度，自觉坚持党的指导思想、拥护党的方针政策、执行党的基本宗旨，不断淬炼坚定的党性、铸造高尚的精神。

牢固树立马克思主义宗教观要积极稳妥地处理有神论和宗教问题，贯彻宗教信仰自由的政策，促进社会的和谐团结稳定。马克思主义宗教观要求，共产党员要积极贯彻落实宗教信仰自由政策，充分尊重人民群众的宗教信仰。宗教信仰自由政策是针对一般群众而言的，不能信仰宗教则是对共产党员在思想上的基本要求，两者不但不矛盾，还应该相互理解、相互促进。1958 年第五次全国宗教会议提出，中国宗教具有群众性、长期性、国际性、复杂性、民族性。可见，宗教问题是极其繁复和敏感的问题，如果处理得当，就能够提升我们党在信教群众中的认同度，促进社会的和谐团结稳定；如果处理不当，将会降低我们党在信教群众中的影响力，甚至可能引起社会的不安混乱动荡。共产党员要增强政治意识和大局意识，站在构建和谐社会的高度，以客观审慎的态度认识到宗教作为社会意识形态的本质、根源和规律，尊重和保护广大人民群众宗教信仰自由的权利。

牢固树立马克思主义宗教观要旗帜鲜明地反对伪科学和封建迷信，提升科学精神和人文素养，弘扬文明的社会道德风尚。马克思主义宗教观要求，共产党员要鲜明地区分宗教与邪教的本质，坚决抵制伪科学和封建迷信。虽然宗教与伪科学、封建迷信都属于唯心主义，崇尚超自然的力量，但宗教的本质是劝人向善、净化灵魂，封建迷信的本质是骗人、愚人、迷惑群众。为此，我们党对待宗教的态度和对待封建迷信的态度截然不同。胡锦涛同志在社会主义荣辱观的论述中就曾提出"以崇尚科学为荣，以愚昧无知为耻"。当前，有些别有用心的人冒用宗教的名义，掩人耳目、诱骗群众，吹捧伪科学和封建迷信的所谓神灵、所谓宿命、所谓风水、所谓大师，甚至有些邪教组织妖言惑众、控制成员，严重破坏了社会文明风尚的形成。共产党员要增强危机意识和忧患意识，站在创建文明风尚的高度，积极主动地宣传科学和人文精神，率先垂范地坚决反对各种伪科学和封建迷信特别是反人类、反政府、反社会的邪教组织。

牢固树立马克思主义宗教观要坚定不移地宣扬无神论和党的政策，凝聚宗教力量的共同理想，助力经济社会的科学发展。马克思主义宗教观要求，共产党员要做无神论和中国特色社会主义的宣传员、讲解员、引导员，把广大人民群众的注意力凝聚到民族复兴、国家建设上来。应该讲，任何人都不是天生的有神论者或无神论者，广大人民群众不是天然地支持哪个政党和组织，也不是天然地认可哪种理论和学说，而是需要用科学的理论去积极引导和尽力争取。1990 年 12 月，江泽民同志在与全国宗教工作会议代表座谈时曾指出："共产党员不但不能信仰宗教，而且必须要向人民群众宣传无神论、宣传科学的世界观。"这是共产党员的重要职责和使命，也是对牢固树立马克思主义宗教观提出的更高要求。共产党员要增强担当意识和责任意识，站在经济社会发展的高度，义不容辞、理直气壮地向人民群众宣传无神论，特别是要宣传中国特色社会主义，团结和引导广大宗教界人士在经济发展和社会进步中建功立业。

（原载《黑龙江日报》2012 年 5 月 21 日）

共产党员不信仰宗教更有利于
宗教的发展[①]

王孺童

一　共产党员不信仰宗教不等于没有信仰

共产党员不信仰宗教不等于没有信仰，共产党员应当具有坚定的社会主义和共产主义的理想信念。这是保持共产党人的先进性的精神支柱和力量源泉。

胡锦涛在优秀共产党员代表庆祝中国共产党成立 80 周年座谈会上就强调："社会主义和共产主义的理想信念，是共产党人最崇高的追求和强大的精神支柱，也是我们党的政治优势。有了这样的理想信念，就有了立身之本，就能够自觉地、满腔热情地为党的事业而奋斗。共产党员坚定理想信念，一定要把党的最高纲领与实现党在现阶段的任务统一起来，既要胸怀实现共产主义的崇高理想，矢志不移，更要坚定走建设有中国特色社会主义道路的信念，脚踏实地地为实现党在社会主义初级阶段的基本纲领而努力奋斗，扎扎实实地做好当前的每一项工作。"所以说，当代中国共产党人的理想信念，就是建设有中国特色的社会主义，为最终实现共产主义而奋斗。

这是建立在马克思主义所揭示的人类社会发展客观规律基础之上的，代表了最广大人民的根本利益。在各种各样的冲击面前，党员领导干部始终要坚定对马列主义、毛泽东思想和邓小平理论的信念，坚定对建设有中

---

①　作者王孺童为全国青年联合会宗教界别工作委员会秘书长、中国民主建国会中央委员会文化委员会委员、中国佛教协会理事。

国特色社会主义的信念，坚定对改革开放的信心，坚定对以胡锦涛同志为核心的党中央的信赖。只有这样，共产党员才能站稳立场，明辨是非，始终保持清醒的头脑，才能战胜困难，经受考验，始终走在时代的前列。

二　共产党员应持守政教分离的原则

中国共产党是中国的执政党，如果共产党员信仰宗教，不论信仰何种宗教，都势必将政体制度导向政教合一。政教合一的政体，是一种将政权和神权合二为一的政治制度。其基本特点是：国家元首和宗教领袖同为一人，政权和教权由一人执掌；国家法律以宗教教义为依据，宗教教义是处理一切民间事务的准则，民众受狂热和专一的宗教感情所支配。这样的制度难免导致思想文化专制，国家的政策往往倾斜到执政党一党的局部利益上来，民主程度低，政治生活缺乏活力等种种弊端。

从人类社会的发展演进来看，政教合一制度作为古代国家或地区政权体制的模式之一，曾在世界不少地区实行并给后世留下残酷、黑暗的深刻印记，尤以中世纪的欧洲政教合一制度为大家所熟知。

在欧洲历史上曾出现过宗教控制政权或由封建君主担任教主的局面，如拜占庭当教会的保护者和宗教事务的主持者；英国亨利八世规定教会必须服从君主等。可见，政教合一制度是宗教和政治结合最密切的形式，而这种形式最终使教会的控制深入世俗社会之中，主要体现在对人性的束缚和教会政治的腐败。故当时的政教合一制度束缚了社会的进步与发展。

众所周知，中世纪的欧洲政教合一制度下人性遭到极大的压抑，教会判定人生下来就是有罪的、肮脏的、下贱的，每个人的短暂一生就是为赎罪而活着。可以认为，中世纪一千多年的漫长历史进程中，欧洲社会发展基本处于停滞状态，故被历史学家称为"黑暗的中世纪"。因为没有政教分离、国家和意识形态分离，就没有思想和信仰自由，就不会有民主。所以，以政教分离和自由民主为特点的西方当代文明，是长期反对西方政教合一制度的产物。比如，文艺复兴以来的七百年历史中，西方世界与基督教宗教专制进行了艰苦卓绝、前赴后继的斗争，才建立起当代政教分离的自由民主制度，对整个世界产生了巨大的影响，促进了人类文明的进步。

中国西藏在1959年和平解放以前，也经历了长达上千年的政教合一的封建农奴制度，给西藏的经济发展和人民生活造成了极大伤害。中国共产党作为马克思主义的执政党，必然要实行和坚持政教分离。中国共产党作为执政党，反对政教合一体制，坚持政教分离原则，这是马克思列宁主义对待政治与宗教关系的基本态度，中国共产党也在革命和建设中长期实践中坚持了这一立场，并以此为前提，不断探索和实践着我国社会主义政教关系的新内涵。

三　不信仰宗教不等于不尊重宗教信仰自由

共产党人是唯物论和无神论者，不信仰宗教，但应充分尊重宗教信仰自由，积极的贯彻落实党的宗教信仰自由政策和宗教工作基本方针。

就理论而言，马克思主义宗教观揭示了宗教产生、发展和消亡的客观规律，认为宗教的产生和存在具有自然根源、社会根源和认识根源，只有宗教赖以存在的外部根源全部消失后，宗教才可能消亡。而要达到这样的状态，需要相当漫长的历史过程，在此之前，正如列宁所言，以行政力量消灭宗教的企图，只能提高人们对宗教的兴趣，反而会妨碍宗教真正的消亡。可以说，宗教走向最终消亡可能比阶级、国家的消亡还要久远。基于这样的科学认识，共产党主张既不能用行政力量发展宗教，也不能用行政力量消灭宗教，而必须根据党在各个历史时期的根本任务，通过宗教信仰自由政策妥善处理宗教问题。就党的任务和宗旨而言，共产党代表最广大人民群众的根本利益，当然也包括代表信教群众的利益。而代表信教群众的根本利益，除了代表他们的政治利益、经济利益，也包括要尊重他们精神上信仰宗教的自由权利。中国革命和建设的历史都充分证明，党同信教群众在根本利益上的一致性是主要的，而在宗教信仰问题上的差异性是次要的，因此在正确方针政策指引下，完全可以做到"政治上团结合作，信仰上互相尊重"，共同致力于革命和建设各个时期的大目标。同时，共产党始终坚持依靠最广大人民群众的力量，而这其中当然也包括广大信教群众。所以，继续贯彻落实宗教信仰自由政策是党团结、凝聚广大信教群众，巩固和发展同宗教界的爱国政治联盟所必需的。

在我国改革开放的今天，全国人民面临的伟大任务之一就是全面建设中国特色社会主义。而这一社会制度的最大优越性就在于能够促进社会生产力的健康发展，能够使各族人民共同团结奋斗，共同繁荣发展，同时也能够使逐渐强大的中国成为维护世界和平，谋求世界人民共同福祉的中坚力量。为此，就必须广泛凝聚人心，汇聚力量，动员全国各族人民齐心协力地为我们共同的历史使命发挥作用，贡献力量。在这一任务面前，宗教具有不容忽视的社会影响力，广大信教公民同样是社会主义社会的重要建设力量，就必须实事求是地寻求一种更好的政教关系，而不是采取排斥的态度，这种关系就是在政教分离的前提下的政教和谐关系，维护好这种和谐的关系，对于推动落实宗教信仰自由政策、发展民族文化、促进民族统一都起到了一定的积极作用。

总之，共产党员在入党时既然已经选择了共产主义的理想信念，选择了唯物主义的世界观和无神论立场，就不能再信仰作为唯心主义和有神论的宗教。作为党员，应当不断加强马克思主义的理论修行，不断坚定辩证唯物主义的世界观和无神论立场，坚定共产主义的理想信念，应当以马克思主义的世界观正确认识和处理宗教问题，认真执行党的宗教工作基本方针，尊重宗教信仰自由，坚持政教分离原则，为建设宗教和谐的新型政教关系而努力。只有这样才真正有益于党，有益于宗教的健康发展，有益于切实尊重和保护公民的宗教信仰自由权利，有益于促进宗教和谐，也有益于党员个人的成长与发展。

（原载《中国民族报》2012 年 2 月 3 日）

共产党员不能信仰宗教^①

朱维群

近年来，随着社会上信仰宗教的人增多和对宗教认识的日益多样，一个值得注意的现象是，共产党员参与宗教活动、与宗教界人士建立密切私人关系的现象逐渐增多，有的党员实际上成为了宗教信徒。与此同时，社会上乃至党内出现一种声音，认为应该"开禁"，允许党员信教，还罗列出党员可以信教的种种理由以及党员信教的诸多"好处"，甚至指责不允许党员信教与宪法保障公民宗教信仰自由的精神相违背。事实上，我们党关于党员不能信仰宗教的原则立场是一贯的，从未有过丝毫动摇。这一原则是党的马克思主义辩证唯物主义世界观决定的。党的各级组织和广大党员应保持清醒认识，任何情况下都必须毫不动摇地坚持这一原则。

一 共产党员不能信仰宗教是我们党的一贯原则

马克思主义的世界观是辩证唯物主义，而宗教的世界观无一例外属于唯心主义范畴。在哲学上，唯物主义和唯心主义之间的分野是根本性的，无论对个人还是政党而言都无法调和与兼容。马克思主义创始人从一开始就在共产主义与宗教之间划出了明确的界限，不仅指出宗教赖以产生的物质的、现实社会的根源，而且指出无产阶级为了求得解放，必须从宗教中解放出来。马克思指出，"共产主义是径直从无神论开始的"。列宁把马克思主义宗教观运用于工人阶级政党的革命实践，指出，"我们的党纲完全是建立在科学的而且是唯物主义的世界观上的。因此，要说明我们的党纲，

---

① 作者朱维群，中国人民政治协商会议全国委员会民族宗教委员会主任。

就必须同时说明产生宗教迷雾的真正的历史根源和经济根源。我们的宣传也必须包括对无神论的宣传……"同时列宁强调，要慎重对待宗教问题，在革命实践中争取、团结和教育信教群众。

中国共产党坚持以马克思主义作为自己的行动指南，党的全部理论、思想和行动都是建立在辩证唯物主义世界观基础之上的。只有在这个基础上，才谈得上掌握马克思主义理论体系，才谈得上用马克思主义指导中国革命和建设的实践。由此，也就决定了党员不能赞同唯心主义、不能信仰宗教成为中国共产党一项基本的思想和组织原则，而这一原则在不同历史时期都为我们党所强调，并明确写在党的重要文件中。

这里仅按不同历史时期列举几条。1940 年，毛泽东同志在《新民主主义论》中指出："共产党员可以和某些唯心论者甚至宗教徒建立在政治行动上的反帝反封建的统一战线，但是决不能赞同他们的唯心论或宗教教义。"1982 年，在邓小平同志领导下制定的中共中央文件《关于我国社会主义时期宗教问题的基本观点和基本政策》指出："我们党宣布和实行宗教信仰自由的政策，这当然不是说共产党员可以自由信奉宗教。党的宗教信仰自由的政策，是对我国公民来说的，并不适用于共产党员。一个共产党员，不同于一般公民，而是马克思主义政党的成员，毫无疑问地应当是无神论者，而不应当是有神论者。我们党曾经多次作出明确规定：共产党员不得信仰宗教，不得参加宗教活动，长期坚持不改的要劝其退党。这个规定是完全正确的，就全党来说，今后仍然应当坚决贯彻执行。"1990年，江泽民同志在与全国宗教工作会议代表座谈时指出："宗教世界观与马克思主义世界观是根本对立的。共产党人是无神论者，共产党人的世界观应该是马克思主义的世界观。共产党员不但不能信仰宗教，而且必须要向人民群众宣传无神论、宣传科学的世界观。"2002 年，《中共中央、国务院关于加强宗教工作的决定》指出："共产党员不得信仰宗教，要教育党员、干部坚定共产主义信念，防止宗教的侵蚀。对笃信宗教丧失党员条件、利用职权助长宗教狂热的要严肃处理。"2006 年，胡锦涛同志在全国统战工作会议上的讲话中指出："我们中国共产党人是无神论者，不信仰任何宗教。"在 2010 年第五次西藏工作座谈会和 2010 年新疆工作座谈会上，胡锦涛同志都重申要坚持共产党员不能信教。

正是在马克思主义世界观的指引下，我们党才能领导人民依靠自己的力量推动社会的革命、进步和发展，而不是去追求虚幻的天国和来世；才能在中国革命、建设、改革的实践中不断深化对客观世界的认识，用科学的理论指引亿万人民新的实践；才能实现全党在思想、理论、组织上的高度统一，保持和提高党的创造力、凝聚力、战斗力。

至于不允许党员信教违背了宗教信仰自由之说，是完全站不住脚的。这种说法实质上是假冒"公民权利"的名义取代对党员保持思想先进性的要求和履行党员义务的责任。当一个公民志愿加入中国共产党的时候，就意味着他无条件地接受马克思主义的辩证唯物主义世界观，也就意味着他根据公民所享有的宗教信仰自由权利自愿选择了不信仰任何宗教。根据同一项自由权利，他当然可以重新选择信仰宗教，但这就表示他中止了、逆转了"思想入党"的进程，仅余形式上的"组织入党"，而这对于他本人和党组织都不再具有实际的意义，相反对党组织保持思想、组织上的统一是有害的。如果一个党员积极参与宗教团体生活和传教，甚至利用党员身份保护、推动非法的宗教活动，党组织就应及时采取措施，使其退出党员队伍。这既不是"歧视宗教"，也不是"强制不信仰宗教"，只是一个政党对不再赞同其指导思想的个别党员给予必要的组织处理而已，从宪法和党章的角度都无任何可指摘之处。

二　辩证唯物主义世界观是我们党制定和贯彻宗教信仰自由政策的基础

我们党从建党开始就实行宗教信仰自由政策。1931年《中华苏维埃共和国宪法大纲》规定："中国苏维埃政权以保障工农劳苦民众有真正的信教自由的实际为目的。"毛泽东同志1945年在《论联合政府》中指出："根据信教自由的原则，中国解放区容许各派宗教存在。不论是基督教、天主教、回教、佛教及其他宗教，只要教徒们遵守人民政府法律，人民政府就给以保护。信教的和不信教的各有他们的自由，不许加以强迫或歧视。"新中国建立后，宗教信仰自由成为宪法赋予公民的一项基本权利，党的宗教信仰自由政策上升为国家意志并在社会主义法制体系中得到确定。

共产党人是唯物论者，不信仰宗教，为什么要制定和贯彻宗教信仰自由政策呢？就理论而言，马克思主义宗教观揭示了宗教产生、发展和消亡的客观规律，认为宗教的产生和存在具有自然根源、社会根源和认识根源，只有宗教赖以存在的外部根源全部消失后，宗教才可能消亡。而要达到这样的状态，需要相当漫长的历史过程，在此之前，正如列宁所言，以行政力量消灭宗教的企图，只能提高人们对宗教的兴趣，反而会妨碍宗教真正的消亡。可以说，宗教走向最终消亡可能比阶级、国家的消亡还要久远。基于这样的科学认识，我们党主张既不能用行政力量发展宗教，也不能用行政力量消灭宗教，而必须根据党在各个历史时期的根本任务，通过宗教信仰自由政策妥善处理宗教问题。就党的任务和宗旨而言，我们党代表最广大人民群众的根本利益，当然也包括代表信教群众的利益。而代表信教群众的根本利益，除了代表他们的政治利益、经济利益，也包括要尊重他们精神上信仰宗教的自由权利。中国革命和建设的历史都充分证明，我们同信教群众在根本利益上的一致性是主要的，而在宗教信仰问题上的差异性是次要的，因此在正确方针政策指引下，完全可以做到"政治上团结合作，信仰上互相尊重"，共同致力于革命和建设各个时期的大目标。同时，我们党始终坚持依靠最广大人民群众的力量，而这其中当然也包括广大信教群众。所以，宗教信仰自由政策是我们团结、凝聚广大信教群众，巩固和发展同宗教界的爱国政治联盟所必需的。

一些西方人士说，只有信仰宗教的人执政，才会真正实行宗教信仰自由。其实，历史和现实证明，在某种宗教占据统治地位的国家或者朝代，人们宗教信仰自由的权利往往不能实现或者要打很大折扣。比如，在天主教占统治地位的中世纪欧洲，对"异教徒"的迫害、对亚洲北非地区的"十字军"东征；奥斯曼帝国用武力强迫被征服地区民众改信伊斯兰教；近代一些西方国家在对非洲、拉丁美洲殖民过程中，一手举剑，一手举圣经，杀其人民，占其土地，掠其财富，哪里有什么宗教信仰自由可言？而恰恰在多数人口不信仰宗教的中国，没有发生过类似的宗教迫害和宗教战争。

我们党实行和坚持宗教信仰自由政策，是因为这一政策符合宗教现象发展规律，符合人民和国家的根本利益，而不是说我们可以赞成唯心主义，可以在唯物主义和唯心主义之间持中立态度，可以放弃在人民特别是青少年中进行唯物主义、无神论教育，放弃对宗教活动的管理和引导责任。《中华人民共和国宪法》规定，国家在人民中"进行辩证唯物主义和历史唯物主义的教育"。作为执政党，我们应抵制种种无所作为的怪论，自觉主动地把宪法责任承担起来。当前治理社会上存在的宗教热、宗教活动乱的现象，可以很快就付诸实施的事至少包括：不允许使用行政力量推行、助长某种宗教；不允许宗教干预属于政府的各项职权；对宗教事务实行有效管理，促进、帮助宗教团体建立健全内部管理制度；在媒体和各级各类学校教育（宗教院校除外）中宣传辩证唯物主义和历史唯物主义；团结爱国宗教团体，把境外利用宗教进行的种种渗透坚决顶回去。这些措施不仅与宗教信仰自由政策完全不矛盾，而且是宗教保持正常秩序，走与社会主义社会相适应道路必不可少的保证。

三 允许党员信教将侵蚀涣散党的肌体

如果我们党允许某些人希望的那样对党员信教"开禁"，不仅这些人所许诺的种种"好处"虚无缥缈，相反其带来的恶果却显而易见。

第一，如果允许党员信教，那么就是允许党内唯心主义与唯物主义两种世界观并存，有神论与无神论并存，这势必造成马克思主义指导地位的动摇和丧失，在思想上、理论上造成党的分裂。

第二，如果允许党员信教，就等于允许一些党员既接受党组织的领导，又可以皈依于不同宗教人士的门下，接受各类宗教组织领导，五大宗教及其他宗教在党内各成体系，这势必在组织上造成党的分裂。在当前境内外敌对势力极力利用宗教在一些民族地区从事分裂主义活动的情况下，允许党员信教将极大削弱党的组织在反分裂斗争中的战斗力。恰恰是在西藏和新疆这两个反分裂斗争极为尖锐的地方，自治区党委都鲜明坚持党员不能信教，这不是偶然的。

第三，如果党员信教，则势必成为某一种宗教势力的代言人，一些地方将出现宗教徒管党的宗教工作的现象，利用政府资源助长宗教热，也不可能平等地对待每一个宗教，党的宗教工作将从根本上动摇。当前有的地方党政领导把宗教作为获取经济利益和提高本地知名度的工具，视为工作"业绩"，争相滥修大佛和寺庙，热衷大规模宗教活动，人为助长宗教热，而对宗教事务依法管理、对宗教团体的教育引导根本不当回事，导致混乱现象蔓延。这种现象的出现，与一些党员干部放弃辩证唯物主义世界观甚至成为事实上的宗教徒是密不可分的。

总之，如果允许党员信教，将使我们党从思想上、组织上自我解除武装，从一个马克思主义政党蜕变为一个非马克思主义政党，也就根本谈不上继续领导中国特色社会主义伟大事业。

中国历史上有过形形色色的宗教，但中国并不是一个宗教国家。中国有着悠久的无神论传统，影响中国人思想观念的中国传统哲学具有强烈的人本主义倾向，强调人对客观世界的认知和改造能力，这与西方传统哲学的神本主义有很大区别。中国儒学传统精神影响大，中国老百姓大多数不信教或不持某种固定的宗教信仰，宗教始终不能成为中国人意识形态的主流，同时中国宗教自身也具有强烈的现实品格。这样的国情背景是我们党作为一个唯物主义、无神论的政党而能够如此自然地从人民中孕育生长，得到人民广泛认同、支持的重要原因。如果允许党员信教，完全违背中国国情，不仅党能否取得信仰不同宗教的教徒的一致支持成为问题，而且能否继续获得占人口大多数的不信教群众的支持将成为更大的问题。

四　在全党加强马克思主义宗教观和无神论教育

针对党内一些同志在宗教问题上的模糊认识，有必要把加强马克思主义宗教观和无神论的宣传教育作为一项重要任务，帮助广大党员在思想上划清唯物主义与唯心主义的界限，在实践中划清群众有宗教信仰自由权利和党员不得信仰宗教的界限。应当鼓励和支持党校、相关高校和科研单位加强对马克思主义宗教观和无神论的研究，取得更多高水平又易于向社会普及的学术研究成果。在各级党校、行政学院的教育培训和各级党、团组织的理论学习中，应进一步强化相关的学习内容。

根据党中央的一贯精神，对参加宗教活动和有宗教意识的党员要立足于教育，耐心地帮助他们回到马克思主义的立场上来，坚定共产主义信念，而不是一味迁就。对利用职权助长宗教狂热，支持滥建寺观教堂的，要严肃地进行批评教育；经教育仍不悔改的，要按照《中国共产党纪律处分条例》和相关党内文件的规定给予处分。党的宗教工作干部尤其不能信仰宗教，对这部分党员干部的教育和管理尤其要严格。

改革开放以来党组织的快速发展，客观上对党的思想建设提出了更高要求。当前，年龄不满 35 周岁的青年党员约占党员总数的四分之一，许多青年人仍处于世界观的形成时期，应当鼓励他们自觉加强马克思主义宗教观和无神论的学习。对于离退休党员，党组织除了关心他们的物质生活，也要关心他们的精神生活，防止他们因参加党的组织生活减少，受社会宗教环境的影响而在思想上逐渐滑向宗教。我国一些民族地区往往也是传统宗教影响比较大的地区，广大少数民族党员在维护民族团结、保持边疆稳定等方面发挥着重要作用，也应当是宣传教育的重点。在一些多数人口信教的少数民族中，可以允许党员对一些从宗教转化来的民族习俗、礼仪采取灵活态度，以避免脱离群众，但思想上的要求不能降低。

共产党员不能把自己混同于一般群众，在思想上、政治上和行动上要自觉按照党章标准严格要求自己，不但不能信仰宗教，而且应当积极宣传辩证唯物主义和历史唯物主义，尽到一个共产党员引导群众崇尚科学文明、追求社会进步的责任。

（原载《求是》2011 年第 2 期、《中国统一战线》2012 年第 2 期）

域外视野

西方马克思主义宗教论说的
六个问题领域[①]

杨慧琳

20 世纪以来，涂尔干（Emile Durkheim）的"功能性分殊"（functional differentiation）日益成为经典性论题，用贝格尔（Peter Berger）的话说，这意味着"社会与文化的一些部分摆脱了宗教制度及其象征的支配"。[②] 卡萨诺瓦（Jose Casanova）《现代世界的公共宗教》[③] 一书，则将这种"功能性分殊"界定为"世俗化"，并用宗教的私人化（privatization of religion）加以描述。

与此相应，西方思想与基督教之间的关联方式似乎也有所改变，如同齐泽克（Slavoj Žižek）所说："老式自由派是从基督教和马克思主义之中找到共同的'弥赛亚式'的历史观念，并以此作为信仰的最终实现过程"，但是我们完全"无需采用防御性的姿态"，完全可以"确认以往被责难的东西。我们可以说：是的，基督教与马克思主义之间存在着直接的联系"[④]。于是基督教不仅是作为一种信仰传统、而是更多作为一种文化叙事，以其典型的意义结构引起当代研究者的关注，进而也在基督教与马克思主义的关系方面形成了新的论说。我们当然应该承认：即使是一些自称马克思主义的西方学者，其各自的立场和方法也可能大相径庭，甚至往往

---

① 作者杨慧琳，中国人民大学教授、副校长。

② 范丽珠、James D. Whitehead and Evelyn Eaton Whitehead：《当代世界宗教学》，时事出版社 2006 年版，第 77、306—307 页。

③ Jose Casanova，*Public Religion in the Modern World*，Chicago：University of Chicago Press，1994.

④ Slavoj Žižek，*The Fragile Absolute，or Why is the Christian Legacy worth Fighting for?*，London：Verso，2000，pp. 1—2.

只是借助马克思主义的某些命题来展开自己的思考，很难被一并列入马克思主义的理论传承。

　　然而要真正理解马克思主义对西方社会的深刻影响，某些"异类"的文献未必没有独特的价值。需要思考的是：同样植根于西方文化的马克思主义，是否确实与基督教神学存在着可能交合的问题领域？马克思主义的理论和方法在哪些方面不断激发着西方思想，乃至当今最重要的宗教学说愈发凸显出这些问题？追索西方学界的相关讨论，或可将这些可能交合的问题领域大体归纳为六个方面。尽管这还需更为详尽的辨析，但是简要梳理其间的思路或许也同样有所启发。

一　革命·解放·拯救

　　原始基督教的产生和发展可以为无产阶级革命提供合法性依据，始终是马克思主义与基督教研究中的传统论题。基督教战胜古代宗教的历史，则恰恰证明了"精神生产随着物质生产的改造而改造"；于是基督教自身的合法性，也通过马克思主义的观念得到解说。革命、解放和拯救的主题之所以在基督教信仰中保持了长久的活力，是同这一特定的历史过程关联在一起的，因为"信仰自由和宗教自由的思想，不过表明自由竞争在信仰的领域里占统治地位"。[①] 随着"物质生产的改造"，随着资本主义"从自己的肋间催生自己的掘墓人"，革命、解放和拯救如何才能避免自我的颠覆？按照艾柯（Emberto Eco）的分析："凭我们的直觉，《共产党宣言》的回答应该是'我们要取消宗教'，但是《共产党宣言》……在涉及这个微妙的话题时只是一带而过，只是让我们感觉到：一切改变都是有代价的，而为了善本身，我们还是不要立即开始这样一个微妙的话题。"艾柯将这种"对宗教问题的回答"称为"一段无声的杰作"，而"关于阶级斗争的历史鸟瞰"以及《共产党宣言》结尾处那两条"激动人心、易懂、易记，并且……注定会具有非凡前景的口号"，在他看来已经超越了基督教本身的历史命运。因此艾柯这样描述《共产党宣言》"对历史产生的根本性影响"："即使是但丁的全部作品，也不足以让神圣罗马帝国回复到意大

---

　　① 马克思、恩格斯：《共产党宣言》，《马克思恩格斯选集》第 1 卷，人民出版社 1995 年版，第 277 页。

利城邦 ；然而 1848 年的《共产党宣言》……短短的几页纸居然颠覆了整个世界。"①

革命、解放、拯救的不断再现，可能已经无法简单归结为基督教主题对于马克思主义的启发。我们可以更多感受到的，却是基督教作为西方文化结构的原型，如何借助马克思主义获得了巨大的解释空间。

二　阶级·主体·身份

"选择穷人"（option for the poor）的观念始终存在于基督教信仰和社会教义中，并通过"解放神学"与马克思主义达成了某种契合。多尔（Donal Dorr）在《选择穷人》中进一步提出 ："我们生活在一个分成阶层的社会，某些经济、政治、文化和宗教结构……通过主要由中产阶级任职的机构和部门来运作，……无论他们个人的品德和价值如何，……都会由于自己的工作而助长社会结构的不公正"；从而"选择穷人"正是"对社会结构之不公正的回答"②。

基督教历史上有许多涉及"穷人"的重要文献，特别是天主教教廷颁布的种种"通谕"。比如利奥十三世（Leo XIII）在 1891 年发表"论工人阶级处境"的《"新事"通谕》（*Rerum Novarum*），其中提出："人类不能把劳动力简单地看成是一种商品，因为那是对人性尊严的否认 ；……工人阶级……便沦为压力和不公正的受害者。"如果联想到马克思的《资本论》恰好是在 1867—1894 年之间陆续出版，那么我们可能会同意："尽管这篇通谕强烈地否定社会主义，……它还是……沾染了社会主义的原则。"③

40 年后，庇护十一世（Pius XI）又在 1931 年发表"论恢复社会秩序"的《"四十年"通谕》（*Quadragesimo Anno*）。他虽然坚称天主教"与社会主义者是相对立的"（119），但是对教会自身也有所检点。比如 ：教会有时"在外表上显得仿佛是站在富有者方面，并且常常被人埋怨，说她专帮

---

① 艾柯 ：《论〈共产党宣言〉的风格》（"On the Style of The Communist Manifesto"）是作者为《共产党宣言》发表 150 周年而作，发表于 1998 年 1 月 8 日意大利著名的新闻周刊 L'Espresso，后收入 Emberto Eco, *On Literature*，translated by Martin McLaughlin, New York：Harcourt, Inc.，2002。

② Donal Dorr, *Option for the Poor：A Hundred Years of Vatican Social Teaching*，revised and expanded edition，New York：Orbis Books，1992, p. 1.

③ Ibid.，p. 9.

富有者说话，而对于无产者的需要与痛苦漠然无动于衷"；同时它也意识道："有一些人为贪欲所驱使，竟去做着压迫工人的事，而不以为耻辱。……有一些人甚至可以利用宗教本身，拿宗教的名义来做他们自己的不公道行为的掩护。"（125）

　　1960 年代的梵蒂冈第二次大公会议期间，"论教会在现代世界"的《牧职宪章》（Vatican II：Gaudium et Spes）再度重申了"选择穷人"的原则："处于极端贫困的人，有权使用他人的财富来维持生活之需。"（69）此后又有 1971 年第二次全球主教会议（General Synod of Bishops）通过的《公义遍及全球》（Justice in the World）以及 2004 年梵蒂冈正式编订的《教会社会训导汇编》等①。

　　但是"穷人"的涵义并非仅止于此。按照马克思《路易·波拿巴的雾月十八日》的说法："他们……不能以他们自己的名义、通过议会或通过惯例来维护他们的阶级利益。"最接近于此的显然不是教廷通谕的道德诉求，而是多尔《选择穷人》一书关于"阶层社会"的分析，即：无论社会运作者个人的品质如何，"都会由于自己的工作而助长社会结构的不公正"。

　　就此，斯皮瓦克（Gayatri Spivak）在 1983 年发表了论文《属下能说话吗?》（Can the Subaltern Speak?），其中"属下"（Subaltern）或者"属下性"（subalternity），正是指没有发言权、声音被"涂抹"、"不能代表自己"，甚至在"版图上的帝国主义"终结之后仍然不能真正说话的"穷人"。因此《路易·波拿巴的雾月十八日》被斯皮瓦克一再提及，她认为"用马克思的全部观念"才能充分描述"属下"或"穷人"。② 马克思的上述名句后来通过英译本广为流传："他们不能代表自己，一定要别人来代表他们"，甚至被萨义德（Edward Said）的《东方学》引为卷首语③。进而，"阶级"的差异自然进深于"主体"和"身份"，成为当代文化理论中的重要命题。

---

① Pontifical Council for Justice and Peace，Compendium of the Social Doctrine of the Church，Vatican：Liberia Editrice Vaticanan，2004.
② 佳亚特里·斯皮瓦克：《关于〈属下能说话吗?〉（Can the Subaltern Speak?）的批评与回应》，李秀立译，见《外国文学》2006 年第 6 期，第 72、75 页。
③ 萨义德：《东方学》，王宇根译，生活·读书·新知三联书店 2007 年版。

三　生产·消费·交换

用"文化生产"的概念分析人类社会中的宗教现象，被普遍视为马克思对宗教研究的最大贡献之一，也对西方学界产生了持久的影响。基督教已经存在了两千多年，而"基督教"似乎从来都是一个难以界说的概念。教会历史学家马丁·马蒂（Martin Marty）曾经这样调侃自己的信仰传统："我们所见到的基督教有多种形式，差不多包括 25000 个教派；而这些教派大多在中途便濒临分裂，于是我们就有了 50000 个实体。它们各自的特点未必与一定的教派相关，所以还是考虑'多样的基督教'（multi－Christianity）比较容易。"①

按照基督教学者大卫·霍克马（David A. Hoekema）的梳理，基督教所面对的困难和尴尬还不仅在于其历史。比如当今的美国：有些基督徒要求公立学校里的祈祷合法化，另一些基督徒则认为这违反了宪法同时也降低了宗教；有些政治家主张以《圣经》的标准建立家庭责任、废除福利制度，另一些政治家却认为《圣经》的标准应该是保护穷人；有些教会人士引用摩西律法来谴责对罪犯的怜悯，另一些教会人士则认为死刑是不必要、不正当的公开暴力。这些自相矛盾的论说必然伴随着基督教价值的相对化，霍克马由此联想到"上世纪三位伟大的偶像破坏者"对宗教的分析：马克思视之为"消解政治意志的麻醉剂"，弗洛伊德视之为"未获满足的希望的投射"，尼采视之为"弱者对强者的不满之表达"；即使是当代的女性主义、后现代主义、文化多元主义以及种种当代的批判理论，在他看来同样是对宗教存疑的。②

因此"基督教是什么"的问题被不断提起，而在"文化生产"的意义上，基督教的文化链条上逐渐生长出一些完全不同的可能性。比如"偶像破坏者"所开启的文化批判，似乎也可以成为同构、而不是相悖的一环；

---

① Martin Marty，"Cross－Multicultures in the Crossfire：the Humanities and Political Interests"，see David A. Hoekema and Bobby Fong edited，*Christianity and Culture in the Crossfire*，Grand Rapids：William B. Eerdmans Publishing Company，1997，p. 15.

② David A. Hoekema， "Introduction"，see David A. Hoekema and Bobby Fong edited，*Christianity and Culture in the Crossfire*，pp. 2－3.

比如欧洲本土的基督教，其实同样是植根于更古老文化的"寄生性文化生产"（akind of parasitic cultural production）①；比如"神学的新宗派性理解"已经被视为"当今的危险"，"一向关联于个人信仰、关联于特定信仰群体的'神学'，在其最深刻的层面上既不在于个人的虔信、也不在于认同那些仅仅面对信众的教会神学，而是与……社会学家、经济学家、政治理论家、人类学家涉及同样的问题。……那些话语模式的根本，可以被教会以外的人所理解、论说和尊重"。②

当然，生产、消费、交换的意义结构可能也会由于一种表面的理解，导引出所谓的"宗教市场论"。③ 但是无论"宗教市场" （religious marketplace）、宗教经济（religious economies）还是"宗教竞争"（religious competition），似乎都在于激发"热情、高效的宗教供应商"（eager and efficientsuppliers of religion），并通过市场手段降低"运营成本"和"信仰成本"④，这恐怕恰恰是被马克思本人所批判的。

四　异化·虚无·拜物教

19 世纪的诸多哲人曾经预言，"虚无"将是现代文化的终极命运。而这种价值的虚无，正是源于人类精神的异化以及"商品拜物教"（commodity fetishism）的崇拜。在这一背景下，特别是当人类对消费主义时代有所体验的时候，马克思对资本主义的深刻分析愈发显示出难以替代的价值。

如果说消费主义时代的特征之一就是商品社会对精神领域"实施'殖

---

① Vincent J. Miller, *Consuming Religion：Christian Faith and Practice in a Consumer Culture*, New York：The Continuum InternationalPublishing Group Inc.，2004, p. 173.

② 斯塔克豪斯（Max L. Stackhouse）著：《什么是"公共神学"》，杨慧林摘译，《基督教文化学刊》第 11 辑，中国人民大学出版社 2004 年版。

③ Rodney Stark and Roger Finke, *Acts of Faith：Explaining the Human Side of Religion*, Berkeley：University of California Press, 2000。斯塔克等：《信仰的法则》杨凤岗译，中国人民大学出版社 2004 年版。

④ Rodney Stark and Roger Finke, *Acts of Faith：Explaining the Human Side of Religion*，pp. 36、201.

民化'统治"①，那么《共产党宣言》早已有过令人警醒的描述："资产阶级抹去了一切向来受人尊崇和令人敬畏的职业的神圣光环。它把医生、律师、教士、诗人和学者变成了它出钱招雇的雇佣劳动者。"② 而当代西方学者的论说几乎与《共产党宣言》如出一辙。比如宗教社会学家罗伯特·贝拉（Robert Bellah）就曾批判"首席执行官（CEO）——雇员——顾客"的商业模式遍及各个领域：医疗部门负责人、大学校长成了 CEO，甚至有主教也自称 CEO，从而医生、教授、神甫都成了雇员，病人、学生和信众则成了消费者；而"当市场侵入本应由法律、医学、教育以及政治、家庭和教会所辖制的领域时，它自身便会遭到破坏"。③

另外值得注意的，是齐泽克（Slavoj Žižek）对商品拜物教的引申，及其对现代人信仰结构的剖析。④ 简单地说，市场神话对现代社会的宰制，已经使其本身被信奉为一种真理模式。因此"共同的谎言，远比真相更为有效地维系着追随者"⑤，他甚至认为这可以用于分析宗教的功能结构。正如"金融危机的经验告诉我们：……即使我们能让时间倒退，人们仍然会'随大流'（follow the herd）、哪怕明明知道早晚会崩溃。这就是资本主义意识形态何以有效、资本主义何以运作的原因"⑥。

五　交往·实践·阐释

现代社会中"生活世界"（lifeworld）与"社会系统"（system）的区分，以及"生活世界"由于"金钱化"（monetarization）和"科层化"（bureaucratization）所遭受的"殖民化"（colonization），通过哈贝马斯（Jürgen

---

① Nancy Fraser，"Rethinking the Public Sphere"，see Francis Barker edited，*Postmodernism and the Re—reading of Modernity*，Manchester & New York：Manchester University Press，1992，pp. 223—224.

② 马克思、恩格斯：《共产党宣言》，《马克思恩格斯选集》第 1 卷，第 275 页。

③ See Johan Verstraeten edited，Ethical Perspectives，5（1998）2，Catholic University of Leuven，1998，p. 99.

④ 请参阅杨慧林《齐泽克所说的"基督教遗产"究竟是什么：马克思主义方法论与基督教的意义结构》，《世界宗教文化》2010 年第 5 期。

⑤ Elizabeth Wright and Edmond Wright edited，*The Žižek Reader*，Oxford：Blackwell Publishing Ltd.，1999，p. 99.

⑥ 2010 年 5 月 17—18 日齐泽克在人大—清华的演讲稿，第 8—9 页。

Habermas）的解析而引起西方宗教学者的极大关注。从而经典马克思主义的实践论、现代诠释学以及哈贝马斯的交往—行为理论，在一些神学家的著述中得以延展，并进一步激活了基督教神学的自身资源。

比如特雷西（David Tracy）积极回应关于理性的交往性理解，认为神学本身也正是一种"向交谈与对话敞开的……交往活动"，却不能以任何独一的理性或者优先的文化为前提；这正是"神学的相关互应"（theological correlation）①，亦如他所述："我们正迅速走向一个新的时代，在这个时代如果不认真地同其他伟大的传统对话，已经不可能建立什么基督教的系统神学。"②

特雷西对"神学之多元公共性"的解说，被视为他最重要的神学贡献之一③；就现代神学的线索而言，其"神学的相关互应"可能也正是蒂利希（Paul Tillich）神学与文化、"属人的概念与属神的概念"之间的"相关互应"④。在同一线索上，还有谢利贝克斯（E. Schillebeeckx）"基督教传统与当下经验的互应"，汉斯昆（Hans Küng）"活着的耶稣与现实处境的互应"，或者鲁塞尔（Rosemary RadfordRuether）"多元群体与先知启示的互应"等。⑤ 总之，交往过程中的宗教诠释，已经不能不打通神圣与世俗、传统与现实、一种文化与他种文化之间的界限。

费奥伦查（Francis Schüssler Fiorenza）也将"理性与公共领域之间的关系"，看作"哈贝马斯交往性理性观念的根本"。最重要的是，通过"一种言语行为理论"（a speech—act theory）和"一种伦理的话语理论"（a discourse theory of ethics），他认为哈贝马斯已经"将康德那种独一的反思

---

① Francis Schüssler Fiorenza, "Introduction: A Critical Reception for a Practical Public Theology", see Don S. Browning and FrancisSchüssler Fiorenza edited, *Habermas*, *Modernity*, *and Public Theology*, New York: The Crossroad Publishing Company, 1992, p. 5.

② David Tracy, *Dialogue with the Other: the Inter—religious Dialogue*, Leuven: Peeters Press, Preface: "Dialogue and Solidarity", 1990.

③ Francis Schüssler Fiorenza, "Introduction: A Critical Reception for a Practical Public Theology", see Don S. Browning and FrancisSchüssler Fiorenza edited, *Habermas*, *Modernity*, *and Public Theology*, p. 5, footnote 11.

④ 蒂利希：《系统神学》第一卷，龚书森等译，台北东南亚神学院协会，1993 年，第 84 页。

⑤ 关于"相关互应"的理论以及当代神学的超越，请参阅 Francis Fiorenza, *Systematic Theology: Task and Method*, Francis SchusslerFiorenza & John P. Galvin edited, *Systematic Theology*, *volume Ⅰ*, Minneapolis: Fortress Press, 1991, pp. 55—61.

性道德主体（monological reflecting moral subject），置换为一个道德话语中的主体群（a community of subjects engagingin moral discourse）"。① 由此，任何政治诉求和伦理诉求的合法性都无法依托于宗教权威、神圣命令和神秘启示，而必然转向更加开放的话语；反过来说，这可能也必然导致对宗教传统的重述。

六　自由·正义·弥赛亚

自由、正义一向被视为西方价值观念的基石，但是"独一道德主体"的最大误区，可能就过分执著"主体"的文化身份，乃至"身份"已经预先设定了一切可能的价值立场，不同的出发点便意味着永远无法找到共同的确定性，也就意味着"善"本身的坍塌。因此现代社会往往更强调"正当"而不是"善"，以排解种种虚妄和纷争。

然而如果"善"的希冀被取消，结果同样是灾难性的。于是弥赛亚与终极自由、乌托邦与政治正义，便成为完美社会的想象性前提。尽管齐泽克认为"从基督教和马克思主义之中找到共同的'弥赛亚式'的历史观念"属于"老式自由派"的说辞，但是他也相信：在现代社会，构想乌托邦、谈论弥赛亚绝不是多余的。

基督教神学的"弱势"逻辑，在此特别得到了新的解释。比如费奥伦查就是在同哈贝马斯的讨论中提出了"公共之善的弱观念"（thin conception of the public good），力图通过这种"不能被清晰把握的'善'"，来弥补现实政治的"贫瘠"，并将基督教"关于善的道德理想和乌托邦愿景"（moral andutopian visions of the good）与关于"正义"的公共话语关联起来②，从而"弱势"反而成为支撑"正义"的有效力量。

在与之相应的《圣经》文本中，"弱势"的"善"也同现实政治中

---

①　Francis Schüssler Fiorenza，"Introduction：A Critical Reception for a Practical Public Theology"，see Don S. Browning and FrancisSchüssler Fiorenza edited，*Habermas*，*Modernity*，*and Public Theology*，pp. 4－5.

②　Francis Schüssler Fiorenza，"Introduction：A Critical Reception for a Practical Public Theology"，see Don S. Browning and FrancisSchüssler Fiorenza edited，*Habermas*，*Modernity*，*and Public Theology*，p. 11.

"贫瘠"的"正义"构成了鲜明对比。比如《旧约·诗篇》既说"义人（the righteous）必承受地土，永居其上"（诗 37：29），又说"谦卑人（the meek）必承受地土"（诗 37：11）；到《新约》则只有"谦卑的人（the meek）有福了，因为他们必承受地土"（太 5：5）①。进而言之，《新约》中的凡人之"义"只能是被动式的 to be accountedas righteousness（罗 4：5）或者 to be justified（罗 2：13，3：20—28，5：1—9），却不太可能"自以为义"（self－righteousness）。据此便可以理解，为什么尼布尔（Reinhold Niebuhr）会将人们对于"历史进程"和"某种历史奇迹"的希望批判为"两种自义"②，而又只有"弥赛亚式的历史观念"才能寓托自由和正义的理想。

中国的历史、文化、宗教状况都与西方迥异，但是这可能使我们更加需要有效的自我表达、积极的对话方式，借此理解世界也被世界所理解。当今的真实处境恰好进一步回应了《共产党宣言》的论断："世界市场，使一切国家的生产和消费都成为世界性的了。……过去那种地方的和民族的自给自足和闭关自守状态，被各民族的各方面的互相往来和各方面的互相依赖所代替了。物质的生产是如此，精神的生产也是如此。……民族的片面性和局限性日益成为不可能。"③ 由此而论，无论我们赞同与否，西方学者对马克思主义的坚守、引申抑或误读，都应当引起我们足够的重视。

齐泽克曾经断言："在我的无神论中，我比（基督教神学家）密尔班克（John Milbank）更基督教"④，因为"基督教之颠覆性的精髓……只能被唯物主义所理解"⑤，正如德勒兹（Gilles Deleuze）所说："现代辩证法

---

① 《马太福音》中的这处"谦卑的人（the meek）"，在《圣经》和合本中被译为"温柔的人"。

② 尼布尔：《基督教伦理学诠释》，关胜渝等译，台北桂冠图书股份有限公司 1995 年版，第6、11—12 页；尼布尔：《人的本性与命运》，谢秉德译，香港基督教文艺出版社 1989 年版，第186—187 页。

③ 马克思、恩格斯：《共产党宣言》，《马克思恩格斯选集》第 1 卷，第 276 页。

④ Creston Davis edited，*The Monstrosity of Christ：Paradox or Dialectic*？，Cambridge：The MIT Press，Front cover，2009.

⑤ Slavoj Žižek，*The Puppet and the Dwarf：the Perverse Core of Christianity*，Cambridge：The MIT Press，2003，pp. 5—6.

是真正的基督教意识形态①。"而当齐泽克与密尔班克的论争并编订为《基督的异类：悖论还是辩证》一书时，"悖论"或者"辩证"未必只能终结于"基督的异类"；在符号学的意义上， "词语的异类" （linguistic monstrosity）恰恰是作为一种"衍指"（super－sign），构造出新的意义链条。② 这可能也应该是我们对一切"异类"所怀有的期待。

（原载《世界宗教文化》2012 年第 1 期）

---

① 吉尔·德勒兹：《尼采与哲学》，周颖等译 ，社会科学文献出版社 2001 年版，第 27 页。
② 关于皮尔斯（Charles Sanders Peirce）符号学的相关论说，请参阅刘禾《帝国的话语政治》，杨立华等译 ，生活·读书·新知三联书店 2009 年版，第 10—14、44 页。

资本主义宗教与历史唯物主义

——论马克思主义拜物教批判思想在 20 世纪的复兴[①]

张双利

引言　关于马克思主义拜物教批判思想在 20 世纪的复兴

在西方马克思主义的历史上存在着一个非常独特的思想现象：卢卡奇、E. 布洛赫（Ernst Bloch）等一批欧洲犹太知识分子早年都曾经受到 M. 韦伯（Max Weber）思想的直接影响，但他们最终却明确地转向了马克思主义的立场。众所周知，韦伯和马克思两人的思想之间存在着巨大的张力。在对资本主义社会的宗教性质的判断上，他们二人的结论似乎正好相反：韦伯以"祛魅"（disenchantment）为现代社会的根本特征，把"祛魅"当作是现代人必须承受的必然命运；而马克思却明确指出，资本主义社会中人在最根本的意义上处于资本主义拜物教的统治之下。面对这样的对立，卢卡奇和布洛赫等人为何能够把二者的思想融合在一起？在对资本主义社会的根本判断上，他们为什么最终会从韦伯转向马克思，重新接受了马克思的资本主义拜物教批判思想，从而带来了马克思的拜物教批判思想在 20 世纪的复兴？在这一过程中，他们对马克思的拜物教批判思想又进行了怎样的重构？

所有这些问题对于我们深入理解西方马克思主义的社会批判理论都具有重要的意义。从思想史的角度看，它们不是只涉及某一位思想家独特的思想历程，而是关系到当时整整一批欧洲犹太知识分子普遍的思想转向。这其中既包括卢卡奇和布洛赫，他们两人当时都是韦伯海德堡沙龙的成

---

①　作者张双利，复旦大学哲学学院副教授。

员，也包括受到布洛赫直接影响的本雅明以及霍克海默和阿多诺等法兰克福学派的早期成员（后两者则直接受到了《历史与阶级意识》的影响）。从思想本身的内涵来看，它则涉及到对于资本主义的宗教性质的根本判断，以及对扬弃宗教的道路的重新思考。

为了回答上述这些问题，本文将集中论述布洛赫、本雅明和卢卡奇等三位西方马克思主义早期代表人物的相关思想，重点考察他们对资本主义社会的宗教性质的判断及对马克思的拜物教批判思想的重构。在这三位思想家中，在对资本主义社会的宗教性质的判断上，布洛赫走在最前列，他的思想取向代表了当时整整一批中欧犹太知识分子普遍的思想取向。在他的直接影响之下，本雅明和卢卡奇不仅分别都接受了这一判断，而且还各自对资本主义社会的宗教的基本特征进行了独到的分析。为此我们在本文的第一部分，将以布洛赫为例，具体地考察他是如何在"犹太人问题"的逼迫之下，通过对韦伯的相关思想的继承和超越而得出资本主义本身已经沦为一种宗教的论断的。在此基础之上，我们还将进一步探讨布洛赫和本雅明等对于资本主义宗教的特殊性质的分析。

对于布洛赫等这批生活在 20 世纪初的欧洲犹太知识分子们来说，正是由于其对资本主义社会的宗教性质的深刻洞见，他们最终才转向了马克思的拜物教批判的立场。在转向马克思主义的立场之后，他们又分别从资本主义宗教批判和资本主义宗教的扬弃等两个方面对马克思的拜物教批判思想进行了重构。这两方面的重构在今天对我们分析和批判当代资本主义世界都具有直接的意义：前者能够帮助我们洞穿现代资本主义世界中"抽象的统治"的秘密；后者则在世俗化的背景之下，再一次把历史唯物主义和宗教之间的关系问题提交给了我们。为此，我们在本文的第二部分将以卢卡奇的《历史与阶级意识》为例，具体考察他对资本主义宗教的秘密的进一步揭示；在本文的结论部分，我们将简要交代布洛赫、卢卡奇和本雅明等三位思想家对于扬弃资本主义宗教的根本道路的思考，并特别地呈现出他们在对历史唯物主义道路的理解上的差异。

一　关于资本主义社会的宗教性质

1. 资本主义已经沦为一种宗教（布洛赫）

我们首先以布洛赫为例来分析其关于资本主义本身已经沦为一种宗教

的思想。布洛赫之所以能够得此结论，一方面是因为他对"犹太人问题"
的独特思考，另一方面则直接归功于韦伯思想的影响，尤其是韦伯在《新
教伦理与资本主义的精神》一书中对基督新教与资本主义的历史生成之间
的内在关系的独特阐发。

　　作为 20 世纪初的中欧犹太知识分子，布洛赫等人思想的发展与"犹太
人问题"密切相关。1870 年以后，伴随着同化政策在德语世界的施行，在
城市里很快就形成了一个富有的犹太阶层，卢卡奇和本雅明的父辈们都属
于这一阶层。与此同时，在军队、国家管理、地方行政和教育等各公共领
域，犹太人依然还遭到排斥。在此背景之下，以破产的小资产阶级为主
体，在 1870 年以后，社会上开始兴起了"反犹主义"的运动。于是，"犹
太人问题"成为他们不得不面对的现实。在"犹太人问题"的逼迫下，这
批犹太知识分子们一方面斩断了与其父辈的生活方式之间的内在关联，失
去了对资产阶级生活方式和自由主义立场的认同；另一方面又无法与大学
里的哲学家们（西美尔和韦伯等）的守护文化的立场直接同一。这也就是
说，他们一方面把"犹太人问题"理解为整个资产阶级文明的问题，而不
是犹太人这个特殊群体的生存和利益的问题。在这个前提之下，他们深深
地被西美尔和韦伯等对资本主义文明的批判所打动；但另一方面，他们又
无法直接采取西美尔和韦伯等人的解决问题的道路。从实际生活的角度
看，这是因为以大学为核心的文化领域对犹太人采取了明确的排斥态度，
作为犹太知识分子的他们实际上无法被大学接受，无法在社会中获得"传
统的知识分子"的地位；从思想本身的角度看，这是因为西美尔等人守护
文化的立场实际上是一种反资本主义的浪漫主义的立场。一旦当这种反资
本主义的浪漫主义的诉求被落实为德国的右翼的民族主义的立场，他们这
批犹太知识分子们就在思想上失去了领地。

　　那么究竟什么才是解决问题的道路？布洛赫通过对"犹太人问题"的
独特思考，开始明确地认同犹太教弥赛亚主义和基督教末世论的传统。在
《乌托邦的精神》中，尤其是该书 1918 年版的附录"犹太人，象征"中，
我们可以清楚地看到这样的思想线索。在"犹太人问题"上，他既反对一
般的同化的道路，因为那意味着选择资产阶级的无灵魂的、非宗教的生
活，而在他看来，犹太人问题的实质就是资产阶级文明的危机。与此同
时，他也同样反对以马丁·布伯为代表的"犹太复国主义"（Zionism）的
道路，因为那将意味着把独特的犹太文明传统下降为亚洲的一个"民族—

国家"。这条道路根本不具备回应普遍的资产阶级文明危机的意义。与这两条道路不同，布洛赫最终选择的道路是对"犹太人身份"的自觉。进一步说，就是要坚持我们与"赞美诗"和"先知"时代的人们之间的连续性，要坚守犹太教弥赛亚主义的传统。只有这样，我们才能洞穿资产阶级文明虚无的本质，才能在历史中凭借着我们对弥赛亚的盼望和对罪恶与虚假的坚决斗争而开启新的时代。与此同时，他也强调，犹太教与基督教之间存在着内在的关联，基督就是关于弥赛亚的先知。根据这一犹太教弥赛亚主义和基督教末世论传统，他明确地认定，现存的资本主义世界是一个被虚假的上帝所掌控的世界，我们的任务就是为即将来临的那场最后的决战做好准备。

在此前提之下，他对于韦伯的《新教伦理和资本主义的精神》进行了重新解读。该书对于布洛赫等人产生了极其重要的影响，它非常明确地把宗教的因素纳入到对资本主义社会的考察之中，为他们进一步探讨资本主义与宗教之间的关系奠定了思想基础。韦伯在书中强调指出了加尔文主义在资本主义形成过程中的重要作用，与此同时他也揭示了形式理性的原则是如何在资本主义世界成为主导性的原则的。概括地说，就是新教改革起源于信徒们对天主教的高度形式主义体系的强烈不满，但他们反对该形式化的体系的努力最终却带来了另一个形式的体系，而且它比前者更加具有奴役人的性质。之所以如此，是因为一旦当新教徒们被从各种天主教的形式化的仪式中解脱出来，他们就会发现自己又立即陷入了深深的焦虑（anxiety）。因为抽去那些形式化的仪式之后，他们也就无法再借助这些中介来确证上帝对自己的救赎。以新教关于人是上帝实现其意志的工具的理念为前提，如此的焦虑于是被进一步地升华为人们通过计算而对世界进行操纵和控制的劳动。这样，世界就不再与上帝直接相连接，其与上帝之间的关联现在被人的工作所中介。换言之，加尔文主义的工作伦理就这样取代了天主教的宗教仪式。这一过程的真正含义就是"祛魅"（disenchantment），因为只有当世界已被"祛魅"，它才能成为人的劳动的对象和产物。在这整个过程中，当宗教的热情逐渐退去之后，剩下的就只有形式理性（或技术理性）了。前者一方面把世界变为我们计算和操纵的对象，另一方面又通过使人占有该对象世界而成为"主体"。不仅如此，它反过来又使得人本身也成为被计算的对象。

对于布洛赫来说，韦伯在这里所揭示的加尔文主义和资本主义之间的内在亲和关系恰恰表明，资本主义本身已经沦为一种坏的宗教："由于抽象的工作的责任，生产以一种严酷和体系化的形式被展开，因为加尔文把贫困仅仅归因于消费，这就导致了资本的积累和生成。对于人们来说，财富本身被附加上了储蓄的义务，它此时被当作抽象的量，成为目的本身，要求不断地增长。……正如韦伯所指出，发展着的资本主义经济已经完全摆脱了原始基督教对它的限制，也彻底脱离了中世纪的经济伦理所包含的一些基督教的内容。"① 在这里，布洛赫首先敏锐地把握住了加尔文教与原始的基督教（和中世纪的基督教）之间的根本对立。在此基础之上，他进一步揭示出资本主义（由加尔文教相伴生的）与原始基督教之间的根本对立。在资本主义社会中，现在是那纯粹被当作抽象的量的资本或财富取代了原始基督教中上帝的地位。在这个意义上，我们可以很明确地说，资本主义本身成为了一种宗教，在资本主义宗教里，资本成为了新的上帝。

在他的直接影响之下，在海德堡韦伯的学术沙龙里，卢卡奇逐渐地接受了他的判断，不仅把现代世界看作是"上帝所遗弃的世界"，而且是"敌基督的世界"。本雅明在稍后则直接地受到了布洛赫的《作为革命的神学家的托马斯·闵采尔》（Thomas Munzer as Theologian of the Revolution，1921）的影响，在一篇写于1921年底的未发表的短文中，直接以"作为宗教的资本主义"（"Capitalism as Religion"）②为题。

2. 资本主义宗教的基本特征（布洛赫和本雅明）

为了进一步说明资本主义的宗教与基督教之间的根本对立，他们又进一步地对资本主义的宗教性质进行了具体分析。概括地说，他们主要从三个不同的维度揭示出了资本主义宗教所特有的自相矛盾的性质。首先，资本主义宗教是一种偶像崇拜性质的宗教，但它的崇拜对象却既是抽象的，又是非抽象的。一方面，在资本主义社会中，人们崇拜的实际上只是可见的、人手的造物。布洛赫为了准确地描述资本主义的宗教性质，特别地选用了"玛门"（Mammon）和"金牛"（the goldencalf）等两个意向来界定资

---

① Ernst Bloch, *Thomas Munzer als Theologe der Revolution*, Frankfurt: Suhrkamp Verlag, 1962, p. 119.

② Michael Lowy, "Capitalism as Religion: Walter Benjamin and Max Weber ", *Historical Materialism*, volume 17, issue 1, 2009, p. 61.

本主义宗教的崇拜对象。在新版的《作为革命的神学家的托马斯·闵采尔》中，在对资本主义的宗教进行定性时，他把原先的"撒旦的教会"改成了"玛门的教会"①。经此改动，资本主义宗教的偶像崇拜的性质就被更加清楚地揭示了出来。在这里，被崇拜的对象直接地就是金钱，是人手的造物。在《乌托邦的精神》中，为了表明资本主义宗教的偶像崇拜性质，他则直接使用了"金牛"的说法②。

另一方面，布洛赫也同时指出，人们所崇拜的对象其实又是某种抽象的、完全没有具体内容的东西。在上文所引的那段文字中，布洛赫明确指出人们现在所崇拜的只是被当作抽象的量的财富。在《乌托邦的精神》中他明确指出，人们所崇拜的只是一张底下空无内容的金牛的皮："这是坏的事情如何可能、且不得不发生在我们身上，当然，我可以为我的晚餐而歌舞。但是，这是在围绕着金牛跳舞，或者说只围绕着一张金牛的皮在跳舞，它底下没有任何东西：这仍然令我们吃惊。它意味着我们没有关于社会主义的观念。相反，我们已经沦为了最可怜的脊椎动物：我们中间的所有人都要么崇拜自己的肚子，要么崇拜国家：所有其他的一切都下降到了玩笑和娱乐的水平。"③ 这也就是说，无论我们崇拜的是自我利益还是抽象的国家，它们在根本上都是抽象而无内容的。

其次，资本主义的宗教是实践的宗教（practical religion），不过它又同时包含着对立的两极：一方面，它是纯粹实践的，没有任何神学和教义；另一方面它又同时滋生出各种各样的宗教追求。关于这一特点，本雅明在他的《作为宗教的资本主义》一文中有直接地刻画："……一种纯粹的崇拜性的宗教，也许是迄今所存在的最为极端的崇拜性质的宗教。在这种宗教中，任何不与这种崇拜直接相关的东西都毫无意义：它没有具体的教义或神学。从这个角度看，在它这里，功利主义获得了一种宗教的色彩。"④ 在这里，我们可以清楚地看到，资本

---

① See Michael Lowy，"Capitalism as Religion：Walter Benjamin and Max Weber"，*Historical Materialism*，volume 17，issue 1，2009，p. 61.

② Ernst Bloch，*The Spirit of Utopia*，trans. Anthony Nassar，Standford University Press，2000，p. 2.

③ Ibid. .

④ Walter Benjamin，*Selective Writings*，ed. Marcus Bullock and Michael Jennings，Cambridgeand London，1999，vol. 4，pp. 288－291.

主义的宗教与抽象的宗教刚好相反。对于抽象宗教的信徒们来说，自觉到其与上帝之间的关系是他们信仰上帝的前提条件。但对于资本主义社会中的人们来说，人们只是在实践着崇拜的行为，却浑然不知这是一种崇拜性质或宗教性质的行为。在这一点上，资本主义的宗教与古代的异教极其相似，它没有任何神学或教义。也就是说，在人们与其所崇拜的"上帝"之间没有任何中介，所存在着的只有人们对于其所崇拜的对象的直接认同。他们认后者为其生命的唯一意义，也正因如此，这种崇拜的行为一定会覆盖到每一地方和每一时间。事实上，它目前的确已经发展成为了一个普遍的体系，已经覆盖到了世界上的每一个地方。

与此看似自相矛盾的是，与资本主义宗教的这种实践的性质相关联，在资本主义社会中同时也滋生出了许多企图逃离这种普遍崇拜的努力。在本雅明看来，这方面的最重要的现象就是资本主义世界中的各种具有宗派性质的信仰的激增。他敏锐地洞察到，在现代资本主义世界中不仅有已经覆盖了整个地球的对金钱和商品的崇拜，而且还同时存在着各种派别的各种宗教。在写于 30 年代的《经验与贫困》一文中，他专门对此现象进行了阐发。他强调指出，正因为资本主义世界中的人们根本没有自觉到自己的日常行为的宗教性质，当他们试图从这个被"祛魅"了的世界中逃离出去而走向与它正相反对的另一极时，即，到各种各样的宗教中去寻找家园的时候，他们实际上依然处于资本主义宗教的掌控之中。这些看似与整个资本主义世界正相反对的另一极，实际上是内在于资本主义宗教之内的另一极。

再次，资本主义的宗教在根本上是一种非救赎性质的宗教，但它同时却又表现为无限的进步。从布洛赫开始，他们就把资本主义的宗教与上帝的宗教相对立，把前者当作是虚假的上帝的宗教。作为虚假的上帝的宗教，它只能导致对人永恒的奴役，永远无法带来真正的救赎。本雅明在《作为宗教的资本主义》一文中，通过对"Schuld"一词的三重含义的具体解读而明确指出，资本主义的宗教只能导致对我们所背负的罪责的永恒增加，使我们永不得救赎。"Schuld"在新教的伦理中具有核心的意义，但根据本雅明的阐释，它除了意味着责任（duty）之外，还同时意味着我们所背负的罪（guilt）与债（debt）。据此，资本主义宗教实际上使我们陷入了一个永不得救赎的无限恶化的过程。与此同时，他们也清晰地看到，对于生活于资本主义社会中的人们来说，资本主义的宗教所呈现出来的意义却是进步的神话。可以说，他们关于资本主义宗教的所有理论思考在根本上就是为了打破这个进步的神话。

二 再论资本主义拜物教的秘密（卢卡奇）

资本主义的宗教为什么会具有上述这些自相矛盾的规定性？它内在的秘密究竟是什么？卢卡奇在转向马克思主义之后，通过对马克思的商品拜物教批判思想的重构，找到了解决这些问题的线索。

1. 资本主义的宗教为什么既是非抽象的，又是抽象的？

在《物化现象与无产阶级意识》一文的开篇处，卢卡奇就明确交代，此文的核心思想直接来源于马克思，尤其是马克思对于"商品结构之谜"的揭示。"商品结构的本质已被多次强调指出过。它的基础是，人与人之间的关系获得物的性质，从而获得一种'幽灵般的对象性'，这种对象性以其严格的、仿佛十全十美和合理的自律性掩盖着它的基本本质，即人与人之间的关系的所有痕迹。"①这也就是说，在资本主义的商品结构中，人与人之间的关系变成了物，这个物不仅似乎是独立的、自律的，而且又有几分诡异，它如幽灵般难以捉摸，反过来规定着人的存在。在这一精要的概述中，卢卡奇实际上已经涉及了资本主义商品拜物教最主要的特征，即，它既是非抽象的（是一种拜物教，而不是抽象的宗教）又是抽象的。那么，它为何会是非抽象的？卢卡奇认为，这同时涉及对象和主体两个方面。从对象的角度来说，是因为人们此时崇拜的对象是物，是人手的造物；从主体的角度来看，是因为资本主义社会中的人们根本不知道自己与这个世界之间是一种宗教崇拜的关系。正是由于这两个方面，它是一种与抽象宗教完全不同的拜物教。关于资本主义宗教的崇拜对象，马克思在其著作中已经分别从不同的角度指出，它是一种"物"、人手的造物。早在《论犹太人的问题》的结尾部分，为了表明市民社会的宗教特征，马克思指出世俗的犹太教是市民社会的精神。"犹太教"在这里不是指以《旧约》为本的以色列人的一神教，而是指金钱拜物教。而金钱拜物教最直接的特征就是，人

---

① 卢卡奇：《历史与阶级意识》，杜章智等译，商务印书馆1992年版，第144页。

们崇拜人手的造物——金钱。这一思想在《资本论》中被进一步地发展为商品拜物教的思想。在《资本论》第一卷第一篇第一章中，马克思指出，在以商品为细胞的资本主义社会中，人的劳动产品一旦成为商品，就立刻具有了拜物教的性质——变成一种"可感觉而又超感觉的物或社会的物"，充满着"形而上学的微妙和神学的怪诞"。这时的实际情况是，商品作为人手的造物"表现为赋有生命的、彼此发生关系并同人发生关系的独立存在的东西"①，它成为人们崇拜的对象。

卢卡奇在此基础上又做了进一步地发挥，他强调我们的崇拜对象实际上是那个以商品为内容的"物的自动的合规律的过程"。这也就是说，虽然这个世界在归根结底的意义上完全是由人所造，但人们作为置身于该过程之中的商品，也是被生产的，是直接的产品，它只是这一物的过程中的机械的动轮，根本无法领会此"物的过程"乃人所造。"商品是被生产的，工人作为商品，作为直接的产品，至多只能是这一机器中的机械的动轮而已。"② 因而，这个人造的"物的过程"就神奇地成为了人们的崇拜对象。

关于崇拜的主体，卢卡奇强调指出，资本主义社会中人不仅陷入了对于这个"物的过程"的崇拜，而且还根本不知道自己与这个社会之间是一种宗教崇拜的关系。在资本主义社会中，由于合理化的过程，人们对世界采取了纯粹直观的态度。在这种直观关系中，人（资产者）作为这个世界的纯粹的旁观者，误把自己认作是这个世界的主体。工人们尽管很难把自己想象为伟大的主体，但也无法突破这一关于认识主体的神话。就这样，整个现代世界被认作是彻底的被祛魅了的世界，人与世界的关系被认作是理性的认识关系。

在此基础上，卢卡奇进一步指出，这种拜物教又是抽象的，它的秘密正是所谓的"抽象的统治"。马克思在《资本论》中曾明确指出，商品虽然是一种"物"，但是这种物的商品特性与劳动产品的物理性质是完全无关的，因此商品之所以为商品，是由于某种超出该产品的物理性质之外的东西。更进一步地说，它来源于人与人之间抽象的普遍的关系。"商品形式和它借以得到表现的劳动产品的价值关系，是同劳动产品的物理性质以及由此产生的物的关系完全无关的。这只是人们自己一定的社会关系，但在

① 马克思：《资本论》第一卷第一章第四节。
② 卢卡奇：《历史与阶级意识》，杜章智等译，商务印书馆 1992 年版，第 268 页。

人们面前采取了物与物的关系的虚幻形式。"① 在此基础之上，卢卡奇在其物化理论中则更进一步强调，"抽象劳动"是资本主义社会中唯一的社会范畴，它规定着资本主义社会中的一切对象性形式和主体性形式。"商品形式的普遍性在主观方面和客观方面都制约着在商品中对象化的人类劳动的抽象。"② 在对象方面，它意味着质上不同的对象被归结为同一的商品形式：在主体方面，它则意味着人的劳动在实际上已经称为抽象的劳动。"在主观方面，抽象人类劳动的这种形式相同性不仅是商品关系中各种不同对象所归结为的共同因素，而且成为支配商品实际生产过程的现实原则。"因此，商品世界之所以对人具有那样的魔力，使人完全为其所掌控，是因为抽象劳动对人的统治。卢卡奇物化理论的重要贡献就在于，它通过对"合理化"和物化意识的批判，而具体揭示出了抽象劳动的统治的秘密。

在卢卡奇看来，抽象劳动之逐渐实现对人的普遍统治的过程，也就是韦伯意义上的"合理化过程"："对我们来说，最重要的是在这里起作用的原则：根据计算，即可计算性来加以调节的原则。"③ 而蕴涵于该过程中的最隐蔽的秘密就是物化意识。这也就是说，资本主义劳动分工的发展不仅导致了"人隶属于机器"的结果，而且使人们对眼前的这个合理化了的资本主义生产过程采取了直观的态度。人们把它认作是一个不受人的活动影响的、自动的、有规律的系统。相对于该系统，人只是被抽取出来加诸其中的部分的要素而已。在此直观的态度中，那些规定着我们对待世界的最直接态度的最基本的范畴发生了改变："直观态度也改变人对世界的直接态度的各种基本范畴：这种态度把空间和时间看成是共同的东西，把时间降到空间的水平上。"④ 这就是"时间的空间化"，更具体地说，它意味着时间与每一个工人之间有机的联系被彻底切断，成为了"抽象的、可以准确测定的、变成了物理空间的时间⑤"。落实到工人们的身上，这就表现为双重抽象：一方面在工人身上发生了自我分裂，他的劳动力（表现为机械的/局部的劳动）与他的整个人格分离开来；另一方面，被分割出来的劳动在生产过程中又被还原为纯粹的量。

---

① 马克思：《资本论》第一卷第一章第四节。
② 卢卡奇：《历史与阶级意识》，杜章智等译，商务印书馆 1992 年版，第 148 页。
③ 同上书，第 149 页。
④ 同上书，第 151 页。
⑤ 同上书，第 283 页。

　　卢卡奇对物化意识的分析表明，抽象劳动对人的统治实际上是经由我们每一个个体的自觉意识（我们在意识中把自己降为仅仅具有量的规定性的商品）而得到实现的。我们在前文中也曾经提到，在资产阶级那里情况似乎刚好相反，他们在面对这个合理化的过程时，把自己认作是世界的理性的主体。对此卢卡奇敏锐地指出，他们只是表面上的主体，在根本上他们同样是该过程的客体："从意识上讲，单个的个体作为认识的主体面对着社会事件的极其巨大的客观必然性，他所能理解的也只是它的一些细枝末节，而在现实中，恰恰是个体的自觉行动居于过程的客体方面，而过程的主体（阶级）却不能达到自觉的意识，个体的自觉行动必然永远超出（表面上的）主体，即个体的意识。"[①]卢卡奇在这里强调指出，资本主义社会中的个人实际上只是这个"物的过程"的客体，根本无力把握那个真正的总体。正因如此，卢卡奇进一步指出，这种拜物教与抽象的宗教（加尔文教）之间存在着直接的相互呼应的关系。"同样是革命的加尔文教派把证实自己是虔诚的伦理学（内心世界的禁欲主义）和认为推动世界运动的、规定人的命运的内容的客观力量完全是超验的这一点（和先定学说）结合在一起，这种结合意味着把资产阶级物化意识的自在之物结构神话化了，并使之更加精炼了。"[②]这也就是说，我们在资本主义世界中，对于那个"物的自动的合规律的过程"的旁观与我们在加尔文主义的宗教中对于先定学说的信仰其实是一回事情，二者的实质都是"抽象的统治"。

　　2. 资本主义的宗教为什么是毁灭性的宗教？

　　通过揭示由商品所构成的这个"物"的世界的抽象性质，卢卡奇进一步揭示了蕴涵于其中的两对重要矛盾，即形式与内容之间的矛盾和局部与总体之间的矛盾；通过进一步揭示这两对矛盾之间的内在关联，他明确指出商品拜物教绝对不具有任何救赎的性质。

　　首先，从形式与内容之间关系的角度看，由于这个商品的世界是抽象的，因而它虽然具有"物"的外表，却根本无法真正包容实际的内容。具体来说，不仅是劳动对象的独特的"物"的属性无法被包容进商品的形式中，而且劳动者的独特的"人"的属性也被排除在商品的形式之外。在商品形式中，实际发生的是人与劳动对象之间关系的断裂、人与自身之间关

---

　　① 卢卡奇：《历史与阶级意识》，杜章智等译，商务印书馆1992年版，第248页。
　　② 同上书，第283页。

系的断裂以及人与他人之间关系的断裂。作为这三重断裂的结果，商品的形式成为毫无内容的纯粹的形式。

其次，从总体与局部之间关系的角度看，由于人们在对商品形式的把握中彻底排除了内容，人们也就根本无法达到总体，因为只有经由内容，才能达到真正的总体。在这个意义上，整个资本主义世界是非理性的，那种无内容的形式的合理性永远只能在一些局部的体系内被达到，至于这些体系之间则只能是一种纯粹的偶然的关系。因此，资本主义的存在过程必然是遭遇一次又一次灾难的过程，在这些灾难中各个局部系统之间的关联突然中断，资本主义的不断形式化的逻辑无法得以继续。而人们对于商品的崇拜所带来的恰恰是人们对于蕴涵在商品形式中的抽象力量的不尽追求，因此商品拜物教正是推动资本主义从一次灾难走向另一次灾难的强大动力。在这条不归路上，商品拜物教带给人们的唯一命运是毁灭。

结论　再论历史唯物主义与宗教的关系
（卢卡奇、布洛赫和本雅明）

综观布洛赫、卢卡奇和本雅明的资本主义拜物教批判思想，可以说他们分别从两个方面对马克思的拜物教批判思想进行了重构：对资本主义宗教性质的具体批判和对解决问题的道路的积极探索。在对资本主义的宗教性质的具体阐发上，他们一方面在韦伯的帮助之下，鲜明地揭示出了商品拜物教的实质，即抽象的统治；另一方面又在犹太传统的滋养之下，清楚地看到了形式理性原则的致命缺陷，揭示出它与非理性原则之间的共通关系。关于解决问题的现实道路，他们针对资本主义的宗教性质则分别选择了两条不同的道路：非宗教的历史唯物主义（卢卡奇）和历史唯物主义与宗教的联盟（布洛赫、本雅明）。对于当代的读者来说，这两条道路的重要意义就在于，在这个看似已经彻底世俗化了的现代世界中，它再次提醒我们，如何实现对宗教的积极的扬弃依然是摆在我们面前的任务。

面对资本主义条件下的商品拜物教，卢卡奇选择的道路是继续自黑格尔以来用哲学来扬弃宗教的道路。由于宗教在这里已经被落实为在生产领域内所发生的"抽象的统治"，哲学也相应地被落实为无产阶级的阶级意识。如此的哲学之所以能够担当起扬弃商品拜物教的任务，是因为它同时就是对整个社会结构进行变革的实践。站在无产阶级的立场之上，他不仅彻底清除掉了自己早年思想中的宗教色彩，他在《历史与阶级意识》中还特别地对布洛赫进行批评，反对马克思主义与宗教的联盟，强调我们必须走彻底的历史唯物主义的道路。"当恩斯特·布洛赫认为在宗教与社会经济革命的这种结合中可以找到一条深化'纯经济的'历史唯物主义的道路时，他就是忽视了这种深化恰恰没有顾及到历史唯物主义的真正深刻之处。"① 这也就是说，历史唯物主义（或无产阶级意识）绝不是所谓的经济唯物主义，而是已经达到了扬弃宗教的高度的哲学。这样的哲学完全不需要来自传统宗教的任何帮助，独自就可以实现对传统宗教和资本主义拜物教的双重扬弃。

与卢卡奇不同，布洛赫和本雅明则坚持马克思主义与宗教联盟的道路。在这里我们仅以本雅明为例，他在其晚年的《关于历史哲学的论纲》中，明确地提出了"历史唯物主义"与神学联盟的思想。在第一条论纲中，本雅明提出了那个著名的比喻：神学被比作隐藏在棋盘底下的侏儒，"历史唯物主义"被比作木偶，侏儒的手中拿着操纵木偶的绳子：坐在木偶对面的是它的强大对手，但木偶在侏儒的操纵之下，将赢得与该对手之间的这场比赛②。要真正理解这一比喻的深刻含义，我们首先要特别注意"历史唯物主义"在这里的具体形象：木偶身着土耳其服饰，嘴里吸着水烟筒。这些具体描述表明，"历史唯物主义"在这里特指那种已经被麻醉，并因而失去了生命力的历史唯物主义。它之所以被麻醉，是因为它受到了资产阶级文化的控制，"木偶"嘴里吸的鸦片是资产阶级关于"进步"的宗教般的信仰。换言之，在本雅明看来，实际存在的"历史唯物主义"就是形形色色的"经济唯物主义"。历史唯物主义要想避免被必然地转变为"经济唯物主义"的命运，就必须与神学联手。这也就是说，在传统的宗教被资本主义的拜物教替代之后，哲学似乎也难逃被该宗教所掌控的命运。在此背景之下，要真正实现对资本主义宗教的扬弃，就必须借助于传统宗教的支撑。或者说，历史唯物主义要达到卢卡奇所理解的哲学的高度，就必须内在地包含着神学的环节。

从这个角度看我们可以说，西方马克思主义拜物教批判思想最突出的当代意义就在于，它在资本主义拜物教的背景之下，再一次把用哲学来扬弃宗教的任务提交给了我们。

----

① Georg Lukacs, *History and Class Consciousness*, trans. Rodney Livingstone, The MIT Press, 1971. p. 193.

② Walter Benjamin, *Illuminations*, trans. Harry john, Schocken Books, 2007, p. 253.

（原载《世界哲学》2012 年第 6 期）

古巴共产党和老挝人民革命党以宗教
促进社会和谐的理念与做法[①]

董卫华　曾长秋

　　古巴共产党（简称古共）、老挝人民革命党（简称人革党）根据国情、社情、民意和执政的需要，反思和调整宗教政策，重视发挥宗教在国家社会生活中的作用和影响，使之与党执政目标和经济社会发展需要相结合，并抑制和改造宗教的消极因素，拉近了党与信教群众的距离、巩固了共产党执政的社会基础，较好地维护了社会的稳定，促进了社会的和谐。

一　两党宗教观的转变及其原因

（一）宗教政策的转变是国情、历史与社情、民意使然

　　在古巴革命发生前，天主教与旧政府的关系密切。1959 年 1 月 1 日，菲德尔·卡斯特罗率起义军推翻了巴蒂斯塔政权，建立了革命政府。新政府建立之初，天主教教会敌视新生政权，一些教士还参加了反革命暴乱。1960 年 6 月，卡斯特罗宣布，凡是反共者就是反革命。同年 8 月，天主教主教公开指责新政府。1961 年 9 月，新政府驱逐了 133 名教士和一名主教。1962 年，新政府强行关闭了 400 多所天主教学校。1969 年，古巴共产党废除了圣诞节，宣布古巴信仰无神论。以上做法，引起了天主教罗马教廷的强烈反感，时任教皇约翰二十三世于 1962 年将卡斯特罗“逐出教会”，古巴的政教关系持续紧张了数十年。

　　但是，无论在历史上还是现实中，宗教对古巴的政治、经济和社会都具有重大影响。第一，宗教的社会影响广泛。古巴教派成分复杂，主要有

---

　　①　作者董卫华，中共中央对外联络部干部；曾长秋，中南大学政治学院教授、博士生导师。

天主教、基督新教派、非洲教派、唯灵论、犹太教和民众信教等。其中，天主教对古巴的影响最大，40％的古巴人受过天主教的洗礼。第二，部分教徒在国家革命和建设中发挥过积极作用。古巴众多教徒参加了革命事业，例如，在何塞·马蒂（古巴诗人、思想家、民族英雄，创建了古巴革命党）的队伍中，有许多优秀革命者是虔诚教徒；在1953年古巴革命青年反对巴蒂斯塔法西斯统治的"七·二六运动"、1957年卡斯特罗领导的反对巴蒂斯塔政府的"三·一三"革命组织里，也有许多有神论者，却没有影响他们坚定的革命信念。第三，20世纪60年代末以来，拉美天主教神学界人士发动"解放神学"运动，冲击了保守的天主教会传统观念。古巴天主教会也开始改变对古共政府的态度，更加关注穷人和社会公正问题，表示拥护政府，谴责美国对古巴的封锁和造成的国家困境。此后，古巴政府与天主教会的关系出现缓和。特别是东欧剧变、苏联解体以后，古巴面临巨大的经济困难和生存危机。古共"四大"召开前夕，卡斯特罗呼吁全国加强团结、迎接挑战，宗教界人士纷纷响应，表达真诚的革命精神和对古巴的爱国热情。

老挝是一个多民族、多宗教的国家，人民革命党对佛教的认识和两者关系经历了一个曲折过程。1976年，新成立的老挝人民民主共和国取消王国宪法，宣布佛教不再是国教，国王也不是佛教的保护者，并加强了对僧侣的社会主义教育。1976年初，老挝佛教界出版了《佛教与社会》、《政治与佛教》和新的《讲经说法》小册子，强调"佛教一定能使自己适应新的社会制度"，因为这种制度"符合佛教经戒的实质"。这一时期，老挝佛教强调适应社会的发展步伐，配合政治路线。可是，政府过于强调佛教要统一在社会主义思想之下，抹杀了佛教自身的特质，招致一些僧侣不满，老挝僧侣由2万人下降到1700人。[1] 1979年3月，87岁的老挝佛教联合会名誉主席帕·坦雅诺乘船越过湄公河逃至泰国。

佛教曾是老挝的国教，对人们的社会交往、文化艺术甚至经济社会都产生过巨大影响。首先，佛教社会基础广泛，全国75％的人信奉上座部佛教。从14世纪起，佛教就在老挝传播，并以世俗化的方式深入到人们生活的方方面面，一些佛教理念和信条还对启示人们的思维方式和规范社

---

[1]　杨曾文主编：《当代佛教》，东方出版社1993年版，第177—178页。

会行为产生了积极作用。其次，老挝佛教界在历史上一再参与政治，发挥了社会政治集团的作用，在老挝解放战争时期发挥的作用尤其显著。二战以后，老挝经历了内战、反抗法国殖民者和美国侵略者的外来干涉，直到1975年才获得彻底胜利。1959年，老挝佛教界组织佛教协会，强调爱国、民族团结，提出"团结、斗争、中立、和平"的口号，为救国事业作出了贡献。再次，老挝人革党看到了佛教在国家和社会生活中的巨大影响，力图使佛教为己所用。新政权开始改变宗教政策，希望借助僧侣的力量来帮助执政党教育人民、贯彻政策。其实，政府对僧侣进行社会主义教育的初衷，也是加强统战，并强调佛法义理与社会主义都是消灭人民的痛苦，谋求幸福是一致的。老挝佛教界也改变以往仅号召教徒追求自我解脱而忽视社会的冷漠态度和利己主义，呼吁重新认识佛教传统，并进行改革，使之适应现代社会。

（二）苏东剧变后，巩固党的社会基础、谋求外部缓和成为当务之急

自古共政权成立之日起，美国一直通过经济封锁和意识形态渗透，企图颠覆古巴的革命成果。美国在古巴沿海设立了马蒂电台、电视台，挑拨古巴党和人民群众的关系。特别是东欧剧变、苏联解体之后，美国引导古巴民众对走社会主义道路产生怀疑，进而质疑古共的领导能力和合法性。在此背景下，受到美国庇护和支持的古巴非政府组织和反对派在海外加紧实施策反活动，环绕古巴设立了25个发射台，每周播出1900多个小时的节目。以美国迈阿密为基地，古巴流亡组织"兄弟救国会"多次派遣轻型飞机到古巴从事宣传活动。1994年夏，美国煽动"移民风潮"以搞垮古巴政府。少数不法之徒甚至在哈瓦那滨海大道聚众闹事，袭击商铺和饭店，制造社会骚乱。1992年春，时任美国总统布什在《迈阿密先驱报》发表文章，声称美国政府的目标是结束卡斯特罗政权，在竞选演讲中还扬言"卡斯特罗必定下台"，自己"期待着成为踏上卡斯特罗之后的古巴自由土地"的第一位美国总统。同年10月，布什签署了由民主党众议员罗伯特·托里切利提交的《古巴民主法》，禁止美国设在第三国的分公司同古巴做生意，禁止美国公民赴古巴旅行，禁止在古巴停留过的船只驶入美国港口，制裁向古巴提供援助的国家。在美国的恶意煽动下，古共政权面临着经济制裁、政治打压和舆论谴责，外部环境令人堪忧。一些拉美国家也向古巴施加压力，1992年3月，在联合国人权委员会表决由美国提出的谴责古巴违反人权的决议时，智利、乌拉圭、阿根廷、哥斯达黎加投了赞成票。从

1991 年起，由墨西哥、委内瑞拉、哥伦比亚三国总统组成的"三人团"多次在不同场合会晤卡斯特罗，提出要帮助古巴政权"谋求一条体面的出路"，实质上是逼迫古共放弃社会主义制度。①

老挝人革党在 1975 年执政以后，处境也十分艰难。在国外反动势力的策划下，前王室军队和苗族反政府武装分子在国内从事各种破坏活动，包括武装袭击政府军、绑架和暗杀政府官员、向政府要害部门投炸弹、散布反动言论等。冷战结束以前，一些流亡法国、美国、澳大利亚等国的苗族人得到了包括美国、法国的资助，或潜回国内苗区煽动民众对抗政府，或以泰国为基地组织训练武装人员，在老泰边境地区从事反抗执政当局的叛乱活动。1987 年 3 月，时任苏联外长的谢瓦尔德纳泽访问老挝前夕，万象市中心的"苏联文化中心"被放置炸弹，酿成一死一伤的惨案。东欧剧变、苏联解体，给老挝的国际环境和国内社会稳定造成较大冲击。一些前社会主义国家不但纷纷停止了对老挝的经济、军事援助，而且要求老挝接回其留学、进修人员，有的国家甚至开始索要欠债。西方国家则乘机向老挝党和政府施压。老挝国内的资产阶级自由化倾向抬头，党内也有人提出实行政治"多元化"和"多党制"，一些青年人出现思想混乱，对社会主义的前途产生怀疑。以美国为首的西方国家在国际场合施加压力，要求老挝向西方"自由世界"过渡，希望老挝步苏东前社会主义国家的后尘。20 世纪 90 年代，美国资助的苗语广播电台秘密设于泰国东部，该电台号召苗族世界社会主义与国际共运"为独立自治而斗争"，给散居于老挝、越南和泰国各山地的苗人带来一定政治思想影响。流亡国外的反政府武装在国外敌对势力的支持下，趁机窜回国内进行武装骚乱，严重干扰了老挝国内的政治稳定和经济发展。

二　两党对宗教的创造性认识

（一）重新审视"鸦片论"，认为马克思主义宗教观应与本国实际相结合

马克思谈到宗教时有这样一段话："宗教里的苦难既是现实的苦难的表

---

① 　毛相麟：《古巴社会主义研究》，社会科学文献出版社 2005 年版，第 47、238 页。

现，又是对这种苦难的抗议。宗教是被压迫生灵的叹息，是无情世界的感情，正像它是没有精神的制度的精神一样，宗教是人民的鸦片。"① "鸦片论"对古共和老挝人革党关于宗教的认识，都产生了一定的影响。

在古巴，天主教虽然有过愚昧和麻痹人民的作用，但在革命时期也曾承担唤醒人民斗争的使命。20 世纪 70 年代末，拉美天主教众多教徒抨击资本主义和社会不公。卡斯特罗组织古巴人民就"宗教是人民的鸦片"进行讨论，推动了古巴党和社会对这一论断的再认识。1985 年，卡斯特罗就该问题表示："我的意见是，从政治观点来说，宗教既不是鸦片，也不是灵丹妙药。它可以成为鸦片，也可以成为灵丹妙药，这要看在怎样的程度上用它来保卫压迫者和剥削者，还是保卫被压迫者和被剥削者；取决于对影响人类的政治、社会和物质问题采取何种处理办法。"② 为了转变人们的认识，卡斯特罗指出，马克思主义者不能是教条主义者，不能固守传统的理论，古巴革命政权同宗教团体之间应建立战略性联盟，两者应在和平共处、相互尊重的基础上，为社会改革的共同目标而努力。他引用基督徒参加第一国际和巴黎公社的例子，说明马克思和列宁都不排斥基督徒在推进社会革命上的历史使命。在古共"四大"召开之前，卡斯特罗强调马克思主义者同各教派的革命人士加强团结的必要性，重申古共坚决消除歧视宗教的残余思想。20 世纪 90 年代初，宗教信徒中的优秀分子能否入党的问题摆在古共面前。经过全党多次讨论和研究，古共认为不能教条式地对待宗教和教徒，教徒也可以成为马克思主义者。卡斯特罗说，"从政治观上，我认为一个人可以是马克思主义，同时也是基督信徒，并且可以和具有马克思主义思想的共产主义者一起为改变世界而努力"③。

对"宗教是人民的鸦片"的论断，老挝人革党认为这一论述是正确的，但应从国情出发进行理解和把握。人革党认为，在老挝的现实状态下，社会主义尚不具备主宰宗教的能力，宗教特别是佛教仍将在很长的一段时期继续存在并发挥作用。2003 年，时任老挝人革党主席坎代表示，只有团结包括佛教在内的社会力量，才能取得民族革命斗争的胜利。我们非

---

① 《马克思恩格斯选集》第 2 版第 1 卷，第 2 页。

② 毛相麟：《古巴社会主义研究》，社会科学文献出版社 2005 年版，第 47、238 页。

③ Sheldon B. Liss. Fidel, *Castro's Political and Social Thought*, London: Westview Press, 1994, pp. 170, 165.

常注意动员包括佛教徒在内的广大民众支持和参加我们的革命，我们注意用马克思主义思想教育他们，抛弃落后的生产生活方式和信仰，并从策略上积极争取了佛教力量对我们革命力量的支持与帮助。因为我们发现佛教影响还是很大的，我们党提出要面对现实，与佛教"和平共处"。一方面，坚持马克思列宁主义，教育好我们的民众；另一方面，争取利用好佛教，为保卫和建设国家作出贡献。人革党"六大"的政治报告强调："宗教是人民群众和社会团体的精神寄托，党和国家尊重人民信仰宗教和不信仰宗教的自由权利。发展宗教事业是全体教徒的愿望，要让全体教徒在建设国家的事业中发挥自己的积极作用。要保护宗教的平等权利，加强宗教和教徒之间的睦邻友好，反对利用宗教从事分裂国家的活动和利用宗教破坏国家的团结和统一，反对妨碍公民履行义务和破坏人民民主制度的宗教活动。"①

（二）肯定宗教对人类福祉发挥作用，扩大宗教与马克思主义在价值追求上的认同

卡斯特罗认为，基督教义与社会主义之间有共同之处，都是为了人类的福祉而奋斗。"两者最重要的都是真诚的革命者，都愿意消灭人剥削人的现象和为社会财富的公正分配而斗争。"②古共还认为，两者对某些道德理念的追求有相似之处：基督教提倡宽容、博爱、无私、奉献、谦虚、节制的精神，与共产主义在人性和道德追求上的态度是相同的，都反对腐败、欺骗、偷窃、贪婪等邪恶行为。"如同教会提倡牺牲精神、节俭精神，我们恰恰也同样提倡革命者的义务是准备牺牲、生活节俭和谦虚。"卡斯特罗赞扬修女们在养老院和儿童收容所里忘我的工作："古巴这里有一些教团在医院、在养老院工作……如在哈瓦那有一个弱智儿童收容所，在那里，修女们和共产党人肩并肩地一起工作。"③他进一步指出，革命政权与宗教团体之间不仅要建立和平共处和相互尊重的关系，而且应进一步发展成为合作的关系，为社会改革的共同目标而建立战略性同盟。卡斯特罗对

---

① 中共中央对外联络部课题组：《老挝人民革命党处理宗教问题的探索与实践》，载于《当代世界与社会主义》2006 年第 4 期。

② Sheldon B. Liss. Fidel, *Castro's Political and Social Thought*, London: Westview Press, 1994, p. 170, 165.

③ 徐世澄：《卡斯特罗缘何要在哈瓦那兴建东正教教堂》，参见 http://ilas.cass.cn/cn/xstl/content.asp?infoid=8234。

宗教问题的独特见解和古巴共产党与政府对待宗教的政策，使古巴深刻的社会革命同宗教的冲突成功地减少到最低限度。

老挝人革党承认宗教的社会属性，强调宗教是上层建筑的一部分，通过传播信仰来影响人们的社会交往：这是一种文化现象，对人类文化、艺术、音乐、美术等发展及人类文化、文明的传播作出了重大贡献。同时，人革党着眼于执政需要，强调要把佛教教义与党的政治路线和政策相结合，影响和动员信教群众支持和拥护党的领导。人革党把佛教教义中的行善、清心、互助、施恩、虔诚等理念，演绎到忠诚、敬业、廉洁、奉公、助人、为民服务的党的政治理念和方针政策中去。比如，老挝政府注重发挥佛教联合会的作用，利用佛教进行爱国主义教育和公民道德教育。针对近些年来青少年中出现的不良风气，佛教联合会同所属的道德委员会于1998 年制定了道德教育宣讲计划，向青少年进行思想教育，帮助青年人树立热爱民族传统文化、讲互助、讲纪律、爱祖国、爱学习的精神。

（三）清醒地认识宗教的两面性，努力发挥其积极方面的作用

古共认为，宗教具有历史性和两面性，并随着社会生产方式的变化而发展，共产党人应注重发挥其积极作用。对宗教的消极作用，卡斯特罗有清醒的认识，"从历史上讲，基督教从未谴责对黑人和印第安人的奴役，也没有揭露对土著人的灭绝暴行"[1]。古共运用马克思、恩格斯对宗教的观点，提醒人们正确地看待宗教的反动一面，"由于有了宗教裁判所，教会已成为专制政体的最牢固工具"[2]。资产阶级在取得政权以后，往往利用宗教巩固其地位。卡斯特罗曾把天主教看作富人的宗教，而认为非洲教和新教与穷人有更多的联系，反对宗教为某个阶层利益服务，拒绝宗教谋求一己之私利，相信宗教可以服务于人民群众。尽管佛教在老挝的地位比较特殊，但人革党坚持全面准确地对其进行评价。人革党强调，宗教能使人的价值得到升华，又使人在宗教教义的束缚下处于消极状态；宗教活动虽然为人们创造了社会交往机会、规范了社会行为，但也使人们盲目崇拜偶像、束缚了人们的思维和行动；宗教既能够启发人们去创造文化和艺术，向往美好的社会生活，又以虚幻的追求阻碍着科学的发展，抑制了人的创

---

① Sheldon B. Liss. Fidel, *Castro's Political and Social Thought*, London：Westview Press，1994，p. 170，165.

② 郑天星：《马克思恩格斯论无神论宗教和教会》，华文出版社 1991 年版，第 269 页。

造性，成为人们追求发展目标的羁绊。人革党基于以上认识，指出宗教是历史遗留的产物，具有守旧性，在一定经济、社会条件下发生变化，但这种变化是缓慢的，不会因社会制度的改变而立即消失。而且在阶级社会里，宗教为统治阶级所利用，其最大消极作用是被当政者用来对人们的思想和精神进行麻醉。

三　两党以宗教促和谐的基本做法与经验

（一）通过"依法治教"，消除社会和谐的隐患

随着古共及其最高领导人对宗教态度的转变，古巴政府与宗教的关系进入良性发展状态。1971 年，古巴举行了自 1961 年以来首次圣职授任活动。古巴 1976 年宪法规定，"公民有权信仰任何宗教，有权在尊重法律的情况下开展宗教活动，宗教团体的活动由法律规定。以信仰或宗教信仰反对革命、反对教育、反对履行劳动、反对武力保卫祖国、反对尊重国际标志和宪法规定的其他义务是非法的，应受到惩处①"。1985 年，古共中央委员会成立宗教事务办公室。古共通过赋予宗教的法律地位，使宗教活动公开化，促进了宗教组织在古巴的健康有序发展，宗教对古巴社会主义建设的推动作用也日益显现出来。1980 年，古巴大主教奥韦斯发表演说，赞扬古巴革命在教育和医疗上的贡献，称古巴建立不追求利润的经济模式和没有对抗的社会建设成就与基督信仰相一致，表示古巴教会愿负责任地参加社会主义建设事业。

老挝 1991 年颁布的宪法规定，老挝公民有信仰宗教的自由：国家尊重并保护各宗教信徒的合法宗教活动。同时，禁止一切分裂宗教和人民的行为。为了贯彻落实好宗教政策，1992 年人革党中央出台了关于宗教工作的决定，2001 年老挝政府工作会议通过关于宗教问题的决定，2002 年颁布的关于管理、保护老挝宗教活动的总理令及 2004 年老挝建国阵线关于成立和注册宗教组织等问题的规定，进一步健全了有关宗教的法律、制度和规定，使宗教活动有法可依，人革党及政府对宗教的管理也有据可查。

---

① 徐世澄：《卡斯特罗评传——从马蒂主义者到马克思主义者》人民出版社第 17、198—199、202—203 页。

（二）以宗教扩大执政党的社会基础，增强社会团结和凝聚力

到 20 世纪 90 年代初，古共全党及古巴社会就教徒入党问题展开广泛讨论。卡斯特罗表示，"我们有一个党，唯一的一个党，唯一的一个干革命的党，必须使所有爱国者、革命者、所有希望世界社会主义与国际共运民进步的人和所有捍卫我们革命的正义思想的人入党。"[①] 为了在爱国主义和社会主义的旗帜下团结最广大的人民群众，1991 年古共"四大"把是否允许教徒入党提交代表们表决。在讨论时，古共领导人从社会正义和历史传统出发进行分析，最终形成全党共识。"四大"决定对党章进行修改，取消党章中关于"有宗教信仰的革命者不能入党"的规定，并宣布此举不是权宜之计，而是党的一项长期原则。到 2004 年，古巴已有 2032 位宗教人士被批准入党，虽然与古共 85 万党员比起来，数量微乎其微，但影响和意义深远，较好地把信教群众团结在党的周围，促进了政教和谐和社会和谐。

由于佛教在老挝深入百姓生活，老挝人革党及其领导人通过高调地参与各种佛事活动，拉近了与老百姓的距离。人革党通过安排僧侣在中央及地方各级建国阵线参政、议政，并给予其适当的政治礼遇，营造了良好的政教关系。在人革党"六大"上，四位佛教高僧列席会议，体现了人革党对社会各界特别是佛教界人士的重视。结合佛教活动大多具有群众性、民族性的特点，每逢重大节日和佛教活动，人革党领导人经常亲自参与。这既是一种亲近人民群众和宗教人士的方式，也是引导僧侣和信教群众在活动中理解和领会党的方针政策的重要契机。

（三）以党的思想观念与宗教教义感化大众，促进社会和谐

卡斯特罗指出，基督教教义和马克思主义都有人道主义的关怀：称赞耶稣是一位伟大的革命者，献身于穷人和地位低下的人的解放和自由；耶稣疾恶如仇，反对不公正，反对人类的压迫；耶稣严厉谴责富人、商人和伪善者，对未来社会的想象与社会主义者有许多相同的地方。卡斯特罗同时指出，马克思主义对资本主义和不公正的剥削制度的批判，旨在实现人的自由和解放。因此，"基督教同社会主义和共产主义一样，也含有乌托

---

① 徐世澄：《卡斯特罗评传——从马蒂主义者到马克思主义者》，人民出版社第 17、198—199、202—203 页。

邦因素。基督教是奴隶的宗教，被压迫者和穷人的宗教"①。基督教同共产主义之间的共同点，远比基督教同资本主义之间的共同点更多。这样，古共从人类解放、追求自由、实现公正和平等的角度，把基督教的信仰与追求同党的宗旨和目标结合起来，既回应了古巴社会广大民众对宗教的关切，也回答了党内在宗教问题上的疑惑，较好地兼顾了两者在理念上的共同点，化解了思想冲突和潜在的社会对立。

老挝人革党在意识形态的宣传上，有意淡化宗教与党的意识形态之间的差异，更多地从两者的共同目标上寻找契合点，强调两者共同追求的一些理念。比如，两者都主张建设一个和谐、平等、宽容的社会。在老挝，一些佛教戒律，如针对普通人的 5 戒，针对居士的 8 戒，针对沙弥的 10 戒，针对尼姑的 311 戒和针对僧侣的 227 戒等，都是老挝社会生活中约定俗成的、衡量各类人群品行的标尺。这些戒律反对暴力和邪恶，提倡为人向善、施行仁爱，倡导处世温和开朗、以诚相待、同情弱者等，对维护社会稳定、增进民族和谐和弘扬良好的社会风气都具有重要意义。在佛教道德伦理说教的长期熏陶下，老挝人养成了善良、乐观、诚恳、朴实、友好的美德，塑造了老挝民族有尊严、有善意、有同情心的良好品德。② 这些佛教教义及其长期对社情民意的影响，都成为人革党引导老百姓共同营造和谐人际关系和社会氛围的精神感召。

（四）以宗教抵御外部的和平演变，促进国内的社会稳定

随着拉美及古巴宗教界人士普遍反对美国对古巴的封锁，特别是古共与宗教界关系的持续改善，宗教外交日益成为古巴政府对外扩展国家关系和国际生存空间的武器。1998 年，教皇约翰·保罗二世应卡斯特罗的邀请访问古巴。古共对此精心准备，举行隆重仪式，卡斯特罗还亲自与教皇会谈并热情款待。教皇访问古巴引起国际社会广泛关注，对美国形成了巨大的舆论压力。哥伦比亚《时代报》评论："教皇的到访，无疑是古巴外交的最大胜利，因为它大大改变了世界对古巴政府的看法。"③ 1998 年

---

① ［古巴］萨洛蒙·苏希·萨尔法蒂：《卡斯特罗语录》，社会科学文献出版社 2010 年版，第 41 页。

② 覃晨：《纯朴、乐观的民族——一个中国留学生眼中的老挝》，载于《当代世界》2000 年第 11 期。

③ 徐世澄：《卡斯特罗评传——从马蒂主义者到马克思主义者》人民出版社第 17、198—199、202—203 页。

12 月，古巴官方正式恢复了自 1969 年以来被废除的圣诞节，并允许节假日公开举行宗教活动。2012 年 3 月，时隔 14 年教皇再访古巴，古巴国务主席劳尔·卡斯特罗率众部长到圣地亚哥迎接教皇本笃十六世。墨西哥《改革报》说，84 岁高龄的教皇出访不多，此次访问选择一个天主教徒不到古巴总人口 10% 的"红色政权"，意义非同寻常。[①] 古巴当局也可借媒体聚焦之机，大力宣传古巴经济改革的进程。

宗教是西方敌对势力对老挝等社会主义国家进行和平演变的主要手段，对这一点，老挝人革党一直保持着清醒的认识。人革党主席坎代表示，佛教是一支重要的力量，党不掌握、引导和利用佛教，它就会倒向别的势力。他还强调：宗教问题很敏感，我们要小心谨慎，不能失误，不然就会给外国敌对势力干涉以口实。因此，人革党重视发挥佛教在老挝社会生活中特有的影响力及其在维护世界社会主义与国际共运社会稳定、增进民族团结、发展社会经济中的主流宗教作用。一方面，老挝政府通过让宗教界人士参政议政，团结广大僧众，在国家政策中体现他们的意见和建议；另一方面，人革党发挥宗教人士作用，通过德高望重的高僧做普通老百姓的工作，化解社会矛盾，起到了帮助党维护社会和谐稳定的作用。

四 两党经验对中国共产党执政安全的启示

马克思主义宗教观的中国化是马克思主义中国化的一部分，它是中国共产党把马克思主义宗教观的基本原理应用于中国革命、建设和改革中的宗教实践，并使二者正确结合的过程，也是中国共产党继承、丰富和发展马克思主义宗教观的过程。早在中国共产党领导人民进行新民主主义革命的时候，就坚持马克思主义宗教理论同中国的宗教实践相结合，成功地处理了新民主主义革命时期的宗教问题。党的十一届三中全会以来，是中国化的马克思主义宗教观由拨乱反正、正本清源到空前丰富、更趋完善的时期。

一方面，马克思主义的宗教观需要与时俱进，结合中国国情全面准确地看待"鸦片论"。"宗教是人民的鸦片"这一论断是 19 世纪 40 年代马克

---

① 邹志鹏等：《教皇访问古巴，双方都高调》，载于 2012 年 3 月 28 日《环球时报》。

思对欧洲宗教的分析和批判，表明了马克思对宗教的基本态度和看法，揭示了剥削阶级占统治地位的宗教的一般特点和规律。我国在新民主主义革命取得胜利之前，宗教也具有这样的一般特点和规律，即宗教不但是麻痹人民群众的精神鸦片，而且是压迫人民的工具。因此，"鸦片论"的适用范围主要指剥削阶级占统治地位条件下的宗教，而不应指一切社会条件下的宗教。与古巴共产党、老挝人民革命党一样，中国共产党不能简单、生硬地以"鸦片论"套用宗教政策，而应善于理论创新，实事求是地赋予宗教在当下社会发展阶段的内涵。

另一方面，在建设和谐社会的过程中，我们要善于发挥宗教的积极作用，抑制其消极作用。古共和老挝人革党没有简单地将宗教与无神论对立起来，更没有把宗教扫地出门，而是本着团结社会大多数的原则，对宗教进行了改造，较好地利用了宗教的思想精华，避免了党与宗教的对立，在社会主义建设进程中找到了一条共产党可以同宗教和平共处、共同建设社会主义的道路。特别是两党充分发挥宗教在化解社会矛盾、倡导和谐友爱方面的作用，形成一整套适合本国国情的宗教政策，实现了对宗教的依法管理，又在较大程度上使宗教团体成为党和政府解决社会矛盾和冲突的得力助手，这种和谐的政教关系和良性互动的局面，正是处于改革开放、社会矛盾复杂发展中的古共和老挝人革党所需要的。

此外，处理好复杂的宗教问题，对社会主义国家执政的共产党来讲，还具有更加深刻的含义。社会主义国家的执政党必须长期重视西方敌对势力"西化"、"分化"的图谋，对其"和平演变"举动抱有高度的警惕，从战略高度审慎处理宗教问题，不给西方以干预的口实。同时，执政的共产党在贯彻执行宗教政策时必须讲究策略，依法为国内的宗教活动创造宽松的环境，发挥宗教疏导民意的作用，不给西方干预内政创造机会。正确地认识和处理宗教问题，切实做好宗教工作，关系到党的执政安全和国家的和谐稳定，关系到中国特色社会主义事业的发展，我们要从维护党的执政安全的高度做好宗教工作。

［原载《当代世界与社会主义》（双月刊）2012 年第 6 期］

社会主义一定要反宗教吗[①]

——对人民波兰反宗教运动的理论反思

王成军

如果要检讨社会主义制度在波兰的失败，宗教问题显然是一个不可绕过的重要因素。一些研究者已经指出，人民波兰（1947—1989）的覆灭、波兰统一工人党的倒台，同一个由美国和梵蒂冈结成的所谓"神圣同盟"所发起的宗教渗透攻势是分不开的。[②] 但是，我们也必须看到，这个"神圣同盟"之所以能在波兰国内翻云覆雨，成为波党下台的重要推手，又是同波兰党和政府在宗教问题上所犯的一些错误分不开的。在这些错误中，最突出的莫过于波兰党和政府秉承苏联的"战斗无神论"思想，自 1940 年代末开始发动并一直持续到 1980 年代的反宗教运动与举措。本文将立足于马克思、恩格斯的经典文本，指出这场反宗教运动在理据上并不符合马克思主义的宗教观，犯下了"左"的错误，从而在实践中造成了严重的消极后果。

一　人民波兰的反宗教运动及其理据

在 1947 年波兰社会主义制度建立以后，考虑到波兰的特殊国情，波兰左翼联合政府曾对宗教（主要是天主教）抱有非常宽容的态度，与波兰教会建立了良好的政教关系。然而，自从 1940 年代末斯大林主义的触角伸到整个东欧后，波兰在宗教政策上也由对宗教的依法管理转向了严苛的限制、打压甚至取缔。在其后开展的声势浩大的、带有明显暴力色彩的反

---

①　作者王成军，中南财经政法大学哲学学院讲师。

②　参见亚当·沙夫、郭增麟《美国—梵蒂冈神圣同盟内幕》，载《当代世界社会主义问题》1997 年第 2 期。

宗教运动中，教会的财产、土地被没收，教会的自治权利被剥夺，许多神学院被强行关闭，更有甚者，大批教会神职人员因"不当言论"被捕。1953 年 9 月，随着波兰教会的最高领袖、红衣大主教司提凡·维辛斯基被软禁，波兰的反宗教运动到达顶点。直到 1980 年代，尽管波兰的宗教政策随着国内外政治生态的变化略有调整，但对宗教与教会进行的打压却一直没有中断，只是程度轻重不同而已。

应该说，发生在人民波兰的反宗教运动同其国内少数宗教人士的反共言行不无关系，但其更多的却是受了来自苏联的极左宗教路线的影响。这一极左宗教路线的理据主要有二：其一，"宗教是人民的鸦片"，是剥削阶级天然的统治工具，带有自身的"原罪"；其二，宗教与科学社会主义的理想是根本不相容的，与宗教作斗争直至消灭宗教是无产阶级政党的必要任务。①这两条反宗教的理据可以回溯到列宁。如我们所知，马克思在 1844 年的《〈黑格尔法哲学批判〉导言》中，提出了"宗教是人民的鸦片"这一著名论断。列宁在《社会主义和宗教》一文中引用了这一论断并进行了发挥，在说"宗教是人民的鸦片"时，更说宗教是"精神上的劣质酒"②；而在被视为其宗教思想的纲领性文件《论工人政党对宗教的态度》中，列宁进一步断言："宗教是人民的鸦片，马克思的这一句名言是马克思主义在宗教问题上的全部世界观的基石。马克思主义始终认为现代所有的宗教和教会、各式各样的宗教团体，都是资产阶级反动派用来捍卫剥削制度、麻醉工人阶级的机构。"③

作为这种宗教观的一个自然推论，列宁还认为，宗教是与科学社会主义根本不容的，无产阶级政党必须同宗教作斗争。在《论工人政党对宗教的态度》里，他明确说"我们应当同宗教作斗争。这是整个唯物主义的起码原则，因而也是马克思主义的起码原则"，并宣称"马克思主义者应当是唯物主义者，即宗教的敌人"④。

尽管列宁也曾多次告诫，无产阶级政党要在"与宗教作斗争"这一

---

① 中国有学者把这两种主张概括为宗教"鸦片论"与"斗争论"，见牟钟鉴《马克思主义宗教观的再认识》，载"中国宗教学术网"，http：//iwr．cars．cn/zjyzz/201204/t20120413 10367. htm。

② 《列宁全集》第 12 卷，人民出版社 1987 年版，第 131 页。

③ 《列宁全集》第 17 卷，人民出版社 1988 年版，第 388—389 页。

④ 同上书，第 391、394 页。

"起码原则"上"前进一步"，不要陷入那种简单地认为"打倒宗教，无神论万岁，传播无神论观点是我们的主要任务"的"肤浅的、资产阶级狭隘的文化主义观点"①，但他的上述言论还是无意间为后来的一些马克思主义者提供了反宗教的理据。在斯大林时期，列宁对宗教的上述论断被错误地推向了极端。在斯大林看来，"新教、天主教、正教等无疑是和党纲'原意抵触'的，即和无产阶级的真正利益抵触的"②，而且"党对宗教偏见不能采取中立态度，并且要进行反对这些偏见的宣传，因为这是清除那些支持剥削阶级、劝人顺从剥削阶级的反动僧侣的影响的一种可靠手段"③。正是在这一论调下，苏联展开了在相当长时期里（卫国战争时期除外）对于宗教以及宗教人士的严厉打压甚至是迫害。波兰为了向苏联靠拢，推行苏式社会主义模式，它所发动的大规模反宗教运动也就不难理解了。

那么，宗教真的仅仅是剥削阶级用来"麻醉人民"的"鸦片"吗？无产阶级必须始终与宗教作斗争吗？我们不妨回到马克思、恩格斯的经典文本，来看看马克思主义的两位创立者对这些问题可能的解答。

二　宗教与"麻醉"人民的"鸦片"

我们知道，受费尔巴哈人本主义的影响，马克思倾向于把宗教中的上帝或神灵看作是人的产物，也即，是"还没有获得自身或已经再度丧失自身的人的自我意识和自我感觉"④。但马克思比费尔巴哈更进了一步，他认为，仅仅指出宗教是人的一种自我本质的投射是不够的，还应看到，这种投射根源于不合理的社会现实对人的本质的篡夺。因此，宗教，就其实质来说，是"颠倒的世界"产生的"颠倒的世界意识"⑤，或者，用恩格斯的话说，"一切宗教都不过是支配着人们日常生活的外部力量在人们头脑中的幻想的反映，在这种反映中，人间的力量采取了超人间的力量的形式"⑥。那么，这是否意味着宗教必然同剥削阶级相伴随，是剥削阶级强加

---

① 《列宁全集》第 17 卷，人民出版社 1988 年版，第 392 页。
② 《斯大林全集》第 2 卷，人民出版社 1953 年版，第 347 页。
③ 《斯大林全集》第 10 卷，人民出版社 1954 年版，第 117 页。
④ 《马克思恩格斯全集》第 3 卷，人民出版社 2002 年版，第 199 页。
⑤ 同上。
⑥ 《马克思恩格斯文集》第 9 卷，人民出版社 2009 年版，第 333 页。

给被压迫者的"精神毒品"呢？显然不是。根据马克思、恩格斯的文本，两种可能的看法是，首先，在人类社会各个阶段都普遍存在的宗教是人的一种不可避免的存在样式；其次，宗教所具有的正的社会功能更甚于其负面功能，而这两点都能为宗教存在的正当性提供辩护。

首先，无论马克思所说的导致宗教产生的"颠倒的世界"具体指的是一种怎样的社会，它根本上都指向"异化"，即人与其自身本质相分离的存在状态。在马克思看来，异化是与外化相伴而生的，外化即人的类本质的对象化活动，对人而言是必须的，因为没有对象化就没有人的存在。正如马克思所言："非对象性的存在物是非存在物［Unwesen］"①，这也就意味着，任何一个有意识的存在物若失去了自身的对象性与对象化活动，也即，既不是作为对象存在也不面对任何对象，就只能是没有任何规定性的"无"。然而，根据辩证法，人的活动不单单是体现自身本质力量的外化活动，而且还包括否定的形式即异化活动，甚至可以说，不经过异化的环节，重新达到作为肯定方面的外化就是不可能的。因而，对马克思来说，异化也是人的存在所不可避免的。而这也就意味着，作为一种特殊形式的异化的宗教将是人不可避免的，正如商品社会中的异化劳动是人不可避免的一样。这种不可避免性，不仅是指其出现是人之存在及历史所必需的，正如马克思在《〈黑格尔法哲学批判〉导言》中以比喻来表明的："宗教只是虚幻的太阳，当人没有围绕自身转动的时候，它总是围绕着人转动"②；而且是指它的普遍性，即在一切异化的社会中宗教都将普遍存在着，这也是为何恩格斯会认为宗教"出自人的本性的最强烈的要求"，并说"谁有心灵，谁就会虔诚"。③

既然宗教是异化社会中的人的一种不可避免的存在样态，是人的意识（心灵）自然而普遍的产物，那么，我们与其说它是与剥削阶级必然伴随的附属物，还不如说它是与人在既定的社会历史条件下的存在活动必然伴随的，是人类的必然附属物——它不是可以由哪个阶级来强加的事情。

其次，我们还必须看到，在马克思、恩格斯看来，作为异化社会里人存在的一种不可避免的存在样态，作为人的本质的一种替代物，宗教总体上起到的是正面的社会功能。

我们已表明，发端自列宁的"宗教鸦片论"指向的是宗教所具有的负的社会功能，也即，在阶级社会里，宗教总是维护剥削阶级统治，阻碍、消弭革命的负面力量。应该说，对于宗教所可能起到的这种负的社会功能，马克思、恩格斯也是有所意识的。比如，恩格斯在《普鲁士国王弗里德里希—威廉四世》一文中就曾指出，普鲁士国王向民众灌输基督宗教思想，"按照圣经道德的戒律制定国家法律"，试图建立"基督教国家"，就是"渴求一个中庸的中世纪"。① 但是，两位导师类似的批判并不足以令我们可以作一个普遍判断说宗教"总是"维护剥削阶级统治的工具。因为，如果我们承认宗教在社会层面的存在是工具性的话，那么，它就应该是价值中立的，既然一个工具造成怎样的后果，不取决于工具本身的性质，而是取决于使用工具的人。打个比方，一把刀，它可以杀人，也可以救人，这完全取决于使用它的人的意图。这表明，我们不能简单把宗教本身宣判为恶的，而是应该看到它的价值中立性，或至少是辩证地来考察其所具有的社会功能。

事实上，对于某些旧唯物主义者也曾持有的将宗教视为"剥削阶级的统治工具"的看法，恩格斯就曾针锋相对地指出，对于宗教，不能"简单地说它是骗子凑集而成的无稽之谈"②，相反应该看到，它是人民群众创造的，而且，人类历史中的宗教最初还常常是被压迫人民的工具，比如基督宗教，与"现代工人运动"一样，"在产生时也是被压迫者的运动：它最初是奴隶和被释奴隶、穷人和无权者、被罗马征服或驱散的人们的宗教"③，是处在罗马帝国残暴统治下的劳动人民获得慰藉的精神支柱与反抗苦难现实的斗争工具。

正如一些研究者业已指出的，马克思的"宗教鸦片论"其实更多的是指向宗教能为苦难中的劳动人民提供慰藉与斗争工具这一正面功能。④ 如果我们翻看《〈黑格尔法哲学批判〉导言》，我们就会发现，马克思在讲

---

① 参见《马克思恩格斯全集》第 2 卷，人民出版社 2005 年版，第 534—539 页。

② 《马克思恩格斯文集》第 3 卷，人民出版社 2009 年版，第 592 页。

③ 《马克思恩格斯文集》第 4 卷，人民出版社 2009 年版，第 475 页。

④ 参见段德智《关于"宗教鸦片论"的"南北战争"及其学术贡献》，载《复旦学报（社会科学版）》2008 年第 5 期。

"宗教是人民的鸦片"时，强调的不是它对于劳动人民的麻醉、对革命的抵触，而是它作为"现实的苦难的表现"，作为"被压迫生灵的叹息"与"无情世界的心境"，对"现实的苦难的抗议"①。既然如此，则把宗教可能具有的负面功能上升为其普遍特征，进而把它归于剥削阶级并宣判它性质为恶，就不能不说是犯了以偏概全的错误。至此，我们发现，在马克思、恩格斯那里，宗教就其根植于人的异化来说，可以被理解为异化社会里的人的一种难以避免的存在样式，是属于普遍的人而不是某个特定阶级的一种自然的附属物；而且，就其功能来说，它尽管可以被剥削阶级所利用，但对于劳动人民来说，更多的起到的却是正面的作用。因此，人民波兰等东欧社会主义国家发动大规模的反宗教运动时所采用的第一条理据，也即源自列宁、斯大林等人对宗教是"鸦片"的那一负面判断，在马克思、恩格斯那里是站不住脚的，并不符合马克思的"宗教鸦片论"的本意。

三　无产阶级政党与宗教的关系

有人可能会说，我们前面的分析，主要关涉的是"异化社会里的"宗教，或者说"阶级社会里"的宗教。那么，在被认为是消除了人的异化、消灭了剥削阶级的社会主义条件下，宗教还是可辩护的吗？反宗教的第二个理据，也即宗教与社会主义根本不相容，它必须被无产阶级政党当作敌人来斗争直至消灭这一点难道也是有问题的吗？

必须承认，在马克思、恩格斯看来，作为"在现世里，在社会改造中寻求""从奴役和贫困中得救"的科学社会主义，与只能"在死后的彼岸生活中，在天国里寻求这种得救"的宗教绝不是同路人。②但宗教与科学社会主义理想之间的这一牴牾并不意味着宗教与现实的社会主义制度之间是根本不相容的，更不意味着它是无产阶级政党的敌人，在社会主义社会中必须被消灭。在马克思、恩格斯的文本里，我们找不到足够字句来支持这种观点。相反，他们认为，即使在社会主义条件下，宗教也会保持其存在并且将在相当长的历史时期里继续存在下去。

在马克思、恩格斯那里，对于宗教有一个根本性的看法，即宗教同法

---

① 《马克思恩格斯全集》第 3 卷，人民出版社 2002 年版，第 200 页。
② 《马克思恩格斯文集》第 4 卷，人民出版社 2009 年版，第 475 页。

律、政治、哲学等一样，是一种社会意识。而我们知道，一个社会有怎样的社会意识，取决于它的社会存在或经济基础。这也意味着，宗教在一个社会的存在，并不取决于哪一个人或者某个阶级的主观意愿，而是取决于该社会成员的普遍的生存处境，也即取决于该社会中的人认识、改造自然的能力（人与自然的关系）以及在人的生产活动中结成的社会关系（人与人的关系）。所以，在分析宗教产生的根源时，马克思、恩格斯强调，正是因为人还缺乏足够的能力去解释并支配自然，缺乏足够的力量去打碎压迫自己的不公正的社会关系以获得物质上的解放，才产生了把人之外的异己力量（自然的与社会的）神化的冲动，才在宗教中追求精神的抚慰与解放。既然如此，那么，也"只有当实际日常生活的关系，在人们面前表现为人与人之间和人与自然之间极明白而合理的关系的时候，现实世界的宗教反映才会消失"①。而且，他们也明确指出这并不是件能一蹴而就的事情，而是一个"长期的、痛苦的发展史的自然产物"②。

那么，在社会主义条件下，这一"长期的、痛苦的发展史"是否就完成了呢，人是否能建立起与自然的、与社会的"极明白而合理的关系"呢？答案是否定的。

首先，"社会主义社会"并不能保证人与自然处在一种"极明白而合理的关系"之中，这二者并不存在一种因果联系。因为，要在人与自然之间建立这一关系，必须依赖于人的认识水平的极大提升，而人的认识水平的提高并不取决于人所处的社会制度。而且，在两位导师看来，人类要摆脱其思维的有限性，全面而正确地"反映自然界"，是"极端困难的"，甚至是不可能的。恩格斯在《反杜林论》里对此说得很清楚："关于自然界所有过程都处在一种系统联系中的认识，推动科学到处从个别部分和整体上去证明这种系统联系。但是，对这种联系作恰当的、毫无遗漏的、科学的陈述，对我们所处的世界体系形成精确的思想映象，这无论对我们还是对所有时代来说都是不可能的。"③ 这显然是说，即便社会主义制度能够推动人认识、改造自然能力的提高，这一能力也仍然会是有限度的，宗教产生的自然根源与认识根源将依然是无法消除的。

---

① 《马克思恩格斯全集》第 44 卷，人民出版社 2001 年版，第 97 页。
② 同上。
③ 《马克思恩格斯文集》第 9 卷，人民出版社 2009 年版，第 40 页。

其次，在社会主义条件下，人与人之间也无法达成"极明白而合理的关系"。诚然，在社会主义条件下，剥削阶级已经消灭，压迫人的异己社会力量似乎已不复存在，但是，这并不能保证人与人的关系能一下子变得"极明白而合理"。其原因在于，作为资本主义与共产主义之间的过渡社会形态，社会主义社会并不能避免前一阶段社会里的生产方式的痕迹。马克思在《哥达纲领批判》中认为，作为人类社会向共产主义过渡的社会主义社会"不是在它自身基础上已经发展了的，恰好相反，是刚刚从资本主义社会中产生出来的"，因此，"它在各方面，在经济、道德和精神方面都还带着它脱胎出来的那个旧社会的痕迹"①。具体到生产领域，这意味着资本主义的生产方式还将以一定的形式存在，比如商品交换、按劳分配等。正因此，在这一社会阶段，人与人虽然在原则上是权利平等的，没有任何的阶级差别，但是"就它的内容来讲，它像一切权利一样是一种不平等的权利"，因为，"这些弊病，在经过长久阵痛刚刚从资本主义社会产生出来的共产主义社会第一阶段，是不可避免的。权利决不能超出社会的经济结构以及由经济结构制约的社会的文化发展"②。这也就意味着，即便在消除了阶级压迫的社会主义社会里，在过往的阶级社会里存在的某些不合理的人与人的关系仍将以某种形式继续存在，人也仍然有受异己的社会力量支配的可能，因此，宗教产生的社会根源也无法在社会主义社会得到根除。

由此可见，在马克思、恩格斯看来，即便是在社会主义条件下，宗教赖以产生并存在的多重根源也是无法完全消除的。而这就意味着，在社会主义社会，宗教仍将长期存在下去，这将是不以某个人或某个阶级的意志为转移的客观事实。既然如此，我们可以说，即便宗教世界观与科学社会主义的理想有分歧，也并不意味着宗教是与社会主义根本不相容的，更不意味着无产阶级必须将之作为天然的敌人来斗争直至消灭它。那既无必要也无可能，是一种"左"的错误。

因此，马克思、恩格斯曾反复告诫布朗基、杜林等认为应该在社会主义条件下消灭宗教这一无产阶级"不共戴天的仇人"的社会主义者，这种做法不仅达不到他们消除宗教的目的，而且只能起到反面效果，因为"迫害是巩固不良信念的最好手段！有一点是毫无疑义的：在我们的时代唯一

---

① 《马克思恩格斯文集》第 3 卷，人民出版社 2009 年版，第 434 页。
② 同上书，第 435 页。

能替神帮点忙的事情，就是把无神论宣布为强制性的信条，并以禁止一切宗教来超越俾斯麦的文化斗争中的反教会法令"①。在他们看来，在社会主义条件下，与其主动积极的去打击、消灭宗教，不如"把神学问题化为世俗问题"②，去积极消除宗教赖以产生的物质基础与社会基础，力促一个公平、公正、平等社会的形成：与其动用国家力量去反宗教，将之处理成一个公共的政治事务，不如恪守"宗教对国家而言纯属私事的原则"，以有力的措施来敦促宗教保留在私人生活的领域，也即，保证教会与国家相分离，并且将"有关个人良心的一切"（宗教）与公共教育相分离。③这才是社会主义国家处理宗教问题时的主要任务。

从人民波兰的例子来看，马克思、恩格斯的这种看法是一针见血的。正因为波兰党以简单粗暴的手段进行的反宗教运动大大挫伤了波兰民众的宗教感情，加之波兰党在经济上的无能与政治上的腐败，反而把民众推向了教会的怀抱，以致在波兰社会形成了不断加剧的宗教狂热。有统计数据表明，在 1970 年末的时候，波兰民众有 94%以上为天主教徒，甚至在波兰统一工人党内部，也有三分之二以上党员成为天主教徒，在政府、军队等国家机构与机关的高级领导人当中，也出现了不少天主教徒。这无疑令当时的人民波兰成了西方发动宗教渗透与和平演变的最理想的对象，令波兰天主教会及其所支持的"团结工会"具备了远胜于波党的政治力量，并最终导致了波党在 1989 年的遽然倒台与社会主义事业在波兰的受挫。

（原载《当代世界与社会主义》2012 年第 6 期）

---

① 《马克思恩格斯文集》第 3 卷，人民出版社 2009 年版，第 362 页。恩格斯对杜林的类似批判见《马克思恩格斯文集》第 9 卷，人民出版社 2009 年版，第 334 页。事实上，就连列宁也清醒地认识到了这个问题，在主张无产阶级要与宗教作斗争的同时，也曾提醒俄国革命党人不要冒险在政治上向宗教宣战，而是"必须特别慎重"，否则"在这场斗争中伤害宗教感情，会带来许多害处"。

② 《马克思恩格斯全集》第 3 卷，人民出版社 2002 年版，第 169 页。

③ 《马克思恩格斯文集》第 3 卷，人民出版社 2009 年版，第 105 页。

基督教、道德与马克思主义[①]

——麦金太尔对马克思主义的人道主义解读

邵永选

在国内外学界，麦金太尔主要是以"德性伦理学家"和《追寻美德》的作者而著称的，很少有人对麦金太尔早期的马克思主义阶段有深入的研究。在国外，"对于麦金太尔的著作来说具有讽刺意味的是对他的早期马克思主义漠不关心的态度按预期应当来自那些赞赏他的近期对自由主义的批判的保守主义思想家，但是实际上这种态度也为政治左派思想家所共享。"[②] 近年来，随着彼得·麦克迈耶尔（Peter McMylor）、保罗·布雷克里奇（PaulBlackledge）以及凯文·奈特（Kelvin Knight）等人的研究，这种状况有了明显的改善。在国内，高国希最先在其博士论文《走出伦理困境——麦金太尔道德哲学与马克思主义伦理学研究》中注意到了麦金太尔思想的早期马克思主义阶段。在 2011 年发表的论文《麦金太尔：亚里士多德式的马克思主义》中，他对麦金太尔的马克思主义伦理观、市民社会和理论与实践的关系的论述进行了分析。[③]

事实上，从进入大学开始麦金太尔就与马克思主义结下了不解之缘。在大学期间，他加入了英国共产党。尽管在一年之后因为对英共的不满而退出，但是他仍然保持了对马克思主义的兴趣。他曾加入英国新左派运动，随后在托洛茨基主义的国际社会主义中活动。在上世纪 60 年代后期他离开了任何形式的马克思主义团体，但是他并不否认马克思主义对他影响。在

---

① 作者邵永选，中国人民大学哲学院马克思主义哲学专业博士生。

② *Alasdair McIntyre's Engagement with Marxism*，Edited by Paul Blackledge and Neil Davidson，Brill，2008，Introduction，xv. i.

③ 高国希：《麦金太尔：亚里士多德式的马克思主义》，《马克思主义与现实》2011 年第 1 期。

2007 年为《追寻美德》第三版所写的序言中，他说："我过去和现在一直深深受益于马克思对资本主义经济、社会和文化秩序的批判，受益于后来的马克思主义者对这种批判的发展。"①

麦金太尔的学术研究是从对马克思主义的阐释和理解开始的。在 1953 年他出版了第一本著作《马克思主义：一种阐释》，在 1968 年经过修改和充实后以《马克思主义和基督教》的名字再版。该书写作时的政治背景是冷战的格局已经最终形成。作为一名基督教徒，同时作为一名马克思主义者，麦金太尔认为西方基督教正统学说和苏联的斯大林主义把马克思主义与基督教之间的关系看作是绝对对立的是对两者之间关系的歪曲。为此，他试图重新理解马克思主义和基督教之间的关系。他写作的主题就是："马克思主义是一种与基督教有相同的形而上学的和道德的视域的学说，并且是唯一一种有这种视域的世俗性的后启蒙运动的学说。"② 尽管这本书对马克思主义的理解体现了激进的基督教立场，但是正如彼得·麦克迈耶尔指出那样，它在一个有限的讨论中，成功地预见了英国新左派在随后几年的许多主义。③ 特别需要指出的是，麦金太尔对从一种宗教的背景出发，通过对马克思主义的一种人道主义解释来批判自由主义和斯大林主义把马克思主义理解为是一种关于历史进步的机械的模式的学说。这对我们在今天理解马克思主义仍然具有重要的意义。本文试通过对麦金太尔有关著作的分析，来系统地阐释他对马克思主义与基督教的关系的理解以及一种人道主义的对马克思主义的理解。

一　世俗化与宗教世界观的终结

麦金太尔指出，西方社会自启蒙运动以来的世俗化进程使得宗教文化走向了终结。由于基督教已经被简化为了周末所从事的个人爱好，因此它不再能够干涉个人日常的世俗事务。同样的，"如果我们的宗教根本上与政治无涉，那么我们就会把政治生活看作是上帝王国之外的一个领域"。④

---

① Alasdair McIntyre, *After Virtue*, 3rd Edition, University of Notre Dame Press, 2007, xv. i.

② Alasdair McIntyre, *Marxism and Christianity*, Duckworth, 1995, Introduction, vi.

③ Peter Mcmylor, *Alasdair McIntyre: Critic of Modernity*, Routledge, 1994, p. 12.

④ Alasdair McIntyre, *Marxism: An Interpretation*, SCM Press, 1953, pp. 9—10.

因此，在这种神圣与世俗的二分中，当代基督教已经散失了对世界的任何批判性的视角。可以看出，麦金太尔一开始关注的就是与一般的道德主题相关的当代资本主义社会日常生活的碎片化与分裂的现象。但是，他选择的关切点是基督教的世俗化这一西方近代以来最重要的社会现象，而他的思想的神学特征也成为了其理解马克思主义的一个基本的背景。

神圣与世俗的区别就需要一种世俗化的世界观来看待人类的生活。在麦金太尔看来，马克思主义正是这样一种在当代世界中提供一种彻底的世俗化世界观的尝试之一。另一种这样的尝试是实证主义。但是实证主义规定了有意义的谈话的领域并且把宗教信仰这样的问题排除在了其理论范围。相反，"马克思主义是一种世俗主义，它能够以其自己的方式对宗教的性质和功能给予实证性的解释"。① 麦金太尔认为，马克思主义是对神圣与世俗的区分的最高形式的表达，因为它彻底否定了世界的神创说而把人类的生活看作是人的实践的结果。但是，马克思主义的世俗主义却有其宗教的根源。

麦金太尔的分析看似矛盾，实则表明了他对于基督教传统内部存在的一种教会与国家、神圣和世俗之间持续的紧张的理解。在基督教的思想中，耶稣的殉道是既定的政治秩序和古老的宗教权威迫害的结果，这样导致的一个结果就是它创立了一个独立于国家并且时常受到政治权威迫害的宗教社会。但是，教会又把国家的权威看作是受上帝保护的，而事实上每一个既定的社会秩序都是邪恶的。这样一来，上帝的权威就被贬低了。因此，麦金太尔认为马克思主义的无神论只能是神圣与世俗二分之后才能产生的一种世俗主义，而它对基督教来说则是一种世俗主义的解释。

但是，真正导致麦金太尔转向马克思主义的是后者对宗教的批判。在麦金太尔看来，新教主义试图在现实世界中实践他们的宗教承诺，这样一来他们就把基督教正统当作了善和恶最终的标准。"事实上，把外在的宗教等同于内在的正义是宗教信仰者们的自以为是之源，这导致他们因为耶稣的死而从世界中退却，并且把教会看作是一个固定的已经获得救赎的社会，而不是那个拯救世界的社会。"② 为了摆脱这种错误，我们就必须在世

① Alasdair McIntyre, *Marxism: An Interpretation*, SCM Press, 1953, p. 10.
② Ibid., p. 21.

俗世界当中找寻其最终的意义，"这就是黑格尔哲学的探寻"。① 黑格尔的哲学最终导致了对世俗主义的信仰，它把基督教仅仅看作是社会之中存在的一种不同的潮流。而黑格尔的哲学引入了马克思主义的很多主题。

二 从黑格尔到马克思：宗教的世俗化过程

麦金太尔认为，黑格尔的重要性就在于他把那些来源于神学思想的关切和问题注入了一种历史的理解。黑格尔思想的三个基本的概念是：自我异化、客观化和返回自身。这些概念正是对基督教关于人的堕落与获救的过程的一种历史性的描述。我们知道，黑格尔在《精神现象学》中分析了人的异化和和解的过程。通过对精神的历史性运动的描述，他引出了人的异化导致人的自由的散失和重新获得自由的过程。在对这一过程的分析中黑格尔阐述了他的主奴辩证法思想。奴隶制的逻辑就是它从人的异化导向他们彼此的认同，历史因此也是一个从不自由到自由的发展过程。不自由的宗教就是人的异化的产物，它把上帝与人的关系看作是主人与奴隶的关系。"在自由社会中，重新认识到人的真正存在与宗教的内在化相伴随。人们认识到绝对精神在有限精神中的现象就是人类的心灵。"② 因此，在认识到自身的异化并且克服异化的过程中，人就从艺术和宗教走向了哲学。对黑格尔来说，宗教特别是基督教就是一个达到对人的自由的本质的更纯粹的认识所必然要超越的一个阶段，而哲学则在对宗教的超越中显示出它达成有限与绝对的和解中的真理性。但是，麦金太尔认为黑格尔将历史从不自由走向自由的过程描述为绝对精神在概念的辩证法中的发展过程"是一种最彻底的抽象，是一种最终的经院哲学"。③ 因此，他接受了马克思对黑格尔的批判，把黑格尔看作是资产阶级在推翻封建社会的那个英雄时代的杰出代表，最终用唯心主义思想和观念取代了物质现实。

黑格尔之后的青年黑格尔派和老年黑格尔派虽然在对黑格尔关于宗教和政治问题上的思想的理解存在着分歧，但是他们都没有超出黑格尔的思想体系。而只有到了费尔巴哈哲学才完成了唯物主义的转向。与黑格尔一

---

① Ibid. .
② Alasdair McIntyre, *Marxism: An Interpretation*, SCM Press, 1953, p. 25.
③ Ibid., p. 25.

样，费尔巴哈试图以一种世俗的方式理解基督教。思想是人类的活动，它的对象是存在。宗教是人的本质的对象化，是对人的现实性的一种扭曲的设想。宗教的产生是由于人们把人的本质对象化，并且把这种"人性"从人之中分离出来。因此，基督教的上帝就是对人性的虚构，这个人性的本质就是爱。但是，费尔巴哈的这种人道主义版本的基督教如何实现呢？他并没有追问这样的问题。因此，与黑格尔一样，费尔巴哈把思想看作是我们的救赎之路。这样，经过费尔巴哈的"人道主义"解释的基督教就变成了有关于个人的思想的事情。麦金太尔指出，正是在这一点上，"马克思揭示了他的幻想，并且没有犯他的错误"。[①]

这样，麦金太尔就通过对从黑格尔经过费尔巴哈再到马克思的对基督教的世界观的一种世俗化解释的理论进程的展示，向我们解释了马克思主义的思想来源。这样一种对马克思思想起源的分析是十分普遍的。但是，应该看到的是麦金太尔把从黑格尔到马克思的思想的发展看作是一个将宗教进行世俗化解释的过程，这是他理解马克思主义与基督教关系的一种基本的理论思路。

三　马克思主义：后基督教的人道主义世界观

在麦金太尔看来，马克思主义的主要概念都是来自于黑格尔和费尔巴哈的。马克思始终是一个黑格尔主义者，只是"黑格尔的理论必须转变为马克思的实践。这就是马克思的问题"[②]。"异化"和"外化"的概念是马克思从黑格尔哲学体系中继承并且对他的政治经济学分析来说非常重要的两个概念。从费尔巴哈那里，马克思接受了"人的类本质"的思想。这些概念也是麦金太尔对马克思主义进行人道主义解释的关键。从这些概念出发，他考察了马克思思想的发展过程。

麦金太尔指出，马克思从黑格尔和费尔巴哈的思想中看到了基督教版本的自由社会的人的自由，但是在现实中他却看到的是工人工作状况的恶化以及悲惨的命运。面对思想和现实的强烈的反差，马克思不得不追问：这种对比是如何形成的？这种状况如何能够结束？为了回答这些问题，马克

---

① Alasdair McIntyre, *Marxism: An Interpretation*, SCM Press, 1953, p. 36.

② Ibid., p. 39.

思强烈地意识到了把哲学转变为实践工具的必要性，为此他转向了政治经济学的研究。马克思政治经济学研究的第一个成果是《1844年经济学哲学手稿》。麦金太尔认为在这部著作中，马克思的主要成就是以一种更加历史的和物质的形式对人的异化进行了分析，这种分析是对黑格尔异化思想的积极的扬弃。同时，在这一过程中也体现出了马克思从黑格尔那里继承而来的基督教思想。"当他把无产阶级、穷人看作是应该被救赎的人的时候，他比黑格尔更加接近于基督教。福音书中，富人标志着异化：剥夺者将被剥夺。只有穷人可以进入天国。如果是这样，富人必须变得贫穷。马克思所作的是把关于穷人和富人的对立的审判转换为了对1844年资本主义社会的当下的审判。"① 因此，马克思的异化理论也充分地体现了基督教的救赎精神。在这里，马克思对资本主义的批判体现了一种道德的批判，他的劳动理论并不是来自经济学而是体现了一种道德的眼光。

但是对麦金太尔来说，在这里最重要的是马克思把无产阶级等同于被救赎的人的这样一种道德性的历史判断最终是建立在他对于克服异化的人的本质的理解的基础之上的。也就是说马克思的思想是建立在对于"人是什么"和"人应当是什么"的理解的基础之上的。在《1844年经济学哲学手稿》中，马克思以一种历史的形式分析了人是什么和人应当是什么以及人的异化的产生和消除的问题。到《关于费尔巴哈的提纲》，马克思进一步深化了对人的存在和本质的理解。他对费尔巴哈对抽象的人的理解提出了批评。"费尔巴哈把宗教的本质归结于人的本质。但是，人的本质不是单个人所固有的抽象物，在其现实性上，它是一切社会关系的总和。"② 正是对人的抽象的理解，导致了费尔巴哈的哲学的神秘化，而走出这种神秘化的唯一方式就是实践。麦金太尔对马克思把实践看作真理的标准以及对哲学的唯物主义转向的强调表示赞同。在他看来，马克思将人的本质归结为社会关系的总和也使得他自己找到了其思想的历史基础。

与传统的对于马克思思想发展的理解相同，麦金太尔也认为《德意志意识形态》是历史唯物主义的第一次充分的表达。但是，他做出这一判断并不完全是肯定性的。在他看来，正是从《德意志意识形态》开始，马克思的思想发生了重大的变化，这种变化给他的思想以及后来的马克思主义

---

① Alasdair McIntyre, *Marxism: An Interpretation*, SCM Press, 1953, p. 57.
② 《马克思恩格斯选集》第1卷，人民出版社1995年版。

造成了严重的问题。麦金太尔认为，《1844 年经济学哲学手稿》和《德意志意识形态》之间的基本区别就是马克思关注的问题发生了变化。在《1844 年经济学哲学手稿》中，马克思关注的问题是人类的异化的现实的问题。这是一个道德的和形而上学的问题，它涉及的是人的本质和存在的根本问题。马克思通过对人在异化当中的状况的物质现实性的描述给出了这一问题的基本回答，并且对于人类摆脱异化的生活状态进行了描述。这里马克思的理论是预言性的。但是，到了《德意志意识形态》中，"马克思不再是一个预言家，而是一个理论家"①。马克思对异化的分析已经具体化为对劳动的社会分工的分析。在麦金太尔看来，马克思此时对历史的理解已经变成了一种经验性的判断，这样一种判断所形成的就是一种预测性的科学。从预言到预测的转变是根本性的。预言并不需要设定一个日期，预测却需要。对资本主义的道德批判不需要等到资本主义过程的终结，但是预测性的科学却必须要回答一些实际的政策和社会理论的问题。因此，这样就涉及到了政治实践的问题。在麦金太尔看来，在这一转变的过程中，马克思最终抛弃了对人类社会的道德关注，转向了对共产主义信仰的科学的描述。这种转变给他带来了严重的问题。首先，马克思关注的不再是人应当是什么的问题，而是人类的世界的生活状态，他的学说不再是解释性的，而变成了一种行动哲学。其次，马克思把自己的学说从预言转变为理论的时候，也使得自己的理论的确定性和时间性成为了问题。第三，马克思早期的关于人应当是什么的描述不需要向接受它的人证明其有效性，但是一旦这种预言转变为理论，它就必须向人们证明它的有效性，这样一来马克思主义就为对它的拒绝打开了缺口。最后，通过把异化仅仅限制在人的社会和经济的痛苦之上，马克思抛弃了对更加广泛的人的异化的考察。这就为随后其理论的经济决定论的僵化打开了缺口。

到《共产党宣言》里，马克思的思想就彻底变成了一个关于美好的社会的理论计划，在这里我们进入了理论的王国。但是由于它本身难以摆脱其中对预言性的社会观的信仰，因此后来这种理论反过来被当作了一种预言性的社会观。"当理论被预言性地对待的时候它就变成了坏的理论，这就是马克思主义从预言变成科学的时候能够教给我们的东西。"②

---

① Alasdair McIntyre, *Marxism: An Interpretation*, SCM Press, 1953, p. 69.
② Ibid., p. 91.

　　可以看出，麦金太尔注意到了对马克思主义的科学性的强调将导致一个对任何想成为行动哲学的学说都必然要产生的问题，这个问题就是：一个指导行动的理论如何能够不包括关于行动的选择和判断的道德标准呢？在麦金太尔看来，一种剥离了道德视角的理论很容易变成经验性的预测。更重要的是，麦金太尔认为马克思主义的这样一种转变把它自身带入了还原论和经济决定论的危险之中。在 1968 年出版的修订版《马克思主义与基督教》中，他不再认为在《1844 年经济学哲学手稿》和《德意志意识形态》之中有一个明显的区别。但是，他的基本观点并没有发生变化。而是通过一种社会学的分析，更加系统地表达了他对于马克思主义由一种人道主义的道德信仰转变为一种社会科学的后果。黑格尔通过异化的概念向我们展示了对人的生活的一种人道主义的分析，在《1844 年经济学哲学手稿》中马克思继承了这样一种人道主义，他对于资本主义将被社会主义取代的信仰就依赖于这样一种关于人性的可能性的人道主义信仰。但是，在其成熟时期的著作中，马克思以一种社会科学的分析取代了手稿中的道德学说，这就造成了恩格斯后来以一种科学的形而上学的模式把马克思主义还原为一系列机械论和决定论的公式。"但是，这些被引入的公式并不简单是恩格斯所造成的一种学术错误。它是对一种由马克思的思想结构所导致的一个困境的回应。"[①] 这种理论的困境最终导向的就是斯大林主义。而以波普尔为代表的自由主义者对历史唯物主义的误解也是这样造成的。

　　综上所述，在麦金太尔看来，马克思主义在一开始所关注的问题是人的异化和摆脱异化的人的状态的问题。这些问题有其基督教的背景，并且它们也不是在科学的领域之内的问题。但是，一旦马克思转向对于这种道德问题的科学的证明，他就陷入了机械的唯科学主义的危险之中。这样，马克思就不再能够成为后基督教世界中的一种代替基督教而对人类生活进行世俗性解释的理论，它在道德上变成了虚无的。马克思主义随后的僵化以致斯大林主义的出现都与马克思思想的这种转变有密切的关系。

四　对麦金太尔的批判性审视

　　在西方当代林林总总的各种社会思想中，麦金太尔认为只有马克思主

---

①　Alasdair McIntyre, *Marxism and Christianity*, Duckworth, 1995, p. 194.

义保留了基督教在解释人的生存时所具有的那种人道主义的意义。因此马克思主义可以被看作是世俗化的基督教的道德学说。在他看来，作为一种人道主义的学说，马克思主义具有大量的基督教的内容和功能。它把异化的主题带到现实，并且用它分析资本主义社会的人的生存状态。但是另一方面，由于坚持对社会事实的经验性的理解，马克思主义使自己向僵化的可能性敞开了。笔者以为麦金太尔对马克思主义的理解，有其独特的一面和重要的意义。

首先，麦金太尔的分析对丰富和发展英国马克思主义的理论，特别是马克思主义的道德理论具有重要的意义。麦金太尔写作的时候，在英国占统治地位的对于马克思主义的理解是传统的斯大林主义。另一方面，随着冷战的氛围的日益紧张，学术圈对马克思主义的态度则是波普尔的那种严厉的批判。麦金太尔对马克思主义的人道主义解释在这两种理解之外发展处一种新的对于马克思主义的解读，同时又批判了前面的两种思潮。此外，对于人道主义的马克思主义的解释也预示了英国新左派在随后发展出来的一种思潮。以汤普森、麦金太尔以及萨维尔等人为代表的英国新左派知识分子在对马克思主义的人道主义解释中批判斯大林主义。在保罗·布雷克里奇看来，"麦金太尔关于人道主义马克思主义的性质的讨论非常重要，因为它为新左派的讨论提供了哲学上最缜密和政治上最机敏的贡献"。[①] 从西方马克思主义的发展脉络来看，这一思潮延续了以萨特、梅洛—庞蒂等人为代表的欧陆存在主义马克思主义对斯大林主义的批判，同时也有其独特的理论价值和贡献。

其次，麦金太尔的人道主义马克思主义的解释提供了一种抵制极权主义的斯大林主义的危害并且反驳后来的结构主义马克思主义的学说。麦金太尔试图在一种宗教的背景下，将马克思主义理解为是后基督教时代的一种世俗化的基督教道德学说。从这种立场出发，他认识到了马克思主义内部存在的被僵化的危险，因此他把马克思主义对宗教、资产阶级意识形态的批判也转向了对成为意识形态的马克思主义的批判。因此，麦金太尔的基督教主义的人道主义及其关于人性的基督教道德的学说，对抵制斯大林主义的专制与极权主义提供了理论辩护。同时，也对结构主义马克思主义

---

① 保罗·布雷克里奇：《道德与革命：英国新左派的伦理之争》，林育川等译，《现代哲学》2007年第1期。

的反人道主义进行了反驳。这样一种人道主义的马克思主义对斯大林主义的道德批判在麦金太尔 20 世纪 50 年代所写的一系列论文中得到了更加系统地表达，这为他《追寻美德》中对当代的道德困境进行历史主义的批判提供了一个至关重要的桥梁。

第三，麦金太尔对马克思主义的理解对我们看待马克思主义与宗教的关系有重要的启示。对于马克思主义与宗教的关系的讨论是一个长期受到关注的问题。我们知道，无论是马克思主义者还是反对马克思主义的人一般都认为马克思主义与宗教是根本对立的。马克思主义是一种唯物主义的无神论，并且他明确指出宗教作为一种统治阶级的意识形态掩盖了现实的不平等和缺陷。因此，到了共产主义社会，随着人们之间的不平等关系的结束，宗教将最终消亡。但是，也应该看到马克思在认为宗教在阶级社会中也有其积极的作用。宗教向人们展示了一个不可知的世界景象从而补偿了人们在现实当中的痛苦，并且还为他们提供了一个对于美好生活的观念。因此，在《黑格尔法哲学批判导言》中，马克思说："宗教是被压迫心灵的叹息，是无情世界的心境。"① 在麦金太尔看来，宗教在马克思的思想中扮演着双重的角色。"在整个阶级社会里宗教发挥着两种根本的功能：通过使现有秩序的神圣化或者宣称政治统治秩序是上帝授予的而支撑着已经建立的统治秩序；通过向被压迫者和被剥削者提供一个他们在世时没有的天堂世界来安慰他们。"② 更重要的是，马克思主义作为一种在西方的思想传统中产生的学说，它与基督教的关系本身并不能简单地通过马克思自己对基督教的批判来看待。蒂里希在《基督教与马克思主义》一文中指出基督教关于人以及历史的观念对于马克思主义异化理论的影响。他以此为基础对教条主义马克思主义掩盖马克思与基督教之间的相关性的做法进行了批判。③ 麦金太尔在对基督教对马克思的影响以及二者之间的关系更为系统深入的分析。他认为马克思主义从其基督教根源那里获得了关于和平以及人类相互之间和解的美好生活的观念。这种学说来源于基督教，经过黑格尔的中介，在马克思那里得到了历史性的具体表达。但是，他认为在马克思主义中本身包含着一个僵化的趋势，这种趋势是一种对科学的期望

---

①　《马克思恩格斯选集》第 1 卷，人民出版社 1995 年版。

②　Alasdair McIntyre, *Marxism: An Interpretation*, SCM Press, 1953, p. 79.

③　何光沪选编：《蒂里希选集》，上海三联书店 1999 年版。

和宗教的说明真相的神话相互结合的产物。因此，马克思主义使得一种普遍的信仰，走向了一种明确被限定的当下的异化的扬弃。麦金太尔的这样一种对马克思主义和基督教关系的理解就为马克思关于人性的解放的学说提供了可能性的证明。

但是，我们也不能忽视麦金太尔对马克思主义思想阐释的局限性。麦金太尔批判了将基督教与马克思主义看作是根本对立的观点，但是他自己对两者关系的理解又做了太多的发挥。从他的分析可以看出，他把马克思主义早期的异化理论基本上等同于基督教堕落拯救学说的世俗版本，并且宣称马克思是基督教的历史继承人。这种对马克思思想的定位是不正确的。笔者以为，马克思在早期关于人的异化与异化的消除问题的讨论由于受到费尔巴哈的影响仍然带有抽象的色彩。但是，当马克思研究了政治经济学之后，当他对社会历史的真实的发展以及人的现实有了更加深刻的了解以后，他对未来社会图景的描述是建立在对资本主义社会矛盾的分析的基础之上的。因此，麦金太尔太过于强调马克思主义与基督教的关系，太过强调马克思主义的人道主义特征，从而忽略甚至否定了马克思成熟时期思想发展的价值。

（原载《理论月刊》2012 年第 10 期）

以色列的宗教社会主义运动研究[①]

李　勇

以色列的社会主义社区音译为"基布兹"（Kibbutz），原意为"集体"、"社区"或"公社"。这些社区大体上可分为世俗社会主义社区[②]与宗教社会主义社区两种[③]。世俗社会主义社区与宗教社会主义社区在生产资料所有制、管理形式与分配制度上都相同，它们的最本质区别在于社区是否有宗教信仰。全以色列境内的宗教社会主义社区都信仰正统犹太教，而世俗社会主义社区有信仰马克思主义的，有信仰平均主义的，有信仰自由主义的，也有信仰民主主义的，等等。宗教社会主义社区又称为"宗教 基布兹"，是以色列社会主义运动的一部分。它吸收了社会主义运动的民族观与社会伦理价值观，同时也将传统的犹太教思想作为其理论与实践必不

---

① 作者李勇，山西大学马克思主义哲学研究所讲师。

② 以色列第一个世俗社会主义社区叫"Degania"，建立于 1910—1911 年，至今还在运行。目前，以色列境内大约有 270 个社会主义社区，又称为基布兹，其人口规模大多在 300—800 人之间，总人口约为 12.4 万，约为以色列总人口的 1.62%：在这些基布兹中，社区成员共同劳动，实行财产、生产资料公有，按需分配。它们供应全以色列 98.8% 的鱼类，51.3% 的牛奶，40.7% 的牛肉，43.6% 的农产品：从事工业生产的人最多，约占基布兹总人口的 26.5%，工业出口总值占全以色列工业出口的 9%：基布兹所生产经营的行业包括农业、工业、手工制造业、珠宝业、教育行业、电子行业等等。具体数据可参见：David Leichman and Idit Paz (eds.), *Kibbutz：An Alternative Lifestyle*，Ramat Efal：Yad Tabenkin，1997，pp. 256—260 与 Stanley Maron，Kibbutz inMarket Society，Ramat Efal：Yad Tabenkin，1993，pp. 88—99.

③ 以色列基布兹方面的研究成果非常丰富，不仅有出色的研究学者，还有专业的研究中心或研究所，比如海法大学就有一个"基布兹研究中心"，其研究成果相当丰富。目前国内对该领域的研究成果很少，主要是一些介绍性的文章或考察报告，如：王彦敏《犹太复国主义运动中的社会主义因素探析》，《山东社会科学》2005 年第 12 期，第 46—48 页；黄福武《现实中的神话——以色列基布兹现象浅析》，《当代社会主义问题 》2006 年第 3 期，第 60—74 页；王本立、江红云《基布兹的体制演变与历史贡献》，《科学社会主义 》2008 年第 5 期，第 149—153 页。

可少的组成部分。① 这些宗教社会主义社区通常由正统派犹太教建立，它立足于以犹太教的传统价值观为基石的立场，吸收现代民族主义与社会主义思想，形成一种新的社会思想，并将这一思想在以色列这片土地上付诸实践。这一宗教社会主义运动的目的，是要建立一种独立的、共产主义的犹太社区：社区拥有现代农业经济或工业经济，社区成员能保持传统的犹太生活方式，同时社会的组织方式又是社会主义的。从本质上说，以色列的宗教社会主义运动是在传统犹太生活的框架内注入一些革命元素。②

这场宗教社会主义运动的开始与发展，是以宗教社会主义社区在以色列境内的建立与发展为标志的。最早的宗教社会主义社区名为"Tirat Tzvi"，由德国、波兰与罗马尼亚籍的移民于1937年建立，成员有740人。截至20世纪末期，以色列境内共有20个宗教社会主义社区，总人口将近1万，占全以色列社会主义社区总人数的6%：其中，最小的社区人口为60人，最大的为910人。③

以色列的宗教社会主义社区与世俗社会主义社区于外在特征方面没有太多的区别：它们实行生产资料公有制、集体劳动和按需分配，杜绝个体性生产与交易行为：把孩子的教育与抚养视为社区的责任与义务。社区内的农业、畜牧业以及工业生产相当繁荣，很多技术在世界范围内都处于领先地位。此外，社区里社会设施齐全，居民区、养老院、学校、集体食堂等应有尽有。不同之处在于：宗教社会主义社区的集体食堂也用做犹太会堂（Synagogue）、集会或演讲的礼堂：当然，有条件的社区还设有专门的会堂。在这样的宗教社区，男人们通常身着黑西装、白衬衫，头戴黑礼帽等这些特殊的宗教服饰：女人则需要上衣袖子过肘，长裙过膝。不仅如此，社区成员每天还要进行集体宗教祷告三次，晚上学习托拉（Torah）④，恪守安息日以及其他宗教节日。总的来说，在社区里，正统犹太教的信仰是

---

① Arieh Fishman（ed.），*The Religious Kibbutz Movement*，Jerusalem：The Jerusalem Post Press，1957，pp. 10 — 11.

② Arieh Fishman（ed.），*The Religious Kibbutz Movement*，Jerusalem：The Jerusalem Post Press，1957，p. 11.

③ Arieh Fishman，*Judaism and Modernization：On The Religious Kibbutz*，Cambridge：CambridgeUniversity Press，1992，p. 160。作者在该书的前言中提到：截至20世纪90年代，宗教基布兹成员大约是8000人。

④ 《托拉》即犹太教圣经，主要内容为通行的基督教圣经的旧约部分，犹太教认为《托拉》是上帝的启示，是犹太教信仰的主要典籍依据。《托拉》的律法和教导是以色列宗教社会主义社区的最高教导与规定，对所有成员都有强而有效的约束力。

纲领与框架，对日常事务进行集体管理，包括耕作、消费、学习、教育等各个方面。在这样的社区当中，"拥有同样信仰的人紧密结合，集体成员的人格不会被划分为宗教与世俗两个方面，因为它们是高度统一的"[①]。

一　以色列宗教社会主义运动的历史背景

以色列的宗教社会主义运动是近代犹太史上的一个非常奇特的社会现象：它发端于19世纪初开始的犹太启蒙运动，正式形成于20世纪30年代末；截至20世纪末，在以色列境内共建有宗教社会主义社区20个。从它的发端至今已经有了两个多世纪的历史。它是犹太文化与历史发展的必然产物，而近代以来诸多的国际事件也直接影响了它的进程。

第一，20世纪初开始的以色列社会主义运动为以色列的宗教社会主义运动树立了榜样和示范。截至20世纪40年代，以色列世俗社会主义社区的发展已经具备了相当规模，社区总数约为82个，人口约为26550人；[②]更为重要的是，这些社区在平等与民主体系下实行集体主义的劳动和分配，形成了明显的社会主义模式[③]。这对宗教社会主义社区的建立影响显著。

第二，公元70年，犹太王国被罗马人毁灭。犹太人开始了将近两千年的流亡生活，他们有着深厚的回归故土情结。第二次世界大战期间纳粹对犹太人的迫害使这一思想情结发展到了最高峰。犹太复国主义得到更多犹太人的赞同与追随，他们要求重返故土（巴勒斯坦地区），重建犹太人自己的国家，而这个国家需要以农业生产为基础。这也是为什么以色列早期的社会主义合作社都从事农业生产的原因。

第三，土地公有制理念的兴起。欧洲移民和巴勒斯坦地区的移民（the

---

① Arieh Fishman（ed.），1957，p. 19.

② David Leichman and Idit Paz（eds.），*Kibbutz：An Alternative Lifestyle*，Ramat Efal：Yad-Tabenkin，1997，p. 256.

③ Arieh Fishman，1992，p. xii.

SecondAliya)[1] 都坚决反对此前移民所倡导的土地私有制，经过激烈的争论与斗争，最后决定由犹太国家基金（The Jewish National Fund）代表犹太民族购买土地，以实现"土地国家所有"的理念。"土地国家所有"是以色列社会主义运动得以产生的生产资料基础。

第四，拓荒先驱运动（the Pioneer）[2]的展开。散居在世界各地的犹太青年抵达巴勒斯坦后，作为先驱，深入到无人开发的山谷、沙漠、沼泽等地进行拓荒。这些拓荒者大多有着社会主义理想，加之自然环境恶劣、生活生产物资稀缺以及周围阿拉伯人对他们的仇视等客观因素，他们采取集体劳动、集体管理、集体防御等社会主义生产经营形式，这也促使了社会主义社区在以色列的产生[3]。

以色列的宗教社会主义运动正是在以色列社会主义运动的大环境中诞生的。而第一个宗教社会主义社区的产生比第一个世俗社会主义社区的产生晚 27 年。除了上述这些直接影响因素外，还有更深层的原因。

第一，犹太教的现代化。

对犹太人而言，中世纪的结束是以法国大革命为标志的。大革命后法国的犹太人首先获得了公民权。随着大革命在欧洲其他国家的挺进，欧洲

---

[1] 在犹太复国主义的推动下，近代犹太人回归故土共有 5 次大的移民潮：第一次发生在 1881—1882 年，持续到 1903 年，主要是来自东欧与也门的犹太人，这时期约有 25000—35000 人移居到巴勒斯坦地区，他们大多是宗教人士，政治目的并不明显。第二次发生在 1904—1914 年间，约有 40000 名犹太人移居巴勒斯坦，他们主要来自俄罗斯，部分来自也门。移民的起因在于沙俄当时的反犹政策，这次移民对于以色列的社会主义运动极为重要，他们大都接受过当时在俄罗斯流行的社会主义思潮的影响。第三次发生在 1919—1923 年间，约有 35000—40000 名犹太人移民到巴勒斯坦地区，主要来自东欧与俄罗斯，少部分来自土耳其。第四次主要发生在 1924—1932 年间，主要来自波兰与德国，约 84000 人，但有 23000 人后来选择离开。第五次发生在 1933—1939 年间，主要来自纳粹德国，约有 200000—250000 人。

[2] 20 世纪初，犹太复国主义联合会鼓励当时散居在世界各地、有社会主义热情却身无分文的男女犹太青年往巴勒斯坦地区移民。联合会负责买地并且为移民定居提供资助，这些青年男女则提供必要的劳动力。

[3] Henry Near，"Experiment and Survival: The Beginnings of the Kibbutz"，*Journal of Contemporary History*，Vol. 20，No. 1，1985，pp. 179—182.

各国也相继拆除了限制犹太人的"隔都"（Ghetto）①。走出隔都的犹太人和犹太教首先面临的就是如何与外界相联系和结合的问题。于是，在以摩西·门德尔松（Moses Mendelson）为代表的犹太思想家的呼吁下，以 19世纪的德国为首发地，一场名为"哈斯卡拉"（Haskalah）的犹太启蒙运动在欧洲轰轰烈烈地展开了。启蒙思想家希望把犹太人变成真正的欧洲人，因此，传统犹太教要接受近代理性思想成了不可避免的趋势。传统宗教与现代文化的融合迎来了巨大的契机。也就是说，"托拉与世俗生活以及托拉与劳动的关系必须首先理性化，以便它们结合形成一种新的体系而继续前行"。② 这一犹太教现代化的前提就是要将神圣的宗教生活与世俗社会的现代成就相联系。19世纪的欧洲，当犹太教努力实现现代化之时，正是民族主义与社会主义这两股思潮大行其道的年代。于是，这两股思潮给犹太教的现代化与改革注入了活力，在正统犹太教改革中发酵，最终付诸于实践，形成了后来以色列的宗教社会主义运动。以色列的宗教社会主义实际上是传统犹太教借着犹太教现代化的契机，吸纳了民族主义与社会主义思想，是传统犹太教框架中的一种亚文化。③

第二，宗教复国主义运动。

19世纪欧洲的民族主义思潮对犹太民族的最直接影响是犹太复国主义（又称锡安主义，Zionism）的产生；而正统派犹太教面对犹太教现代化与犹太复国主义双重冲击的直接结果就是宗教复国主义（the religiouszionist movement）的产生。产生于19世纪末的犹太复国主义运动目的，是实现犹太民族返回故土（以色列），建立一个主权国家。其直接推动因素是19世纪下半叶欧洲反犹主义的猖獗，对犹太人的迫害使得欧洲犹太人受到了严重的威胁。但从本质上讲，犹太复国主义运动是犹太启

---

① 1791 年 9 月 27 日，法国国民议会最终通过决议："废除以前的法律条文中对犹太人的限制、束缚与驱逐，感化作为个体的犹太人，他们将作为公民而宣誓。"犹太人在法国首先获得公民权；随着法国军队在欧洲的挺进，荷兰政府于 1796 年也给予犹太人以公民权；1797 年 7 月，威尼斯隔都（城市中圈定的犹太人居住区）被废止；罗马隔都也于 1798 年被废；随后拿破仑又关闭了葡萄牙、西班牙的宗教裁判所（审判犹太教的罪行）；在法军占领的莱茵地区及其周边地区，当地政府也颁布了解放犹太人的政令。但 1815 年滑铁卢之役后，除了荷兰还保留解放犹太人的政策之外，在欧洲其他地方的犹太人又回到拿破仑时代之前的景象。

② Arieh Fishman，1992，p. 2.

③ Ibid.，1992，p. xii.

蒙运动的继续，是犹太民族复兴的又一努力和尝试。[①] 产生于这一时期的宗教复国主义是犹太民族复国主义的一部分，其特殊之处在于：这一运动的主体是犹太教的正统派；其返归故土的主要目的不是建立主权国家，而是要回归上帝对犹太人的应许之地，学习上帝的教诲，寻求集体的得救，"宗教复国主义是在弥赛亚[②]的气息中进行的"[③]，这种弥赛亚情结为后来宗教社会主义社区的建立奠定了基础。这场运动与 19 世纪初犹太教现代化的启蒙运动衔接非常紧密，回归故土本身就是正统犹太教的一部分。宗教复国主义运动的目的之一便是将犹太传统与近代文明融合起来。[④]宗教复国主义思想是以色列宗教社会主义运动产生的直接推动力。

第三，社会主义。

返回故土的犹太教正统派面临的最迫切的问题，是如何在一种条件恶劣的自然环境以及仇视他们的阿拉伯地区生存下来。社会主义倡导的生产资料公有制、集体生产与分配以及集体防御等观念成了他们的首选。犹太教正统派选择社会主义作为社区的组织形式的最主要条件有两个：一方面，1904—1914 年间移民到巴勒斯坦地区的犹太人绝大部分来自东欧，他们接触并了解了在当时东欧盛行的社会主义思想。因此，他们很容易将这种思想运用到建设实践中。另一方面，依据正统派信仰的教导，最终会有一个救世主降临世界，并建立一个永久和平且公正的王国。在这个王国中，公正与正义大行其道，万物消除差异性，共同生活在美好和谐的大同世界中。这种关于未来王国的信仰和期盼也比较容易发展成社会主义形式。

二　以色列宗教社会主义社区的核心原则

以色列的宗教社会主义社区与世俗社会主义社区一样，实行生产资料公有，民主直接管理，坚持公正平等、各尽所能、按需分配的劳动与分配原则。此外，宗教社会主义社区还有他们自己的特色。例如，除了特别的劳动所需

---

① 徐新：《犹太文化史》，北京大学出版社 2006 年版，第 286 页。

② 圣经中对弥赛亚王国到来后社会场景的描述主要集中在《以赛亚书》的第 11 章。弥赛亚王国呈现一种永久和平与公正的理想社会状况。

③ Chain I, "Waxman, Messianism, Zoinism, and the State of Israel", *Modern Judaism*, Vol 7, No. 2, 1987, p. 176.

④ Arieh Fishman, 1992, p. 46.

之外，成员一律要穿着宗教服饰，每天要进行祷告等宗教活动，坚持过传统的宗教节日，并且要求日常事务与活动要遵循传统的犹太律法。总之，宗教社会主义社区的所有这些特点都是由它的三大构成原则决定的。

以色列的宗教社会主义社区是由犹太教正统派发起的，是犹太教在吸收民族主义与社会主义两大思潮的基础上形成的思想体系的具体实践。因此，以色列的宗教社会主义运动的主要原则可以归纳为三个方面，即：宗教信仰、犹太民族主义和社会主义。这三大要素从这个运动一开始就相互影响，指导着社区成员的生活和劳动。一言以蔽之，宗教社会主义社区既是犹太教信仰宗教价值的承载者，也是犹太教、民族主义与社会主义的有机结合体。

首先，宗教社会主义社区成员的社会意识来自于对犹太教圣经《托拉》的学习与研究，社会法律也是来自犹太教。[1]也就是说，犹太教文化传统在社区中起着一种基础性的核心指导作用。在某种程度上，建立宗教社会主义社区是为了建立与《托拉》的联系，并且是无条件地接受"哈拉哈（Halakha）"[2]指导每个成员的生活与实践[3]。在这样的社区里，犹太律法不仅是个人，而且是集体需要一致遵循的律法，任何社会活动与法规都必须以犹太律法为标准。举例来说，《托拉》是所有生活的标准，一切日常生活只能依照《托拉》为标准来进行；每个人对社区背负同样的责任[4]；当众表白与忏悔在许多社区中是司空见惯的事情；忠诚是首要的价值[5]。从这些例子可以看出，在这样的宗教社区里，宗教行为与实践属于集体。要判断一个社区是否达到了宗教社区的标准，不仅要看该社区成员的个人宗教行为，更重要的是要看其集体目标与公众行为。

其次，犹太复国主义是宗教社会主义运动的促进力量，也是它的核心

---

① Moshe Unna, "The Elements of The ReligiousKibbutz", in Arieh Fishman (ed.), *The ReligiousKibbutz Movement*, Jerusalem: The Jerusalem PostPress, 1957, p. 27.

② 希伯来文的"Halakha"原意指"道路"，后来引申为"律法"，指神启的必须遵循的律法、法规。对于正统犹太教而言，遵守神的律法无疑是最重要的。

③ Simha Friedman, "The Extension of The Scopeof Halakha", in Arieh Fishman (ed.), *The Religious Kibbutz Movement*, Jerusalem: The Jerusalem Post Press, 1957, p. 37.

④ Tsuriel Admanit, "On The Religious Significance of The Community", in Arieh Fishman (ed.), *The Religious Kibbutz Movement*, Jerusalem: The Jerusalem Post Press, 1957, p. 32.

⑤ Muki Tsur, "The Intimate Kibbutz", in David Leichman and Idit Paz (eds.), *Kibbutz: An Alternative Lifestyle*, Ramat Efal: Yad Tabenkin, 1997, p. 12.

原则。宗教社会主义的终极目的是建立一个人人平等、永久和平、繁荣昌盛的国家。犹太人在上千年的流亡历史中没有一个完整的国家，仅靠犹太传统为纽带维系着其民族特性。一方面，近代犹太民族主义的发展使他们重返故土，建立独立国家的梦想得以实现，使宗教社会主义社区蓬勃发展。另一方面，这些宗教社会主义社区的发展又反过来推动犹太民族主义的发展。

最后，社会主义[①]原则是宗教社会主义社区的核心组织方式，也是它们建设的最终社会形态。集体主义是宗教社会主义社区的最显著特征，这首先表现在其生产资料公有、集体劳动与平均分配等形式上。生产资料公有和平均分配不仅来自社会主义思潮，也来自犹太律法。[②]此外，这些社区最终的社会目标是整个民族的社会主义化，这也是集体主义这一显著特征的体现。虽然以色列的宗教社会主义社区是由联系紧密的单一个体构成，但是它却不是自我中心的发展模式，正如马丁·布伯（Martin Buber）所指出的那样，宗教社会主义社区运动是整体的运动，它不讲个人的"得救"，而是关注整体社会的前进。[③]

上述三大原则在以色列的宗教社会主义社区中相互影响，呈现一种你中有我、我中有你的紧密相连境况，很难发现它们孤立存在。近代犹太教正统派恪守传统律法，重视与神的情感交流，倡导宗教灵修生活，贬低理性与科技，反对以色列建国，认为神会派弥赛亚来拯救他们，等等。但在现今以色列的宗教社会主义社区里，由于吸收了犹太复国主义和社会主义思潮，他们同样恪守律法，但却重视科技与生产劳动活动，支持以色列建国。最早的宗教社会主义者是那些"不剥削他人劳动的宗教劳动者，他们渴望留在以色列，将它建立成为一个社会、经济、政治完整的实体，实行

---

① 这里需要指出的是，他们所谓的社会主义与现在所指称的社会主义有所不同。他们的社会主义发端于其犹太教传统，同时又吸收了近代社会主义思想：他们不用唯物史观来解释历史，同样反对资本主义制度，相信其最终走向灭亡的结果；可是，他们不赞成通过阶级斗争来实现社会主义，而是要通过对人类社会结构进行根本的改变来实现，等等。

② Aharon Nahlon, "The'Four Varieties'in The Commune: Collective or Private Property", in AriehFishman（ed.）, *The Religious Kibbutz Movement*, Jerusalem: The Jerusalem Post Press, 1957, p. 93.

③ Martin Buber, *Paths in Utopia*, trans. by R. F. C. Hull, Boston: Beacon Press, 1960, p. 147.

托拉的律法、实现先知的预言……"① 很显然，在这些宗教社会主义社区的最早建立者那里，能看到这三大原则的融合与相互影响。

三　以色列宗教社会主义的成就与挑战

以色列的宗教社会主义运动是传统犹太宗教试图通过与世俗文化的结合获取生命力的尝试，是犹太民族文化与时俱进、不断革新的表现。它对保护犹太传统文化起着一定的积极作用。同时，这种宗教社会主义以其稳定而和睦的成员关系为基础，谋求科学技术的开发，对以色列的经济发展也作出了积极的贡献。具体来说，以色列宗教社会主义运动的积极作用可以概括为下述几个方面。

第一，这样的宗教社区关注民族命运的发展，它本身就是民族主义的产物，所以宗教社会主义社区中的很多成员也在民族国家机构中任职。第二，宗教社会主义运动在以色列的社会精神生活中扮演着举足轻重的角色。许多宗教社会主义社区的宗教领袖同时也是整个以色列的知名宗教学者或精神领袖。很多人尤其是世界各地的犹太教徒与学者认为，这些宗教社会主义社区才是与犹太文化传统的合法连接。② 第三，宗教社会主义社区在社会经济生活中的作用也很巨大。例如，最早建立的名为 "Tirat Tsvi" 的宗教社会主义社区，在以色列建国初期，为全国提供大量的农业及工业产品，不仅为以色列的社会经济作出了巨大贡献，更重要的是为新生的以色列国的社会经济稳定立下了汗马功劳。③ 第四，宗教社会主义运动对以色列社会与现代犹太生活最大的贡献在于它开发了复国主义的宗教潜能，并将它的活力与深度展现了出来④，将犹太传统与现代犹太民族主义衔接了起来。

但是，这种宗教社会主义社区由于其固有的结构和基础理念，在现代

---

① Yossi Kats, *The Religious Kibbutz Movementin Land of Israel 1830 — 1948*, trans. by Joseph Shedur, Ramat Gan: Bar—Ilan University Press, 1999, p. 15.

② Muki Tsur, "A Bridge in Both Directions", in David Leichman and Idit Paz (eds.), *Kibbutz: An Alternative Lifestyle*, Ramat Efal: Yad Tabenkin, 1997, p. 55.

③ Avraham Heller, "Sdei Eliyhu: The First Religious Youth Aliya Kvutza", in Arieh Fishman (ed.), *The Religious Kibbutz Movement*, Jerusalem: The Jerusalem Post Press, 1957, pp. 161—162.

④ Arieh Fishman, 1957, p. 21.

全球一体化的世界潮流中也面临着诸多挑战。

首先，在强大的国际市场经济体系面前，这种以宗教情感以及平均主义为纽带的集体生产模式面临着如何提高生产效率的问题，这一问题又引发了集体管理制度、产品分配制度等方面的改革问题：在全球一体化的年代，夹杂着后现代思潮而来的个人主义与消费主义也给宗教社会主义社区的继续发展带来了不小的挑战[1]，无差别的分配原则只能挫伤个体生产的积极性。因此，如果它们不能解决本身的市场竞争力问题，迟早会在市场竞争中消失。如今，改革在各大社区中正如火如荼地进行着。其次，宗教社会主义社区还面临着人口不断减少、社区规模缩小的问题。通常这些社区的规模都不大。目前在以色列的宗教社会主义社区中，规模最大的有910人，而最小的才有60人。而且，越是后建立的社区，其规模越小。究其原因，主要有两个方面：其一，世俗文化的影响造成以色列本土的犹太教信徒只占其总人口的少数；[2] 其二，犹太教本身的教派分裂[3]使得能走进以正统派信仰为主导的宗教社会主义社区的犹太人更少。这些问题如果不解决，这场运动将不仅不能实现其最终目标———犹太民族作为整体的"得救"，更重要的是其本身的存在也会受到威胁。从而，这场社会主义运动最终也只能归于美妙的乌托邦。再次，以色列的宗教社会主义社区还有一个明显的缺陷，那就是缺乏完整的社会结构的设计蓝图。这种社区以宗教信仰与情感为纽带，以某些社会主义原则为制约手段，以民族拯救为目标，在历史上的特殊时期能有很高的生产效率，但缺少社会发展阶段的具体而科学的纲领和方针。因此，在社会变革面前，它们很难及时作出相应的改变。

综上所述，以色列的宗教社会主义是古老的犹太文化在现代化过程中吸收了近代的社会主义思想与犹太复国主义思想后的产物。它吸收了社会主义的生产资料公有、反对剥削、民主、平等、自由、按需分配等思想，同时也吸收了犹太复国主义通过建立和建设以色列国来拯救犹太民族的思

---

[1]　Stanley Maron，*Kibbutz in Market Society*，Ramat Efal：Yad Tabenkin，1993，p. 10.

[2]　1948 年以色列建国后，大批犹太人返回以色列定居，目前全国大约有 770 万犹太人，但以色列的犹太人的宗教意识比海外犹太人的宗教意识淡薄，以色列国内的世俗犹太人居多。

[3]　19 世纪初在德国开始了犹太教改革运动，可以视为是犹太启蒙运动思想的一种实践，但这次实践却带来了犹太教数个世纪的分裂，原来统一的犹太教分裂成了改革派、保守派和正统派，20 世纪 30 年代从保守派中又分裂出了重建派，这种格局一直延续到今天。

想。但是，它的基础和最终目标是正统犹太教的弥赛亚王国，正如犹太学者约希·凯茨（Yossi Kats）所言："以色列的宗教社会主义运动接受了一些社会主义公正、民主以及民族团结等额外的原则，但这些只是通往其《托拉》社会的重要一环。"[1] 正是这种局限性，使得这些社会主义社区自 20 世纪 80 年代以来的发展困难重重，被迫进行改革。例如，实行工资等级制度，外聘管理人员，雇佣外界劳工等，以期待提高劳动者的积极性和生产效率，从而在国际国内市场竞争中处于有利地位。但这些改革遭到了社区内外许多人的质疑与反对，人们不禁要问：这些改革是宗教社会主义的终结还是新的开始？社会主义学者米哈（Micha Drori）就认为，以色列的宗教社会主义运动丢掉了它的最初模式后就等于死亡。[2] 我们应该看到，这种运动的性质由正统犹太教思想决定，现阶段进行的改革只要不触及这个基础，其宗教社会主义的性质就不会发生变化。正是这个本质性因素的存在，也束缚着它的成长与壮大，仅以传统犹太教对大同社会的描述（或启示）为社会主义建设目标，缺乏社会发展的科学而具体的思想指导，以色列的宗教社会主义最终只能陷入乌托邦的泥潭。

参考文献

1. Stanley Maron, *Kibbutz in Market Society*, RamatEfal：Yad Tabenkin, 1993.

2. Martin Buber, *Paths in Utopia*, trans. by R. F. C. Hull, Boston：Beacon Press, 1960.

3. Yossi Kats, *The Religious Kibbutz Movement in Land of Israel 1830－1948*, trans. by JosephShedur, Ramat Gan：Bar－Ilan UniversityPress, 1999.

4. Arieh Fishman, *Judaism and Modernization：On The Religious Kibbutz*, Cambridge：CambridgeUniversity Press, 1992.

5. Henry Near, *The Kibbutz Movement：A History*（Volume 1）, London：Oxford University Press, 1992.

6. Daniel Gavron, *Kibbutz Awakening From Utopia*, Lanham：Rowman & Littlefield-Publishers, inc. 2000.

---

[1]　Yossi Kats, *The Religious Kibbutz Movement in The Land of Israel 1930—1948*, Ramat Gan：BarIlan University Press and The Magnes Press, 1999, p. 59.

[2]　Jo－Ann Mort and Gary Brenner, *Our Heart Invented a Place：Can Kibbutzim Survive in Today' sIsrael?*, New York：Cornell University Press, 2003, p. 165.

7. 傅有德：《犹太哲学史 》，中国人民大学出版社 2008 年版。

8.〔英〕塞西尔 · 罗斯：《简明犹太民族史 》，黄福武、王丽丽等译，山东大学出版社 1997 年版。

9.〔德〕马丁·布伯：《论犹太教 》，刘杰等译，山东大学出版社 2002 年版。

10.〔美 〕摩迪凯·开普兰：《犹太教：一种文明》，黄福武、张立改译，山东大学出版社 2002 年版。

（原载《国外社会科学》2012 年第 1 期）

从马克思到释迦牟尼[①]
——谈弗洛姆的人本主义异化逻辑何以展开

吕　昂

弗洛姆思想的特征集中体现在对以往思想的人本主义化中，对人的论述是其思想的主要方向。在《逃避自由》中，他描述了一条人的发展路径："个体化"（脱离原发纽带）——"异化"——"自由"。在弗洛姆的思想体系中，异化处于核心位置。这样的思想渊源自何处？一条明线指向了马克思，弗洛姆对其异化理论进行了人本主义的理解。另一条暗线则指向"人本主义的精神分析"、"人本主义的宗教"，或是用弗洛姆最喜欢的例子概括，即人本主义的佛教。之所以称之为暗线是因为弗洛姆的心理学倾向在精神分析与宗教中徘徊而不明朗，而这导致了其异化逻辑的某种变化，本文试加以分析。

一　全面的异化：弗洛姆对马克思的重新解读

异化（Entfremdung）一词的本义是"让渡"、"转让"的意思，在黑格尔的使用中才获得固定的哲学含义。在黑格尔的客观唯心主义体系中，异化便是"绝对理念"实现自身的一个必然环节。费尔巴哈对其加以批判，并将异化从相反的方向理解，即人的类本质被异化为宗教一类的精神主体。而黑格尔的思辨哲学也是人的一种异化。马克思的异化正是在费尔巴哈的人本主义基础上所提出，马克思所谈的异化是现实的，处于一定经济关系中的异化，而不是一种抽象的论述。从思想发展上看，这样的异化逻辑是青年马克思在《1844 年经济学哲学手稿》中以哲学理念批判经济学的

探索。

马克思关于异化的主要论证方向是异化劳动，工人劳动的对象化表现为劳动对象的丧失，乃至于劳动对象对工人完全失去了意义。这样的论证是带有经济学意义的，即社会化大生产造成的工人与劳动对象的疏远。劳动对象并非工人所需要的，或者是需要的但在庞大的数量下极其难以相关的。马克思的视角是非常具体的，是在工业革命后资本血腥积累的历史背景下，批判工人在资本主义社会中被压迫的现状的，而弗洛姆对之进行了一番非常抽象的发挥，他说："马克思主义理论并没有主张人的主要动力是追求物质利益，再者，马克思的真正目的是把人从经济需求的压力下解放出来，使他——这是决定性的——能发展他的全部人性[1]p.151。"弗洛姆这样论述是为了证明精神需求——"与他人联系的需要"——是与物质需求同等重要的，甚至在某种程度上是在物质需求之上的。

在这样的心理学基础上，弗洛姆的异化理论从工人扩展到了生活在资本主义社会中的所有人身上。"对马克思来说，异化（或叫做外化）意味着人本身在占有世界的过程中不是作为创立者，世界（自然界，其他人以及他自己）对他来说始终是异己的。"[1]p.184工人的劳动固然是异化的，资本家的劳动也同样是异化的。或者可以说弗洛姆的论述重点不在异化劳动上，而在于存在本身。资本主义社会中的主体存在便是异化的，即便有人占有了全部的资本，他以为自己得到了自己想要的。但事实上，这只是社会使他以为这是他想要的，他的存在和生活本身是被社会异化的，这并非他的本性。而这样的错误也不在于他，而在于整个社会对其的影响。

对于马克思而言，人的类本质是自由自在的活动。人是现实的人，在现实的活动中能动地进行着意识与现实的相互塑造，这样才能在所创造的世界中直观自身。而当本应自由自在的活动在现实中成为了异化劳动，他的类本质也就异化了。而弗洛姆为强化对资本主义社会的批判，对这样的观点加以了历史的理解，"异化绝不是一种现代现象，要勾勒出异化的历史，远不是这本书所能办到的"。[2]p.115他把马克思的论述解读为这样的异化从社会的开始构成起便存在，而后逐步加深，在资本主义社会中达到顶峰。这便把马克思的现实针对批判变成了历史的广泛的批判。人类在物质财富不发达时不能获得自由，而物质财富的发展不伴随着个人力量的发展，那么对于要求精神需求的人类，自由依然不可能实现。社会本应成为完满个人的渠道，但最终却成了异化每个人的枷锁。人应当成为自己本质的样子，潜能的样子。但这样的可能性与马克思的历史性已经不同了，为区分于此，即强调异化一词的心理倾向，弗洛姆特别阐述了一体两面的"抽象化"与"异化"。抽象化是对于社会而言的，而异化"就是一种经验方式"[2]p111。事实上，马克思后期连原有的异化逻辑都抛弃了，而弗洛姆为论证自己的理论，却故意对新发现的《1844 年经济学哲学手稿》大加阐述，用青年马克思去否定成熟的、确立了历史唯物主义的马克思。

这种新的阐释原因应在于马克思从经济学入手，而弗洛姆从心理学入手。但更根本的原因是资本主义社会发展到弗洛姆时期，技术的进步已使基本物资需求的满足对大多数人已不是问题。但科技已经在某种程度上失控，人类发明技术，而技术在以更强的力量塑造人。人们茫然无助在日新月异的社会中愈发焦虑，重新认识人类的本质迫在眉睫，那么，从精神分析学说中吸取新的资源也就是逻辑上的必然了。

二　自我与社会：精神分析学说的全新构建

弗洛姆认为自己所采用的研究方法综合了弗洛伊德的"生物学"与马克思的"社会学"，是"社会生物学"的方法。他放弃了精神分析的核心，即以性欲力比多理论为基础而展开的人性构架，而把弗洛伊德的精神分析从根源上理解为"批判精神"。这也就不难理解他自称是极端非正统的弗洛伊德精神分析学家。

对弗洛姆来说，"批判精神"就是对社会现实普遍而深层次的批判。弗洛伊德的学说在探讨文明与性本能的冲突，对人类个体而言，文明起的是压抑作用。对人类整体的命运而言，文明的成功与否是极其重要的，因为成功可以压抑人们内心的破坏欲。但他并不对文明的成功抱乐观态度，这样的批判是维系的批判。弗洛姆则不同，他要肯定文明与本能有一致性发展的可能以冲破理性主义的危机，解决资本主义社会中的"时代病"。他在《为自己的人》开篇便写道："在过去的几个世纪里，人们一直以自豪的态度和乐观主义的精神看待西方文化，自豪的是，人类凭借理性，认识和征服了自然；乐观的是，人类最美好的愿望——最大多数人的最大幸福——得到了实现[3]pp. 24—25。"但接下来他话锋一转，指出"现代人却感到心神不安，并越来越困惑不解"[3]p. 25。这样的论述几乎出现在弗洛姆的所有著作中，他想要说明物质需求已被满足的现代人是不幸福的。

弗洛姆确实准确地把握到了弗洛伊德精神分析核心批判性的减弱。这一方面是由于人们对待性的态度逐渐开放，乱伦、虐恋已经不再是令人谈而色变的事物；另一方面是由于精神分析理论在心理学领域的地位不断提升，性心理已经成为社会文化中的时髦话题。这样不再与社会冲突的精神分析也许是弗洛伊德乐于见到的，但弗洛姆却认为这样的精神分析，尤其是在这样的精神分析理论指导下的治疗，已经成为使人适应社会的工具。倘若这个社会是非健全的——事实上也确实如此——这样的行为就是使人精神病化。

有鉴于此，弗洛姆使用"两歧性"这个词阐释了他的动力学人性论。在生物学意义上软弱的人要面对个体化与孤独感的矛盾，生与死的矛盾，潜能实现与生命短暂的矛盾，而这些的总和便是人存在本身的矛盾。社会应当充当的角色是大写的人的存在，实现人的潜能，完善人的能力，达成最终的目标——理性、自由、爱。而现代社会却恰恰相反，这造成了当前广泛的精神问题，人被异化了。这样，弗洛伊德"所有人都有精神病"——一个从个体心理学出发来解释社会的命题——在弗洛姆这里成功地转化为一个批判社会的命题。这样的精神分析，也确实走出了个体心理学，最后完善成为"社会性格"理论。

弗洛姆对社会性格有多次定义，他说："一个社会阶层或文化的大多数人具有性格之某些重要因素的事实，一个人能说一种'社会性格'代表一特定文化中的大多数人共同具有的性格结构之核心的事实，说明了社会和文化形态对性格形成的影响程度。"[3]p.72 在后期他又从起源和作用的角度来说明这一概念："我把个人心理结构与社会经济结构相互作用的结果称为社会性格。一个社会的社会经济结构造就其成员社会的性格，使其想去做他们应该做的事。同时，社会的性格也影响社会的社会经济结构：一般情况下，它起一种凝固剂的作用，赋予社会制度更多的稳定性；在特殊情况下，它也是炸药，会炸毁这种社会制度。"[4]pp.141—142

至此，弗洛姆的社会性格理论已经明晰了。虽然他指出社会性格"与同一文化中各不相同的个人的个性特征截然不同"[2]p.71。但若以传统精神分析的角度讲，他把社会看作一个人，社会中个体的性格或行为便是一个人的不同念头或趋向，社会的定向与发展便是一个人性格的确定与自我的实现。进一步讲，社会性格就是弗洛伊德的"自我"，在种种因素的影响中徘徊，并给予自身行为的稳定性。但特殊情况下，也就是种种因素难以调和的情况下，也会变成炸药，令人精神出现问题。当然，弗洛姆把经济因素看作外在重要的影响因素。

这样，弗洛伊德传统精神分析的诸多视角、方法都可以赋予新的意义了。把精神分析扩展到整个社会，异化就是普遍的压抑、冲突、升华的现象与趋势。也是在这一意义上，弗洛姆等同了广义的弗洛伊德与人道主义的马克思。传统意义上剥削阶层的概念越来越淡化，而是成为一种隐蔽的、文化性的、总体意义上对每一个个体的异化。与弗洛伊德对自我存在的悲观不同，弗洛姆继承了马克思对社会的乐观态度，认为这一问题可以在人的能力与社会结构的协调发展中解决。但一方面，马克思去世数十年来，种种社会结构只能在压抑的基础上满足人类需要，意识形态也不可能真正消失；另一方面，以心理学角度出发论述的异化注定最终要走向个人的自我超越，而非社会或其他。因此产生了弗洛姆异化论的神秘导向，以弗洛伊德的性本能理论根基不能解决的，在弗洛姆这里完全可以体现，即：回到本我。

三　完满的个人：向佛教神秘主义终极追求的靠拢

弗洛姆关于佛教的思想是一个逐渐深入的过程，一开始他只把佛教看作诸多不同于"权威主义宗教"的"人本主义宗教"之一，并乐衷于引用早期佛教的例子来证明人本主义宗教是一种能够促进人的发展，实现人自身力量的组织，所以"问题不在于是不是宗教"[5]p.24。这种把宗教非宗教化的理解与从不承认自身是宗教的佛教是有相通之处的。弗洛姆描述释迦牟尼为："为人类众生发展他的理智和爱的力量[5]p.32。"我们当然不能苛求弗洛姆对早期佛教有全面正确的了解，事实上这种描述的准确性确实值得商榷。爱与慈悲并不完全相同，理智与智慧在某种意义上更是完全相反的两件事。（佛教的智慧不同于知识，世俗的知识反倒有可能是"所知障"，阻碍人的悟道。）弗洛姆臆测的"涅槃"——完全发展了人的力量——也与早期佛教涅槃本义的悲观倾向大相径庭。

但说弗洛姆抓住了佛教的本质也未尝不可。佛是觉悟的人，佛教的最终目的是让人得到智慧。偏主体而言，戒定慧三学，慧为目的。偏客观而言，佛法僧三宝，法为最尊。菩提或是般若，无论怎样描绘这种智慧，必然是在我自身实现的一种境界、一种完满。而且佛教也可用外在与内在两角度来界定，所谓"诸恶莫作，诸善奉行，自净其意，是诸佛教"（《大正新修大藏经》第 02 册 No. 0125《增壹阿含经》）。善与恶的判断可以看作社会的角度，最终净意才是超脱的法门。不同的是，在广度上佛教的外在不仅是社会，而且包含一切客观；在深度上佛教的价值取向也超越了社会的定义，而富含形而上的意味。"佛法印有三种：一者、一切有为法，念念生灭皆无常；二者、一切法无我；三者、寂灭涅槃"（《大正新修大藏经》第 25 册 No. 1509《大智度论》）。三法印不言善恶，但价值判断已经包含在其中了。但这样的价值是无法以社会学的角度来解释的。弗洛姆在努力造就人本主义佛教的过程中，也必然会同时造就神秘主义化的弗洛姆。

此外，佛教本身的发展就是一个历史化，或者说是人化的过程。佛教、佛法是为人的，不是为佛的。佛法有究竟法与不究竟法两说，依众生根器不同而有相应的对治法门。从部派佛教到小大乘佛教再到佛教中国化，教义的种种阐释确实指向同样的核心：成佛，或者说觉悟。正如弗洛姆引用的"十四无记"，一切与超脱无关的问题皆可搁置不论。这样内在超越的终极追求是一以贯之的，即便是净土法门，也是过程可用他力，最终目标依然必须依靠自力。

但这并不能让弗洛姆完全满意，因为佛教中似乎还是蕴涵着一些他所谓"权威主义宗教"的成分的，比如戒律。虽然佛教对之加以了归结于人本主义的解释——由戒生定，由定生慧——但毕竟与权威主义的行为有着相似性。但这一问题在弗洛姆发现禅宗后很快得以解决，继承中国传统人本主义的禅宗，伦理化的教义体现在每一方面。成佛的依据转移到了现实的人心，累劫的修行抽象成了此生的顿悟，出世的苦修转化为了世俗的生活。这种从外到内的人本主义倾向与弗洛姆思想的相似之处显而易见。为引入这样的思想，弗洛姆努力地说明了弗洛伊德精神分析的宗教倾向。他把精神分析与禅宗的相似处概括为对于智慧的崇拜，超理性的思维，人本主义的关怀，以伦理为基础的超越伦理，逼入死角的思维方式。这样将精神分析神秘化的概括完成了弗洛姆对异化理论的最后补充。

弗洛姆把佛教的终极追求——也即异化的解决方案——以人本主义化的方式表达为"对世界的直接而完全把握的目的"[6]p.154。正如他所描述的社会性格中的"社会无意识"，每个人在潜意识里都意识到外部世界与自己思想虚假外表内部的真实。这样"人人皆有佛性"的真实，"无论在什么样的文化中，人都具有一切潜能"[6]p.127的真实的超验性大幅度加强了。这也最终成为了弗洛姆健全社会的实现方式，一种伦理化的广义宗教，宗教性即"在生活中体现他们的信仰"[2]p.348，伦理性即"本着爱与正义的格言而活着"[2]p.348。这样的宗教也就是他最为人所熟知的书《爱的艺术》中表达的那样，是爱的宗教，是有能力爱人而完满自我的宗教，是可以契入安宁达到至善境界的宗教。

从事实层面上来讲，弗洛姆对马克思、弗洛伊德以及佛教禅宗做了种种的误读。但这样的误读不仅有自主性的成分，还有时代性的成分。正如弗洛伊德也要给自己做精神分析，弗洛姆的异化理论本身在广义上也可以说是时代文化使其异化的结果。弗洛姆的人本主义异化逻辑不只是三者的结合，也是历史的必然。他作为人本主义的学者，在反抗理性主义的背景下，以心理学为基础，文化批判为导向，在东方的视域中重新回到生活的世界，也使三者的价值在新时代中以另一种方式呈现。正如陆九渊所言："东方有圣人，西方有圣人，此心同，此理同。"事实上，对人类历史处境的种种反思，正是先贤留给我们的最大财富。

参考文献

[1] 弗洛姆：《马克思论人》，陈世夫、张世广译，陕西人民出版社 1991 年版。

[2] 弗洛姆：《健全的社会》，孙恺详译，贵州人民出版社 1994 年版。

[3] 弗洛姆：《为自己的人》，孙依依译，生活·读书·新知三联书店 1988 年版。

[4] 弗洛姆：《占有还是生存》，关山译，生活·读书·新知三联书店 1988 年版。

[5] 弗洛姆：《精神分析与宗教》，孙向晨译，上海人民出版社 2006 年版。

[6] 弗洛姆：《禅宗与精神分析》，王雷泉、冯川译，贵州人民出版社 1998 年版。

（原载《衡水学院学报》2012 年第 6 期）

后　记

曾传辉

受卓新平所长委托，笔者具体负责2012年我院《马克思主义专题研究文丛·马克思主义宗教观研究》文章的编选工作。我们从该年内在国内报纸杂志上公开发表的一千五百余篇相关论文中，先选出一百五十余篇有代表性的文章进行反复权衡比对，最终选出本辑中的33篇论文进行集中展现，以方便各界人士管窥本学科的最新进展。我们选录论文的标准，并不是只看作者的知名度和身份。除了在本学科研究中已有相当建树的专家学者和党政干部以外——这部分作者占大部分，有几篇论文也出于青年后进之手，甚至有在读研究生的习作。本辑文丛编选，取舍考虑的侧重点为以下几个方向：

第一，关注学术研究的热点。我们优先选用了形成该年热点问题讨论的代表性论文。"作用发挥"一组7篇论文围绕如何发挥宗教在促进社会主义社会的经济发展和社会和谐方面展开论述，凸显了"宗教文化战略"和"宗教道德建设"两个热度颇高的话题；"话语推进"一组3篇论文对"宗教文化论"话语进行了颇具创见的分析和概括；"观点阐发"一组3篇论文从政党和宗教的不同立场阐明共产党员不能信教的政策主张。

第二，关注学术研究的方向。我们同样特别关注资深学者发表的最新成果，它们形成了学科发展的指针，如卓新平、吴云贵、牟钟鉴和龚学增等人的文章。

第三，关注学术研究的广度。马克思主义宗教观研究作为思想史的研究取向，我们除了选取关于经典作家和领袖人物的文章之外，还选取了研究或介绍其他社会主义国家的宗教政策、西方马克思主义、马克思主义与宗教关系的论文，如宗教社会主义、宗教与马克思主义中国化的启发等均属此种考虑。

　　然而由于容量有限，这几组文章还不能完全展现马克思主义宗教观研究在 2012 年中发展的全貌。如果读者能参照笔者撰写的《马克思主义宗教观前沿研究报告（2012）》[①] 进行阅读，可能更能收取点面结合、骨肉兼备的效果。

2013 年 9 月

---

　　① 请参阅曾传辉主编《马克思主义宗教观（2012）》，社会科学文献出版社 2013 年版；王伟光主编：《马克思主义理论学科前沿报告（2012）》，中国社会科学出版社 2013 年版。